# e-Learning 구축기반의
# 중등학교 생태친화적 환경윤리교육

# e-Learning 구축기반의
# 중등학교 생태친화적 환경윤리교육

이종흔 · 이지연 공저

한국학술정보(주)

○ 일러두기

이 저서는 2004년 정부(교육인적자원부)의 재원으로 한국학술진흥재단의 지원을
받아 수행된 연구임(KRF-2004030-B00063)

# 서 문

오늘날 지식 정보 기반의 자본주의는 생태 위기의 성격을 크게 변화시키고 있다. 개인 및 국가의 노력만으로는 부족하며, 국제적인 협력을 통해 온 인류가 함께 힘써야만 해소될 수 있는 성질의 것으로 바뀌고 있다. 그런데 여기서 온 인류가 분명히 인식해야 할 점은 전지구적 범위의 생태위기를 반드시 극복해야만 인류의 생존과 번영을 보장받을 수 있다는 것이다.

그렇다면 우리는 전지구적 범위로 확산되고 있는 생태위기 해결의 단초를 어디에서 찾아야 할까? 아마도 그 단초는 생태위기에 관한 가치론적 사고의 전환에서 모색할 수밖에 없을 것으로 보인다. 과학기술 혁명을 통해서 환경, 자연, 생태 파괴의 위기를 지속적으로 극복해나갈 수는 있겠지만, 그것이 본질적 해소책은 될 수 없을 것이다. 왜냐하면 오늘날의 생태 파괴의 원인이 자연과 인간 간의 관계에 관한 이원적 가치 인식에서 비롯된 것이라면, 그 해결책 역시 이원적 가치 인식의 전환에서 찾을 수밖에 없기 때문이다. 이와 같이 자연과 생태 위기 극복의 난제가 윤리와 도덕과 같은 당위 문제로 귀착된다면 기존의 윤리와 도덕의 내재적 성격에 관한 비판적 성찰을 통한 새로운 가치인식의 전환이 필요할 것이다. 이전의 가치론적 패러다임이 초래한 생태위기를 극복하고 인류의 삶을 보전할 수 있는 대안적 가치 패러다임 모색이 요청될 것이다.

온 인류를 위협하고 있는 생태와 환경 위기에 대한 명확한 인식을 갖고 있는 사람이라면, 가치론적 패러다임 전환의 중심에 당연히 생명, 자연, 환경, 생태 등의 개념이 놓여야 하고, 생태적 도덕성과 생태적 심미성을 가진 인간이 삶 공동체의 다수를 차지해야 하며, 생태적 양식이 살아 숨쉬는 사회가 되어야 한다고 주장할 것이다. 생태학적 심미성을 가진 인간이 추구하는 생태학적 사회란 생태계의 훼손이 곧 생태학적 가치의 파괴를 뜻하며, 이것이 도덕적으로도 악이라는 것을 인정하고, 현재의 생태위기에 대한 도덕적 책임을 느끼고, 그것을 개선하려는 의지를 실천에 옮기는 인간들이 살아가는 사회이다. 생태적 사회와 생태적 인간의 근본조건을 이같이 상정할 경우 기술, 과학, 자본,

경제, 문화 등의 사회적 제반 조건과 인간의 도덕관 역시 생태적 가치와 잘 조화될 수 있고, 생태 보존적 기능을 강화시킬 수 있는 방향으로 나갈 수 있도록 노력해야 할 것이다. 왜냐하면 현재와 같은 인간 중심의 사실적 환경 속에서 인류 중심의 도덕은 생태 위기를 더욱 악화시킬 것이고, 더 나아가 인간 생존 자체의 파멸을 초래할 수 있는 개연성을 다분히 가지고 있는 반면에, 지금의 시점에서 올바른 가치관으로 판단되는 생태적 윤리는 생태계 자체의 위기를 막을 수 있을 뿐만 아니라, 인간의 생존까지도 도모할 수 있는 단초를 함유하고 있기 때문이다. 따라서 기존의 인간 중심적 가치로부터 생태적 가치에로의 인식전환을 통한 생태적 공동체 건설의 모색은 불가피하게 요구될 수밖에 없을 것이다.

이러한 당면 과제를 보다 성공적으로 이루어 나아갈 수 있고, 또한 과제의 수행결과가 효과적일 수 있는 대표적 영역을 하나 든다면 아마도 자라나는 세대에 대한 생태 가치 지향적 가치 교육일 것이다. 생태 지향적 환경 가치 교육은 이미 도덕적, 윤리적 가치관이 성숙하여 삶의 환경변화에 보수적이고 방어적 자세를 취하는 기성세대보다는 자라나는 신세대에게 더욱 필요할 것이다. 자연 친화적 생태가 본질적으로 인간의 가치 지향적 행동과 실천을 인도하고 규제하는 역할을 수행한다고 볼 때, 자라나는 세대에게 우선적으로 요구되는 삶의 정향은 생태 지향적 도덕, 윤리, 가치, 판단, 실천, 태도 등이다. 기성세대가 근대적 자연관과 윤리관이 부과한 인간 중심의 세계관과 가치론적 환경 속에서 물질적 혜택을 받고 성장하면서 인간 중심적 도덕을 지배적 가치관으로 갖게 되었다면, 생태 가치 지향적 환경교육의 실질적 대상으로서 학생들은 근대 물리학적, 인간중심적 세계관과 가치관이 남긴 생태환경 파괴라는 부정적 유산을 해결함과 동시에 생태적 윤리를 주도적 가치로 삼는 근대 후기 공동체 건설을 도모해야만 하는 이중 과제를 안고 있다. 부정적 유산을 해소하기 위한 패러다임 전환의 생태 환경가치 교육에서 기성세대가 도울 수 있는 길은 우선 자신들의 삶의 태도를 생태 지향적으로 바꾸는 것이고, 그러한 생태 지향적 가치를 새로운 세대에게 가르쳐서 바람직하게 실천하도록 하는 것이다.

본 연구에서는 이러한 문제의식을 가지고 생태학적 가치 개념을 원용한 환경교육 방안을 모색하여 보았다. 본서는 크게 2부로 구성되어 있다. 제1부는 생태친화적 환경교육에 관한 이론적 접근을 시도하였으며, 제2부에서는 생태친화적 환경교육 프로그램의 개발 및 현장 적용결과를 정리하여 담았다.

마지막으로 본서가 출판되기까지 여러 가지로 도움을 주신 많은 분들에게 감사를 드립니다.

2006년 9월

저자 이종흔, 이지연

# 차 례

## 제1부 이론적 고찰

## 제2부 환경교육 프로그램 개발 및 현장적용 결과

# 표 목차

# 그림 목차

# 제1부 이론적 고찰

# 생태 친화적 환경교육을 위한 교과 간 통합적 접근에 관한 고찰
## -창의적 재량활동 범교과 학습 영역 활용 방안을 중심으로 -

# Ⅰ. 서 론

지식기반사회를 뒷받침할 목적으로 7차 교육과정을 입안하고 편성하여 시행한 지도 벌써 몇 년이 지났다. 7차 교육과정은 21세기 세계화·정보화·다양화 시대를 주도할 자율적이고 창의적인 한국인의 육성을 지향하면서, 세부적 실천 항목으로 건전한 인성과 창의성을 함양하는 기초·기본 교육의 충실, 세계화·정보화에 적응할 수 있는 자기 주도적 능력의 신장, 학생의 적성·능력·진로에 적합한 학습자 중심 교육의 실천, 지역 및 학교의 교육과정 편성·운영의 자율성 확대 등을 제시하고 있다. 이러한 교육과정의 기본 정신을 구현하기 위해서는 국가에서 '주어지는 교육과정'에 순응하여 따라가기보다는 교육 실천의 학교 현장에서 '만들어 가는 교육과정'을 이해하려는 인식 전환이 선행되어야 할 것이다. 7차 교육과정에서는 '만들어 가는 교육과정'을 학교 현장에 안착시키기 위한 실질적 조처로 이전의 교과별 교육과정을 근간으로 하면서도 동시에 주제별 교육과정에 대한 배려 또한 간과하지 않고 있다. 주제별 교육과정을 활성화시키기 위한 선행 정책으로 재량시간을 학교의 재량 시간과 학생의 재량 시간으로 나누도록 하였고, 또한 배당 차시도 제6차 교육과정에서는 초등학교 3학년 이상에서 연간 34시간을 운영하도록 하였던 데 비하여 현행 제7차 교육과정에서는 초등학교 1학년부터 실시하도록 함과 동시에 최고 68시간까지 할당토록 하고 있다. 그런데 이러한 학교 재량활동 시간 가운데 주제별 교육과정을 위해 배당할 수 있는 적합한 실질적 시간은 '창의적 재량활동 범교과 학습 영역'이다. 그러면 창의적 재량활동 범교과 학습 영역 시간을 활용하여 주제별 교육과정을 구현하고자 할 경우 우선적으로 고려해야 할 주제를 하나 든다면 무엇으로 할 수 있을까? 아마도 환경교육을 들 수 있을 것이다. 6차 교육과정에서 공교육 과정의 독립 교과목으로 환경교과를 포함시킨 사실은 환경교육의 필요성을 공식적으로 확인시켜 주는 증거라 할 수 있다. 우리 삶의 환경 변화와 공교육의 교육과정 편성은 직접적 관계에 놓여 있으며, 교육과정은 이러한 변화를 최대한 포괄적으로 반영하기 위해 5년 주기로 재편성된다. 이런 점에서 우리 사회의 변화된 환경 가운데 무엇보다 자연·생태 보전 문제가 시급한 해결 과제로 부상되고 있음을 감안할 때 6차 교육과정 교과목의 하나로 환경교과가 신설된 것은 바람직한 것으로 평가할 수 있을 것이다.

그러나 환경교과의 교육적 효과에 대한 사회적 여론은 그렇게 긍정적이지는 못한 것 같다. 그 주된 이유는 학교 현장에서 환경교과의 환경교육이 제대로 이루어지지 못한 데 있기보다는 오히려 독립교과로서의 환경교과가 가질 수밖에 없는 내재적 한계, 즉 환경교육의 통합교과적 접근의 필요성에서 비롯된 것으로 보인다. 오늘날의 생태위기 극복을 위한 공교육적 노력이 단순히 환경이라는 독립교과 하나의 신설만으로는 해결하기 어려운 다원적 문제인 데에서 기인된 것으로 생각된다.

오늘날 우리가 경험하는 자연오염과 환경파괴는 삶의 일부분에 국한된 국지적 성격의 것이 아니라 전반에 걸쳐 있는 복합적 문제이다. 따라서 환경문제의 이런 성격 때문에 거의 모든 교과에서 환경관련 내용을 싣고 있다. 하지만 환경교육의 개별 교과적인 분산 접근은 어떤 점에서 환경교육의 효율성을 떨어뜨린 감이 없지 않다. 그러므로 현재의 시점에서 환경교육의 바람직한 방향을 모색할 경우 환경 문제의 본질이 무엇이며, 어디에 초점을 맞추어야만 환경문제를 극복할 수 있을 것인가 하는 점에 집중해야 할 것이다. 아마도 이 문제에 대해서 조금만 관심을 갖고 살펴본다면 환경문제가 근원적으로 인류의 삶의 가치 설정과 직결되어 있음을 알 것이다. 따라서 이제 우리에게 남은 과제는 오늘날 인류의 삶이 어떤 가치 패러다임을 지향해야 하며, 그에 따라 환경교육의 방향이 어느 쪽으로 나가는 것이 옳은지에 관해서 진지하게 살피는 일이다. 이 과제에 대한 우리의 대답은 다음과 같을 것이다. 즉 당연히 인류가 앞으로 지향해야 할 삶의 옳은 방식은 생태 친화적 삶의 형태가 될 것이고, 그에 따라 환경교육 또한 생태 친화적 환경 교육의 방향을 지향해야 할 것이라는 데 의견을 같이할 것이다.

본 연구 과제에서는 이런 점에 착안하여 다음의 두 가지 점에 초점을 맞추어 환경교육의 활성화 방안을 고찰할 것이다. 첫째, 6차까지의 환경교육 과정이 최근 들어 급격히 바뀌고 있는 환경 패러다임의 변화를 적극적으로 반영한 교육과정이었던가 하는 점을 살펴 볼 것이다. 그동안 환경교육의 지배적 환경 패러다임은 '지속 가능한 개발'이라는 존재와 사실 중심의 공리주의적 환경관이었다. 하지만 후기 자본주의 시대로 접어들면서 이러한 환경 패러다임은 당위·가치 중심의 생태 친화적 환경관으로 급격히 변화되고 있다. 그에 따라 환경관련 단체들의 사회 환경교육은 이러한 환경 패러다임 변화에 능동적으로 대처해 온 데 비하여 공교육 체제의 환경교육은 미흡한 감이 없지 않다. 따라서 공교육 체제의 환경교육이 시급히 보완해야 할 점은 환경 패러다임의 변화를 제대로 반영한 환경교육 수행 방안을 모색하는 것이다. 즉 여기서 필자는 '지속 가능한 개발'이라는 인간 중심적 환경교육이 아니라, 자연·생태 친화적 가치 인식과 태도를 함양할 수 있는 환경교육 필요성을 고찰할 것이다.

둘째, 자연·생태 친화적 환경교육을 실질적으로 구현하기 위한 시도로서 환경교육의 주제적 접근의 필요성과 실현 가능성을 고찰할 것이며, 그 주제적 접근의 구체적 방안은 학제 간 접근 혹은 범교과적인 통합적 접근이 될 것이다. 사실 현재까지 나온 많은 환경교육 관련 교육 학습 과정안 가운데 인문과학 영역 교과목, 사회과학영역 교과목, 자연과학 영역 교과목을 일관되게 체계적으로 다루고 있는 교육 프로그램이 얼마나 될까 하는 점은 생각해 보아야 할 것이다. 환경문제의 심각성 정도가 지엽적 환경파괴의 국면을 넘어 전 지구적 생태위기로 치닫고 있는 상황을 생각할 때 자연과학적 영역 교과목의 학습으로부터 습득한 환경·생태에 대한 포괄적 지식과 인문·사회 과학적 영역 교과목의 학습으로 함양케 된 태도적 의지가 하나의 정합적 유기체를 형성하여 실천적 행위로 나타나게 할 수 있는 교육 프로그램 개발에 대한 고려가 있어야 할 것으로 보인다.


## II. 생태 친화적 환경교육에로의 패러다임 전환의 필요성


후기 자본주의 시대로 접어들면서 자연오염과 환경파괴의 문제의 본질이 급격히 변화되고 있다. 한 마디로 축약해서 말하면 '총체적 생태위기' 국면으로 치닫고 있다고 할 수 있을 것이다. 즉 국가 단위의 지역적 수준을 넘어 전 지구적 차원의 포괄적 생태계 위기로 바뀌고 있으며, 그 영역은 정치, 경제, 사회, 문화 등 인간의 삶과 연관된 대부분의 영역에 걸쳐있다. Hans Jonas는 이러한 총체적 생태위기가 인간의 자연에 대한 무한정한 정복욕의 발로에서 초래되었다고 진단한다. 그는 "인간의 행복을 위해 고안되었던 자연 정복은 이제 인간 본성 자체에까지 확장되고 있는 그 과도한 성공의 결과 때문에 가장 커다란 도전을 야기하였다. 이 도전에서 나타나는 모든 점은 그 종류와 규모에 있어 전혀 새로운 것이며, 이제까지의 그 어떤 것과도 유사하지 않다"[1]고 주장한다. Hans Jonas의 이러한 언급은 생태계 위기가 지역이나 국가 단위의 국지적 차원에서 전 지구적 단위의 인류 차원의 문제로 급격히 확산·악화되고 있는 현실적 상황에 대한 직시와 반성 그리고 이를 통한 극복 방안 모색이 시급히 요구되고 있음을 보여준다. 이러한 관점에서 볼 때 공교육 체제의 환경교육에도 역시 인식과 발상의 전환이 요청된다고 볼 수 있으며, 나아가 인식과 발상의 전환을 구체적으로 실천하

---

1) Hans Jonas(이진우 역), 『책임의 원칙: 기술 시대의 생태학적 윤리』, 서광사, 1994, p.5.

기 위해서는 무엇보다 기존 환경교과에 대한 비판적 고찰로부터 시작하는 것이 바람직할 것으로 생각된다.

우선, 공교육 체제의 환경교육의 한계와 그 한계를 극복하기 위한 인식전환의 노력을 환경교육에 반영하기 위해서는 기존 환경교과의 거시적 패러다임에 대한 포괄적 진단이 선행되어야 할 것이다. 나아가 그러한 포괄적 진단을 통해 알게 된 생태위기의 본질과 현상에 관한 내용을 환경과목과 관련 교과의 교육과정 편성에 포괄적으로 반영토록 해야 할 것이다.

뉴밀레니엄 시대로 돌입하면서 자연오염과 환경파괴의 문제는 국가 단위의 지역적 수준을 넘어 전 지구적 차원의 생태계 위기의 관점에서 논의되고 있다. UN은 1972년 스웨덴의 스톡홀름에서 '국제연합인간환경회의'를 개최하여 '인간 환경 선언문'을 채택하였다. 여기서 '현재와 미래 세계를 위하여 인간 환경을 보호하고 개선한다는 것은 이제 인류의 지상 목표가 되었다'라고 천명하였다. 또한 그로부터 정확히 20년 뒤 1992년 리우 환경 회의에서는 지구의 환경 문제의 심각성을 재인식하고 '환경적으로 건강하고 지속 가능한 경제 개발'이 될 수 있는 방안을 논의하였다. 또 다시 이로부터 10년 뒤인 2002년 남아공화국에서 세계환경회의가 열렸다. 그런데 우리가 여기서 주목할 점은 왜 전지구적 환경회의가 열릴 수밖에 없었느냐 하는 점과 그 회의의 주기가 왜 10년으로 짧아졌느냐 하는 점이다. 이러한 사실은 우리게 어떤 점을 명시적으로 말해주는 것일까? 아마도 이와 같이 UN이 중심이 되어 전 지구적 인간환경회의를 열 수 밖에 없었던 것은 인류의 말 못할 숨겨진 고민 때문이었을 것이다. 그것은 지구 환경의 생태적 위기가 감상적, 낭만적 견지에서 논의하고 넘어갈 지엽적 차원의 문제가 아니라는 점에 대한 온 인류적 자각이 구심점을 형성한 데에서 비롯된 것으로 보인다. 생태계 위기가 지역이나 국가 단위의 국지적 차원에서 전 지구적 단위의 인류 차원의 문제로 급격히 확산·악화되고 있는 현실적 상황에 대한 참회, 성찰, 그리고 극복 방안 모색을 위한 모임이었던 것이다.

그러면 인류 역사의 발전 과정에서 근대(modern) 자본주의 시대 이전에는 크게 논란의 대상이 되지 않았던 자연환경의 오염과 생태계의 파괴 문제가 근대(modern) 자본주의 시대로 접어들면서 어떤 연유로 우리의 생존 자체를 근본적으로 위협하는 문제로

까지 비화되었을까? 인류의 삶의 전개과정을 자연, 생명, 생태, 환경에 대한 관계 설정의 역사라고 한다면, 오늘날 우리가 직면하고 있는 생태계 위기의 근본적 원인은 바로 근대에 들어 설정된 인간과 자연의 관계에서 비롯된 것으로 보이며, 나아가 이러한 관계 설정에서 결정적 역할을 한 인자(因子)는 자본주의일 것이다. 그렇다면 자본주의가 근대의 인간과 자연의 관계설정에서 어떤 결정적 인자 역할을 했을까? 이 문제를 보다 심층적으로 고찰하기 위해서는 경제학적 관점과 철학적(윤리적) 관점의 양 측면에서 고찰하는 것이 보다 바람직할 것으로 보인다. 왜냐하면 오늘날 생태위기의 현상적 원인이 자연의 과도한 경제적 이용에서 비롯된 것이라 볼 수 있다면, 내재적 원인은 자연에 대한 인간의 가치적 태도로부터 기인된 것이라 할 수 있기 때문이다. 또한 이 두 가지 관점으로 인해 결과 된 생태위기를 해결할 수 있는 대안 역시 현상의 경제적 측면으로부터 시작해서 내재적 측면의 철학적 관점으로 천착해 들어가면서 모색하는 것이 합리적 접근 과정이라 여겨지기 때문이다.

우선, 근대 생태, 환경 위기의 주된 원인을 경제학적 관점에서 찾아보면 자본주의의 자유시장 경제체제에서 찾아 볼 수 있을 것이다. 자본주의의 자유시장 경제체제는 인간과 자연이 근대에 들어 어떤 관계를 맺게 되었는가에 대한 포괄적 조망을 보여주며, 신고전파 경제학자들의 환경에 대한 경제학적 접근은 이러한 자유시장 경쟁체제가 어떤 논리에 의해서 작동되는가를 전형적으로 보여준다. 신고전파 경제학자들은 환경 관련 상품을 여타의 다른 상품과 마찬가지로 분석 가능한 하나의 대상으로 파악한다. 그들은 환경 관련 상품에 대하여 수요와 공급 곡선의 설정을 통해 귀속 가격을 부여하여 시장에 내놓음으로써 그 귀속 가격을 실생활 가격으로 전환시킬 수 있다고 본다. 나아가 그것에 의거하여 사회적으로 요구되는 환경보호의 적정 혹은 최적 수준을 판단할 수 있다고 주장한다.[2] 요컨대 신고전파 경제학에 있어서 환경은 다른 물건과 마찬가지로 상품이라는 하나의 객관적 존재에 불과하기 때문에, 이 환경관련 상품들은 인간의 보다 질 높은 삶을 위해 시장에서 공급과 수요의 원리에 따라 공급되어야 하며, 수요와 공급의 상황에 따라 환경보호의 적정 수준이 결정되어야 한다고 역설한다.

환경에 대한 이러한 경제학적 접근을 뒷받침 해주는 환경관은 기술 지향주의적 환

---

[2] Barbara Adamd 외(이기홍 외 역), 『지구환경과 사회이론』, 한울, 1997, pp. 97-102

경론(Technological Environmentalism)이다. 기술 지향주의적 환경론은 객관적인 방법에 대한 신념을 갖고 있으며, 환경오염 방지를 위한 세심한 관리가 행해질 수 있다면 인간은 그 자신의 목적에 따라 자연을 적절히 조절하는 것이 가능하다고 함으로써 인간의 자연에 대한 지배행위를 정당화한다. 따라서 자연에 대한 조절과정을 통해 성취된 고도의 기술과 물질 소비가 사회적 진보의 궁극적 지표로 여겨지는데, 이 진보는 자연의 법칙을 알고 이를 적절히 조절한 연후에 경제법칙의 틀 속에서 활용됨으로써 달성된다고 한다.[3] 이러한 신고전파 경제학자들의 공리주의적 환경관과 기술 지향주의적 환경론이 가진 비 생태적 측면은 자유시장 경제체제의 논리의 속성에서 확인할 수 있다. 자유 시장 경제 체제는 기본적으로 인간의 본능을 부추기고 이를 통해 소비를 조장하는 구조로 이루어져 있으며 적정치에서 본능을 자제하고 소비를 통제해야 할 당위성에 대해 구조적으로 역행하는 성격을 지닌다. 또한 가격으로 산정되어 있지 않으며 산정될 수도 없는 생태적 파손 문제에 대해 그 어떤 법적 규제를 가한다 하더라도 이를 모든 가능한 수단을 동원해 최대한으로 벗어나려는 노력이 그 기업의 성공과 일치되는 구조를 가지게 되므로 온 생명의 건강을 회복시키려는 방향과는 원천적으로 상충되는 것이다.[4]

그런데 이러한 자유시장 경쟁체제는 자연과 관계 설정에서 양적 개발의 단계와 질적 보존의 단계를 거치면서 반 자연 친화적 속성을 있는 대로 드러내게 되었고, 이것이 오늘날 생태위기의 근본 원인으로 작용하게 되었다. 인류는 근대 산업혁명의 시작과 더불어 삶의 질 향상이라는 명목하에 처음에는 무차별적인 양적(量的) 개발 논리에 치중했었다. 그런데 양적 개발의 논리는 전형적인 인간 중심주의 논리를 지향하기 때문에 종국적으로 자연환경의 무차별적 개발과 착취의 방향으로 흘러갈 수밖에 없었다. 양적 개발의 부작용이 심각하게 대두되자 이번에는 그 부작용을 최소화하기 위해 환경보호와 경제개발의 조화라는 질적(質的) 개발 논리, 즉 '환경적으로 건강하고 지속 가능한 개발 논리(Sustainable Development)'를 추구하였다. 하지만 이러한 질적 개발 논리만으로는 후기 산업사회의 총체적 생태 위기를 극복하는 데 한계가 있음을 일상의 생활을

---

3) David Pepper(김태경 외 역), 『현대 환경론』, 한길사, 1996, p. 72.
4) 장회익, 『삶과 온생명』, 솔, 1999, p. 262.

통해 직접적으로 느끼며 살고 있다. 그 이유는 아마도 질적 보호의 논리가 가진 내재적 한계에서 기인하는 것으로 보인다. 비록 거기서 자연환경에 대한 배려의 징후를 약간 발견할 수는 있지만 결국 내재적 한계로 회귀하는 양상을 목도할 수 있을 뿐이다. 구체적 예로 1987년에 발표된「환경과 개발에 관한 세계 위원회 보고서」, 소위 Brundtland Report를 들 수 있다. 이 보고서는 경제성장, 환경보호, 사회적 평등의 균형적 추구를 천명했었다. 하지만 이러한 노력이 시골과 농촌 지역에서는 성공할 수 있다는 가능성을 보여주었으나 산업과 공업이 집중된 도시 지역에서는 실패로 끝날 수밖에 없었다. 즉 세계 경제 정치 질서를 지배하고 있는 주도적 개발 논리를 근본적으로 바꾸는 데에는 한계가 있음을 실증하고 있다.5) 이와 같이 양적 착취와 질적 보호 논리가 가진 내재적 한계가 오늘날 인류가 직면하고 있는 지구 생태계 위기의 원인으로 지목되는 가장 큰 이유는 생태계 위기의 정도가 심해서 이러한 내재적 원인을 해소하지 않고서는 극복될 수 없는 심각한 성질의 것으로 급속히 변모되고 있기 때문이다. 따라서 이 문제를 극복하기 위해서는 전 인류적 차원의 모종의 결단이 요청되고 있음을 깨달아야 하며, 오늘날의 생태적 위기의 내재적 원인이 인간의 자연에 대한 경제적 관계설정에서 비롯된 것이라면, 그 모종의 결단은 다른 어떤 것이 아니라 자연 환경과 인간의 경제적 관계설정에 대한 근원적 관점의 패러다임 전환이 될 것이다.

다음으로, 환경과 생태위기의 원인을 가치와 태도라는 내재적 윤리, 도덕의 관점에서 모색할 경우인간 중심주의를 들 수 있다. 여기서 인간 중심적(anthropocentric)이냐 비인간 중심적(non-anthropocentric)이냐 하는 개념 정의와 구분은 현대 환경윤리 논의의 주요한 과제이다. 원래 윤리학은 선과 악, 옳음과 그름의 문제에 초점을 두고 인간 행위의 도덕성을 탐구하는 철학의 한 분야이다.6) 하지만 자본주의의 성립 이후 생태 위기가 심각해지면서 '인간이 비인간적인 자연에 대하여 어떻게 행동해야 하는가?'라는 난제가 제기되었고, 이 과제에 체계적으로 답하려는 응용윤리의 한 부문으로 환경윤리

---

5) Alicia de Alba,"The Search for Sustainability in Environmental Education",『Curriculum in the Postmodern Condition』, Studies in Postmodern Theory of Education, Vol. 103, Peter Lang Publishing, Inc., New York, 2000, p. 51

6) James Rachels, The elements Moral Philosophy, Copyright 1986 by Random House, Inc. NEW YORK p.11

가 등장하게 되었다. 환경윤리는 분류의 준거가 되는 도덕 공동체(moral community)의 범위에 따라 인간 중심적(anthropocentric) 윤리와 비인간 중심적(non-anthropocentric) 윤리로 나누어진다. 인간 중심적 환경윤리는 다시 자기중심적 윤리와 인간 중심적 윤리로 나누어지며, 비인간 중심적 환경윤리는 동물의 권리, 생물 중심적 그리고 생태 중심적 윤리로 구별된다.[7] 이 가운데 인간 중심적 환경윤리에서는 인간이 모든 가치의 척도이며, 환경은 도구적 가치만을 가질 뿐이다. 모든 가치는 인간의 가치에 기여하는 가운데 발생하며 자연의 모든 요소들도 기껏해야 인간의 이해 관심을 만족시키기 위한 도구적 가치만을 가질 뿐이다.[8] 인간 중심적 환경윤리의 논리의 범주 내에서 환경을 보전해야 하는 이유는 인류의 안녕과 행복을 위해서만 타당성을 가질 수 있으며, 그 외의 경우는 존립의 근거를 상실한다.

그런데 여기서 환경윤리의 인간중심주의가 생태위기와 관련하여 우리의 주목대상이 되는 이유는 바로 그것이 환경 경제학[9]의 철학적, 가치론적 기반이 되어 왔기 때문이다. 즉 인간 중심적 환경윤리는 그 동안 자연의 경제학적 이용을 내재적(가치적)으로 합리화시켜 주는 역할을 했던 것이다. 환경 경제학의 양적 개발논리와 질적 보호 논리는 상보관계를 맺으면서 인간과 자연의 관계 설정에 있어 이분법을 상정한 후 무게의 중심을 인간에게 두는 인간 중심주의를 취했는데 바로 이 인간 중심주의가 현금의 생태위기의 가치론적인 내재적 원인으로 작용하게 된 것이다. 인간 중심적 환경윤리는 환경 경제학의 양적 개발과 질적 보호라는 논리에 대해서 본질적인 가치론적 정당성을 제공했던 것이다.

하지만 현금의 전지구적 생태위기는 개인주의적 선택과 공리성을 강조하는 경제적

---

7) Merchant G., "Environmental Ethics and Political Conflict: A View from California", Environmental Ethics, Vol.12, No.1, 1987, pp. 45-68.

8) Bryan G. Norton, "Environmental Ethics and Weak Anthropocentrism", in Environmental Ethics 6, 1984, p. 133.

9) 환경 경제학은 최근에 등장한 새로운 학문 분야는 아니다. 산업혁명 초기에 자연과학으로부터 경제학이 독립학문으로 분과한 이후로 인간과 자연 환경간의 관계는 경제학적 연구의 주요한 대상이 되어왔다. 이러한 환경 경제학이 근대적 학문으로 발전할 수 있는 기본 토대는 이미 70-100년 전 제본스(Jevons), 피구(Pigou) 등과 그 밖의 초기 신고전파 경제학자들에 의해서 마련되었다. J.Martinez-Alier, Ecological Econimics: Energy, Environment and Society, Oxford: Basil Blackwell, 1987.

24

입장과 인간 중심주의를 견지하는 가치론적 태도의 인식 전환을 요구하고 있다. 먼저, 사람들은 환경이 화폐의 영역이 아니라 도덕적 평가의 영역에 속하는 것으로 생각하기 시작한 것이다. 사람들은 환경에 대하여 선호를 갖는 것이 아니라 태도를 갖는다. 사람들은 소비자로서의 자신들의 이해와 관심에 맞는 것을 취하는 것이 아니라 시민으로서의 권리라고 믿는 것을 선택한다. 그러므로 환경 보호를 해야 할 것인가 하지 말아야 할 것인가는 비용과 이익의 계산 문제가 아니라 도덕적이고 사회적인 논쟁의 문제라고 본다.[10] 또한 지난 시대 동안 자연의 개발과 착취라는 인간 중심적 가치에 의거해 물질적 삶의 질 향상을 추구했었다면, 이제는 자연과의 친화적 관계 설정을 통해 동반자적 삶을 지향해야 할 당위성이 요청되고 있음을 자각한 것이다. 인간이 진정 질 높은 삶을 향유하길 바란다면 지금까지의 양(量)적 개발과 질(質)적 보호라는 경제적 논리와 인간 중심적 환경 패러다임을 포기하고 생태 친화적 태도와 비인간 중심적 패러다임에로의 전환을 시급히 단행해야 한다. 박이문은 이러한 패러다임 전환의 필요성을 코페르니쿠스적 혁명에 비유하여 "코페르니쿠스적 혁명은 자연에 대한 기계론적 접근에서 미학적 접근으로, 인간 중심적 가치에서 생태 중심적 가치로 전환하지 않으면 안 된다는 것을 뜻한다. 그러한 혁명은 너무나 긴급하다. 우리에게 남겨진 시간이 촉박하기 때문에……"[11]라고 주장한다.

이러한 인식 전환의 모태가 되는 사상으로는 심층생태 중심주의 윤리, 그리고 동양권의 기 중심적 환경윤리 등을 들 수 있다. W. Fox는 심층생태주의의 핵심을 다음과 같이 통찰하고 있다. "이것은 존재의 장에서 어떤 확고한 존재론적 분할도 성립하지 않는다는 생각이다. 다른 말로 표현하면 세계는 독립적으로 존재하는 주체와 대상으로 분리되지 않거나 또는 실재에서 인간과 인간 아닌 영역 사이에 어떤 분리도 있지 않다. 오히려 모든 존재는 그들 사이의 관계에 의해 구성된다. 우리가 경계로 지각하는 정도만큼 우리는 심층 생태주의적 의식을 결여하고 있다."[12] W. Fox의 이러한 견해는 장회익의 온 생명론과도 일맥상통할 것이다.

10) M.Sagoff, 『The Economy of the Earth』, Cambridge University Press, 1988 p. 194.
11) 박이문, 『문명의 미래와 생태학적 세계관』, 당대, 1998, p. 186.
12) Warwick Fox(1984), "Deep Ecology: A New Philosophy of our Time ?" The Ecologist 14, p. 196

　장회익은 먼저 온 생명의 관점에서 자유시장 경제체제가 생태계를 어떻게 파괴하는 지에 대해서 다음과 같이 언급한다. "자유시장 경제 체제가 그 바탕으로 삼고 있는 경쟁의 방식은 개인적으로 조직체적으로 개체 번영의 보상과 개체 생존의 위협 아래 놓임으로써 이를 뚫고 나갈 최선의 방식을 채용하게 되고 여기에 항쟁의 수단이 없는 생태적 측면이 필연적으로 희생을 당하게 된다. 그리고 여기에서 힘을 지닌 결정권자는 가장 철저하게 비생태적인 존재일 수밖에 없는 바로 이러한 경쟁의 승자이며 그 또한 더 큰 경쟁을 눈앞에 두고 있다. 설혹 다수의 이해를 대변하는 정치기구라 하더라도 이러한 경쟁의 위협 아래 서 있는 개인들의 이해는 개체 중심적 관심의 집합일 수밖에 없다."13) 다음으로 그는 이러한 비 생태 지향적 삶을 극복할 수 있는 가치로서 온 생명의 개념을 제시한다. "우리는 한편으로 친족과 이웃 그리고 인근 동식물에 대한 애호의 심정을 확장시켜 나감과 동시에 자신과 온 생명 사이에 존재하는 명확한 관계를 이해함으로써 선천적으로 주어진 연대의식의 작용을 통해 온 생명과의 일체화 의식에 어렵지 않게 도달할 수 있다."14) 아마도 근대 자본주의 체제의 자유시장 경쟁 체제 하의 환경, 생태 위기의 본질에 관한 명료한 인식을 갖고 생태 친화적 삶을 살고자 하는 사람이라면 전체론적인 생태 중심적 윤리, 기 중심적 환경윤리가 우리 인류에게 던지는 메시지의 핵심이 무엇인지를 충분히 알 수 있을 것이다. 그 메시지는 인간 중심적 관점으로부터 생태 중심적 시각으로의 환경 패러다임 전환의 필요성을 요구하고 있다. 즉 그러한 패러다임 전환의 핵심에 자연, 생명, 생태, 환경 등의 개념이 놓여야 하며, 생태적 도덕성과 심미성을 소중히 여기는 사람들이 공동체의 다수를 이루어야하고, 생태적 양식이 살아 숨쉬는 사회로 바뀌어야 한다고 주장할 것이다. 이러한 주장은 환경과 생태 위기의 본질에 대한 우리의 자각적 인식이 크게 바뀌고 있음을 상징적으로 보여주는 것이다. 다행스럽게도 이 같은 패러다임 전환의 징후를 생태 친화적 형태의 삶을 지향하려는 태도 속에서 발견할 수 있다. 그 변화의 내용은 자연과 환경 그리고 생태계의 개발 전략보다는 보존과 보호 전략에 관심이 모아지고 있으며, 더 나아가 자연과의 동반자적 관계의 설정을 주장하는 논리가 많은 사람들로부터 광범위한 이론적 설득력을 얻고 있

---

13) 장회익, 앞의 책, p. 262.
14) 장회익, 앞의 책, p. 285.

다는 사실은 상당히 고무적인 일이다.

　그렇다면 인류의 이러한 당면과제를 성공적으로 수행할 수 있으며, 그 수행의 결과 효과적일 수 있고, 지속적일 수 있게 할 수 있는 방안은 무엇일까? 아마도 미래 세대의 인류에 대한 환경교육만큼 적극적이고 생산적인 것은 없을 것이다. 현재와 같은 자본주의적 물질 위주의 문화가 계속 확산・강화된다면 인류 중심의 환경의식은 생태계 위기를 더욱 가속화시킬 것이고, 더 나아가 인간 생존 자체를 위협할 수 있기 때문에 자연과 생태에 관한 인류의 대대적 패러다임 전환을 유도할 수 있는 환경교육을 실시할 필요성이 제기되고 있는 것이다. 이를 통해 자연, 생태, 환경을 이야기 할 때 무엇보다 '친화적, 동반자적'이라는 형용사를 떠올릴 수 있도록 해야 할 것이다.

## Ⅲ. 창의적 재량활동 범교과 학습 영역을 활용한 통합 교육과정 모색

　제7차 교육과정에서는 6차 교육과정까지의 문제점을 다음과 같이 지적하면서 보완대책으로 재량활동 영역의 확대를 제안하고 있다. 즉 "제 6차 교육과정까지 학교에서는 국가에서 만들어준 교육과정으로 교육활동을 하여 학교 수준의 자율성과 융통성을 확보하기 어려웠다. 획일화된 학교 교육과정에 대한 개선의 요구와 재검토의 필요성이 다양한 형태로 표출되었다. 재량활동 교육과정은 개성 있고 창의적인 인간 육성을 요구하는 시대적 상황에 부흥하고, 교육제도 운용, 교육 내용 변화를 추구하는 교육적 요구를 수용하는 차원에서 도입하였다. 국가 수준의 교육과정이 일정한 주기로 이루어지고 있지만, 이러한 교육과정의 개정작업은 급속한 사회 변화와 엄청난 지식과 정보의 폭발적 증가를 적절히 교육과정에 반영하지 못하고 있다. 그리하여 학생들의 관심과 흥미를 제대로 끌지 못할 뿐 아니라, 부분적으로는 내용 자체의 적절성에 문제가 되는 경우도 종종 발견되곤 한다"[15]고 비판한다. 이 점에서 7차 교육과정의 재량활동 영역의 성공적

안착은 학교 교육과정의 자율화, 다양화의 성공 여부를 판가름할 수 있는 시금석이 될 수 있다. 재량활동 교육과정이란 단위 학교의 교육적인 필요와 요구에 따라 교육의 목표와 내용, 방법, 평가에 관한 일체의 사항을 단위 학교가 결정·운영하는 교육활동을 의미한다. 재량활동은 교과재량활동, 창의적 재량활동 영역으로 나누어지며, 창의적 재량활동은 다시 범교과 학습과 자기 주도적 학습 영역으로 구분된다. 그런데 이러한 학교 재량활동 시간 가운데 주제별 교육과정을 위해 배당할 수 있는 적합한 실질적 시간은 '창의적 재량활동 범교과 학습 영역'이다. 7차 교육과정에서는 창의적 재량활동 범교과 학습영역의 의미와 필요성 그리고 방법을 다음과 같이 정의하고 있다. 범교과 학습은 교과 간의 범위를 넘어선 통합교육과정으로서 교과학습 외에 재량활동, 특별활동을 포함하여 학교에서 행하여지는 모든 교육과정을 의미한다.[16] 창의적 재량활동 범교과 학습은 학습자의 종합적인 능력의 신장 및 전인적인 성장을 도모하기 위한 것으로 학문의 내용을 중심으로 구성한 교과 교육과정에 의한 학습보다는 학습자의 경험을 중심으로 구성한 통합 교육과정에 따라 지도를 해야 한다. 범교과 학습 내용 구성에 있어서 범교과 학습의 통합방식은 교육 내용 및 탐구 방법을 여러 학문이나 교과에서 가져오는 다학문적 접근방식과 학습자의 흥미, 관심, 필요에 의한 통합과 사회 기능 및 문제에 의한 통합을 강조하는 탈학문적 접근 방식을 활용할 수 있다고 주장한다.[17] 하지만 이러한 창의적 재량활동 범교과 학습 영역 신설의 본래적 취지에 대해서는 원론적으로 높은 평가를 내릴 수 있으나, 이러한 의미와 필요성을 교육현장에서 어떻게 적용·활용할 것인지에 대한 구체적 방안 혹은 방법적 접근은 추상성의 한계로부터 벗어나지 못한 감이 없지 않다. 즉 교과 간의 범위를 넘어선 통합 교육과정을 어떻게 구현할 것인가에 대한 교육 철학적 개념 정의와 교육 방법적 접근의 측면에 한계를 드러내고 있다.

그러면 교과 간의 범위를 넘어선 통합 교육 과정으로서의 범교과 학습 영역을 교육 현장에 제대로 안착시킬 수 있는 실질적 방안을 모색한다면 어떤 방향으로 나가는 것이 바람직할까? 교수 요목기부터 7차에 이르기까지 우리의 공교육 교육과정의 입안과

---

15)  교육인적자원부, 『재량활동 교육과정편성·운영의 실제』, 교육과정정책과 교육과정지원센터, 2001, p. 32.
16)  위의 책, p. 32.
17)  위의 책, p. 45.

편제에서는 교과별 교육과정 구성이 근간이 되어 왔었다. 국가의 전체적 교육과정은 교과별 체계를 갖추고 있었으며 학교의 수업도 대개 교과별로 이루어져 왔었다. 하지만 사회가 다원화되고 복잡해짐에 따라 학생들이 도달해야 할 목표나 배워야 할 내용 중에는 교과별 교육과정 체제나 교과별 학습으로는 달성하기 어렵거나 효과적이지 않은 것들이 대두하였다. 예를 들어 인성교육이나 성교육 등과 같은 주제는 도덕이나 체육과 같은 특정 교과서에서 다루기보다는 학교 교육 활동 전반에 걸쳐서 통합적으로 다룰 때 교육적 효과가 높아진다. 이와 같이 교과별 체계보다는 학교교육 활동 전반에 걸쳐서 통합적으로 다룰 때 효과적인 주제 학습을 범교과 학습이라고 부른다. 따라서 범교과 학습의 주제는 대개 학문적 성격을 반영하기보다는 학습자의 개인적 요구나 사회적 요구를 중시하여 선정된다.[18] 이러한 시대적·사회적 요구를 반영하여 나온 7차 교육과정의 상징적 결과가 창의적 재량활동 범교과 학습 영역의 신설이다. 따라서 범교과 학습 영역을 활용한 주제별 접근의 성공 여부는 '교과 간의 범위를 넘어선 통합 교육과정'이라는 창의적 재량활동 범교과 학습 영역의 정의에서 볼 수 있듯이 '통합교육과정'의 의미를 어떻게 해석하여 교수·학습 모형을 설계하고, 그것에 근거하여 교수·학습 과정안을 어떻게 구안하느냐에 달려있다고 할 수 있다. 이런 점에서 '범교과적인 통합교육과정'이라는 개념적 정의와 방법론 모색에 있어 H. H. Jacobs의 통합교육과정 설계모형이론은  상당히 유용한 분석의 틀이 될 수 있을 것 같다. Jacobs는 통합교육과정의 설계 모형을 ①학문기초 내용중심 설계 모형(discipline based), ②학문병렬 설계 모형(parallel discipline), ③다학문적(multi-discipline) 학문단위 강좌모형, ④간학문적 단위(interdiscipline units/courses) 강좌모형, ⑤통합 일(integrated day) 모형, ⑥완전 프로그램(complete program)모형의 여섯 가지로 나누어 설명한다.[19] 여섯 가지 분류 모형 가운데 범교과적 통합교육과정을 구현하는 데 나름의 적합성을 가진 모형으로 학문병렬 설계 모형, 다학문적 학문단위 강좌 모형, 간학문적 단위 강좌모형의 세 가지를 들 수 있지만, 필자는 이 중에 간학문적 단위 강좌모형에 의거하여 범교과적 통합

---

18) 김대현 외, 『교과의 통합적 운영』, 문음사, 1997, p.284.
19) Jacobs, Heide, Hayes, ed(1989), 『Interdisciplinary Curriculum : Design and  Implementation』, ASCD Publication, Printed by Edwards Brothers, Inc, pp. 13-16.

교육과정의 적용 가능성을 고찰해 보려고 한다. 그 구체적 이유로는 다음과 같은 점을 말할 수 있다. 첫째, 주제별 접근에 있어 종합적인 인식론적 경험을 제공함으로써 학생과 교사 양측 모두에게 교수·학습의 동기를 유발시킬 수 있다. 둘째, 교사가 현행 교육과정에서 추출한 특정 주제나 쟁점을 학제 간으로 연결시킨 수업모형을 설계하기가 쉽다. 셋째, 기존의 학문별 접근(교과별)을 완전히 대체시키지 않고 이 두 가지 접근 방식을 상호보완적으로 활용할 수 있으므로 오히려 완전히 통합된 프로그램보다 간학문적 단위의 강좌를 설계하는 데 적합하다. R. Fogarty 역시 Jacobs와 마찬가지로 간학문적 통합형의 장점으로 다음과 같은 점을 이야기한다.[20] 첫째, 학생들에게 특정 주제와 관련된 여러 교과의 내적 상호 관련성을 인식시킴으로써 그 분야에 관한 전문 지식의 제고와 실천적 의지의 함양에 효과적이라고 주장한다. 둘째, 팀 티칭을 통해 중복되는 개념과 소주제를 교과 간에 합치시킴으로써 충실한 통합모형을 끌어낼 수 있다는 것이다. 셋째, 수업 모형으로서의 통합적 접근이 효과적으로 이루어지기만 한다면 내적으로나 외적으로 이상적인 학습환경을 조성할 수 있다는 것이다.

그런데 우리가 여기서 주목해야 할 점은 간학문적 단위 설계모형이 창의적 재량활동 범교과 학습 영역의 실질적 활성화에 기여를 할 수 있는 실마리를 제시할 수 있을까 하는 것이다. 그것은 충분히 가능한 것으로 보인다. 그 이유는 위에서 설명한 간학문적 단위 설계 모형의 특성으로부터 창의적 재량활동 범교과 학습 영역이 지향해야 할 현실적 통합의 방향을 추론해 낼 수 있기 때문이다. 그렇다면 어떤 방향으로 통합의 방향을 잡는 것이 바람직할까? 이를 위해서는 통합이라는 말의 의미와 전체성과의 관계를 살펴보아야 한다. Dressel P. L.은 "통합이라는 말은 어떤 상태를 가리키거나 어떤 과정을 나타내기 위하여 사용된다. 상태로서의 통합이란 어떤 것이 완성되었다든지 '전체성'을 획득하였다든지 하는 것을 의미한다. 이러한 의미의 통합이란 개인과 사회 집단이 획득하려고 노력하는 목표가 된다. 이에 반하여 과정으로서의 통합이란 이와 같은 완성이나 '전체성'을 획득하기 위한 수단을 가리킨다. 이러한 의미의 통합이란 전체에 속하는 부분들이 상호 연관되거나 상호 조화로운 관계를 형성하는 방식을 가리킨다."[21]라고 주

20) Robin Fogarty(구자억외 옮김), 『교사를 위한 교육과정의 통합』, 원미사, 1998, p. 83.
21) Dressel Paul Leroy, Liberal arts as viewed by faculty member in professional schools.

장한다. Pring R.도 Dressel과 비슷한 견해를 개진한다. 그는 "통합이라는 말은 부분들의 통합성을 의미하며, 그 통합성 속에서 부분들은 어떤 방식으로 변화된다. 어떤 특정한 대상이나 부분들의 총합이 통합된 전체를 만드는 것은 아니며, 통합에는 부분들이 어떤 전체에만 속하는 어떤 새로운 속성을 얻게 되는 것, 전체로서의 어떤 특성을 갖추고 있지 않으면 안 된다."[22]라고 언급한다.

위 두 사람이 '통합성과 전체성의 관계'를 어떻게 설정할 것인가에 대해서 이야기하고 있는 점은 분명하다. 즉 통합성은 전체성의 실현을 전제로 할 때만이 비로소 존재가치를 획득한다는 것이다. 하지만 이 두 사람의 견해를 충족시키는 방향으로 관계를 설정하여 창의적 재량활동 범교과 학습 영역의 통합 방향을 모색하기에는 현실적으로 어려움이 많으며, 현재의 우리 학교 현장의 모든 여건을 고려할 때 오히려 역효과를 낼 수 있는 측면도 잠재되어 있다. 그렇다면 어떤 방향을 지향하는 것이 바람직할까? 이 점에 대하여 김대현의 견해는 창의적 재량활동 범교과 학습영역의 안착과 활성화를 꾀하는 데 있어 상당히 현실적 타당성과 실현 가능성을 가진 유용한 분석으로 보인다. 그는 "통합이라는 말이 비록 전체성의 실현을 그 필요조건으로 하여 의미를 지니는 말이라 할지라도, 교육과정 분야에서 통합의 문제는 전체성이라는 조건을 유보하고 상호 관련성(inter-relation)을 토대로 하여 의미를 찾는 것이 좋지 않을까 생각한다. ……전체성을 둘러싸고 일어나는 개념적 논쟁을 떠나서 교육 내용들 간에 실제로 존재하는 상호 관련성을 바탕으로 통합교육 과정을 논의하는 것이 현실적인 이익이 있다고 생각한다."[23]라고 주장한다. 여기서 '전체성'이라는 조건을 유보하고 상호 관련성을 매개로 통합교육 과정을 모색할 것을 강조하는 김대현의 주장은 창의적 재량활동 영역의 실질적인 현실적 활성화 방안 모색에 어떤 시사점을 줄 수 있을까? 이를 위해서는 통합교육과정 논의 토대로서의 전체성과 상호관련성이 지닌 개념적 함의를 위의 문맥에 의거하여 관련하여 분석해 보아야 한다. 이런 측면에서 분석할 경우 전체성이 학문적, 이론적, 이념적, 철학적, 본질적 측면과 가깝다고 할 수 있다면, 상호 관련성은 현실적, 제도적,

Columbia University. Bureau of Publications. 1959, pp.10-11

22) Pring.R.(1973), "Curriculum Integration", R.S.Peters, ed, 『The Philosophy of Education』, Oxford University of Press.

23) 김대현·이영만 공저, 『학교 중심의 통합교육 과정 개발』, 양서원, 1995, p. 77.

상황적, 환경적 측면과 친연적(親緣的)이라 할 수 있다.

이렇게 볼 때 상호 관련성에 의거한 현실적 이익의 측면의 고려에 대한 김대현의 주장은 현재 우리 학교 교육 현장에서 범교과적 학습이 시대적 요구, 학생들의 요구, 현실적 학습 효과의 측면을 반영하여 착근될 수 있도록 하기 위한 환경 조성의 중요성을 강조한 것으로 볼 수 있다. 물론 이러한 학습 환경 조성 방안의 모색에 있어 우선적으로 생각해야 할 것은 7차 교육과정의 창의적 교육 목표를 구현할 수 있는 거시적 교육정책의 수립과 교육과정의 편성 즉 전체성에 대한 고려가 필수적일 것이다. 왜냐하면 현실적 이익의 측면을 이념적·철학적으로 뒷받침하기 위해서는 교육 선진국의 교육이념, 철학, 제도 등을 도입할 필요가 있기 때문이다. 하지만 우리 사회는 지난 교육과정 편성에서 거시적 교육철학과 이념 그리고 제도의 마련에 몰두한 나머지 미시적인 현실적 이익의 측면을 등한시 한 느낌이 없지 않다. 하지만 이러한 거시적 수준의 교육정책과 교육과정을 교육 현장에 무리 없이 정착시키기 위해서는 미시적 실천 방안과 구체적 방법론이 동시에 구비되지 않으면 실패할 가능성이 높다. 특히 교육과정의 역사성, 현실성, 적실성, 실질적인 교육적 효과, 교육과정 전체와의 관계성, 타 교과와의 연계성을 무시한 교육과정 편성은 비판적 여론에 직면할 확률이 높다. 예를 들면 범교학 학습 영역의 방법론으로 제시하고 있는 다학문적 접근과 탈학문적 접근은 각 분과 학문에 기초한 교과별 교육과정 체계와 부조화를 이룰 가능성이 많다. 따라서 우리는 통합교육과정으로서의 범교과 학습영역을 혁명적 발상에 근거한 교육과정으로 이해하기보다는 이미 언급한 다양한 측면들을 충분히 고려한 교육과정으로 파악하고, 그것에 근거한 방법론적 접근을 시도하는 것이 보다 합리적일 것으로 판단된다. 창의적 재량활동 범교과 학습 영역이 우리의 교육 현장에 제대로 자리잡기 위해서는 거시적 교육 목표와 미시적 방법론이 잘 조화된 방향으로 나아가야 하며, 이를 위해서는 역사성, 전체성, 조화성, 맥락성이 충분히 고려되어야 한다. 요컨대 김대현이 말하는 '현실적 이익'과 '상호관련성'의 측면이 충분히 참작되어야 한다.

# Ⅳ. 창의적 재량활동 범교과 학습에 적합한 생태 친화적
# 환경교육의 통합적 접근

제 6차 교육과정까지 환경교과와 여타 교과목의 환경관련 부문들이 견지하였던 교육 목표와 내용을 인간 중심적이냐 아니면 비인간 중심적이냐 하는 이념적, 철학적, 가치적 시각에서 평가할 경우 어느 쪽으로 분류할 수 있을까? 아마도 그것은 인간 중심적 관점에 해당될 것이며, 이것은 세계관과 자연관의 설정에 있어 기술지향주의적 환경주의를 취하였음을 뜻한다. 기술지향주의적 환경주의와 인간 중심주의는 우리나라 교육과정편성에서 환경교육이 명문화된 제 4차 교육과정(1981년 고시) 때부터 환경교육의 근간이 되어 왔었다. 제4차 교육과정 총론의 운영치침은 "……환경교육 등은 교육활동 전반에 걸쳐 이루어지도록……"라고 규정하고 있으며, 각론 편의 관련 교과의 목표와 내용에서는 환경 교육적 용어들을 제시하고 있다. 이 때 사회과에서는 '공해', 과학과에서는 '환경오염' 등의 구체적인 용어들이 교육과정에 등장하게 되었다. 1987년에 고시된 제5차 교육과정은 교육과정의 구성 방향에서 "…… 모든 국민이 쾌적한 환경 속에서 행복한 삶을 누릴 수 있는 터전을 마련하기……"라고 규정하고 있으며, "……인간을 존중하고 자연을 아끼며……"라고 하여 환경 교육에의 의지를 더욱 분명하게 밝힘으로서 이른바 분산적 접근에 의한 환경 교육의 실천의지를 더욱 명확하게 표명하고 있다. 6차 교육과정의 고등학교 『환경과학』에서는 "인간과 환경과의 상호관계를 총체적으로 이해하게 하고, 환경을 보전하는 데 필요한 태도와 가치관을 가지게 하여, 환경의 질을 개선할 수 있는 바람직한 환경관을 형성하게 한다."[24]라고 밝히고 있다.

6차 교육과정까지 환경교육의 목표에서 우리가 알 수 있는 점은 인간과 자연, 인간과 환경의 관계 설정에서 공리주의적 환경관에 토대를 둔 인간 중심적 가치 정향을 취하고 있다는 사실이다. 이러한 정향은 환경과 자연을 공공재화의 관점에서 보는 다음의 인용구에 상징적으로 응축되어 나타나 있다. "공기와 물과 땅은 공공 재화이다. 공공재

---

24) 교육부, 『고등학교 교양 선택 교육과정 해설』, 대한교과서주식회사, 1995, p.197.

화란, 그 누구도 그것의 사용에서 제외되어서는 안 되며, 가능하다면 모든 사람이 그것을 이용할 수 있어야 한다. 자연은 어떤 시대에 몇몇 사람들이 탕진해서도 안 되고 파괴해서도 안 되는, 인류 모두의 자원이다. 지금 어떤 곳에 살고 있는 사람들에게 자연은 잠시 그 사용권이 위임되었을 뿐이다. 그러므로 우리는 자연을 근본적으로 손상시키지 않으면서 사용하다가 우리의 후손들에게 온전히 물려주어야 하는 것이다."[25] 이와 같이 자연과 환경을 공공재화의 관점에서 보는 시각은 인간 중심적이냐 아니면 비인간 중심적이냐 하는 기준에서 볼 경우 인간 중심적 관점에 배속시킬 수 있을 것이다. 왜냐하면 공공재화의 관점이 보여주는 궁극적 함의는 결국 인간의 윤리적 의무의 범위를 시간과 공간적으로 확대해서 자연을 인간 삶의 조건으로 끌어들이고 있기 때문이다.[26]

인간 중심적 환경론은 7차 교육과정에 들어오면서 어느 정도 극복이 된다. 대표적인 예로 고등학교 환경교과 과목의 이름이 『생태와 환경』이라는 점에서 인식전환의 단초를 찾아 볼 수 있으며, 나아가 보다 직접적으로는 생태중심주의 사고로의 전환을 주장한다. 그런데 문제의 관건은 환경교과의 교육과정을 어떻게 편성할 할 것이냐 하는 점이다. 이러한 현실적인 어려움은 환경교과가 가지는 고유한 특성으로부터 기인되는 한계이다. 우선, 내용상의 문제이다. 현행 교육과정인 7차 교육과정에서는 환경교육의 목표를 다음과 같이 밝히고 있다. 중학교 『환경』 교과에서는 교육 목표로 "환경에 대한 이해를 바탕으로 올바른 가치관, 감수성 및 태도를 기르고, 환경문제의 해결 방안을 탐구하여 쾌적한 환경을 보전하기 위한 활동에 적극적으로 참여한다."[27]라고 언급하고 있다. 고등학교 『생태와 환경』 과목에서는 "중학교의 『환경』 과목과 연계하여 지구 생태계를 이루는 환경의 자연과학적 지식을 넓히고, 환경문제를 인식하며 건전한 생태 중심주의 사고로 전환할 수 있는 사회과학적 지식을 고루 접할 수 있도록 한다. 환경 문제에 대하여 자연과학적인 방법과 사회과학적인 방법으로 접근하는 통합적 과목이다."[28]라고 밝히고 있다. 그렇지만 중학교 『환경』과 고등학교 『생태와 환경』 과목 시간의 환경교육을 통하여 이와 같이 포괄적인 교육 목표를 실질적으로 달성하는 데에는 현실적인 어려움이 있다.

25) 교육인적자원부, 『윤리』, 대한교과서주식회사, 2002, p. 104.
26) 진교훈, 『환경윤리』, 민음사, 1998, p. 50.
27) 교육인적자원부, 중학교 『환경』 교사용 지도서, 2002
28) 교육부, 『고등학교 교육과정 해설서』, 대한교과서주식회사, 1997, p. 862.

　학문 분류상『환경』및『생태와 환경』이라는 과목은 자연과학적 교과 영역에 속하거나 아니면 가깝기 때문에 사회과학적 교과(사회)나 인문과학적 교과(국어, 윤리)에서 겨냥하는 환경교육의 목표를 충분히 달성하는 데 많은 제약이 뒤따른다. 예컨대 환경교과는 생태계와 환경에 관한 기본적인 지식 및 환경 문제 해결에 필요한 기초적인 기능을 습득하고 이를 환경 보전과 환경 문제 해결에 이용할 수 있는 응용력을 기르는 데 주안점을 둔 과목이다. 따라서 자연과 환경에 대한 생태적 감수성을 갖게 하고 또한 올바른 태도와 가치관을 함양하게 하는 데는 취약성을 드러낼 수밖에 없다. 반면에 국어, 사회, 윤리 등과 같은 인문·사회 과학 영역의 과목은 인간과 자연의 상호 작용 메커니즘의 전체적 이해를 토대로 하여 환경문제에 대한 올바른 인식을 갖게 하고, 나아가 생태적 위기 극복을 위한 가치와 태도를 함양하는 데는 매우 실질적이지만, 환경파괴극복을 위한 기술적 방안 모색에는 약점을 가질 수밖에 없다. 이처럼 각 교과에서 생태위기 극복과 관련된 국가 사회적 요청에 부응하기 위해 환경관련 내용을 포함시켜 교육하도록 하고 있지만, 이것만으로는 한계가 있다. 하나의 독립 교과에서 다룰 수 있는 내용 영역은 어느 정도 제한이 있고, 교과를 다루는 방식에 있어서도 교과 간의 통합적인 접근이 현실적으로 매우 어렵기 때문이다.[29]

　다음으로, 공교육 체제의 교육과정 속에서 환경교과로 배당된 기본적 수업 시수 확보상의 문제이다. 7차 교육과정에서 중학교『환경』과목은 주당 1시간으로서 선택교과이며, 또한 고등학교『환경과 생태』역시 주당 4시간으로 배당 시수는 많지만 선택중심 교육 과정에 들어있어 실질적 시간을 확보하기가 어려운 현실이다. 후기 자본주의 시대를 당면하여 인류가 직면하고 있는 대표적 문제의 하나인 생태적 위기를 극복하기 위해 6차 교육과정부터 환경교과를 신설해 환경교육을 강화하고 있지만, 그 현실적 교육적 효과에 대해서는 많은 의구심이 제기되고 있다. 그 주된 이유는 환경교과가 다루어야 할 영역은 너무 광범위한 데 반해서 배당된 수업 시수는 턱없이 모자란다는 점이다. 7차 교육과정에 주어진 시간만으로는 환경교과의 교육 목표를 효과적으로 달성하는 데는 실질적인 많은 어려움이 있다는 사실이다.

　환경교과가 직면한 이러한 문제는 환경교육의 통합적, 학제적 접근의 필요성과 당위

---

29) 교육인적자원부,『재량활동 교육과정 편성·운영의 실제』, p. 32.

성을 시사해주고 있다. 6차 교육과정에서는 환경교과의 내용 선정 및 조직의 원칙으로 균형성의 원칙, 통합성의 원칙, 계속성의 원칙, 학생 중심의 원칙, 문제 중심의 원칙을 제시하고 있는데[30], 이 중에서 통합성의 원칙은 환경교육의 학제 간 접근에 대한 정당성을 제공한다. 김경옥은 이 점에 대하여 "환경교육은 통합교육적 성격을 지니고 있다. 환경문제는 일반적으로 상호 관련성, 시·공간적 광범위성 및 자기 증식성 등의 속성을 지니고 있다. 그러므로 환경을 총체적 시각에서 파악하고 환경문제를 예방, 극복 및 해결하는 데에는 범교과적 지식, 방법, 기술이 필요하기 때문에 환경교육의 목표, 내용 및 방법도 각각 통합적이어야 한다"[31]고 주장한다. 환경교육이 창의적 재량활동 범교과 학습 영역의 핵심적 교육 내용의 하나로 분류·포함될 수 있는 근거도 바로 여기에 있다.

그러면 이런 점을 고려하여 창의적 재량활동 범교과 학습 시간에 사용할 수 있는 통합적 환경교육 교수·학습 과정안을 설계할 경우 어떤 학습 모형을 활용하는 것이 환경교육의 효과를 최대치로 끌어올릴 수 있을까? 앞에서 논의했던 Jacobs의 6가지 접근 모형 가운데 간학문적 설계 모형을 활용하는 것이 바람직할 것으로 보인다. 여기서 우리는 김대현이 통합 교육적 접근의 원칙으로 전체성의 유보와 상호관련성을 주장했던 이유를 상기할 필요가 있다. 김대현이 전체성보다는 상호관련성에 근거한 통합적 접근을 강조했던 주된 이유는 바로 '현실적 이익'의 측면 때문이었다. 현실적 이익의 측면을 환경교육의 측면에서 조명할 경우 생태위기 극복을 위한 효과적 교육학습 과정안의 개발에 해당된다. 환경교육의 초점은 학문적, 이론적 논쟁보다는 실천을 통한 생태위기의 극복에 맞추어져 있다. 인류의 생존과 삶의 질 향상이라는 측면에서 볼 때 환경과 생태적 위기의 극복은 궁극적으로 실천의 문제이다. 따라서 사실적 접근으로부터 시작해서 가치, 태도, 실천의 영역에 이르는 통합적 접근이 이루어져야 환경교육의 실질적 효과를 기대할 수 있다. 이러한 환경교육 프로그램을 개발하기 위해서는 통합적 접근의 목적에 따라 가정, 기술, 환경과 같은 사실 중심적 과목에서 사회와 같은 사실과 가치 통합적 과목을 거쳐 윤리·도덕의 가치 실천 중심의 과목으로 이어지는 유기적 통합적 접근을 시도해

---

30) 교육부, 『고등학교 교양 선택 교육 과정 해설』, 대한교과서주식회사, 1995, p. 200.
31) 김경옥, "환경행동 실천을 위한 환경교수·학습 모형", 한국교원대학 박사논문, 1999, p. 65.

야 한다.

덧붙여서 현실적 이익의 측면에 연관된 문제를 하나 더 말하면 간학문적 설계 모형을 활용하여 통합적 환경교육 학습 과정안을 설계할 경우 우리의 전통적 교육과정 체제인 학문별(교과별) 접근을 대체시키지 않고 오히려 상호 보완적 조화를 꾀할 수 있는 장점이 있다. 이렇게 교육 프로그램의 내용을 구성한다면 환경교육의 효과를 한층 배가시킬 수 있을 것이고, 또한 다른 연관교과에서도 부분적으로 활용할 수 있는 다용도의 환경교육 프로그램이 될 수 있을 것이다.

이와 같이 통합의 의미를 상호 관련성으로 해석하여 범교과 학습 환경교육 프로그램을 설계할 수밖에 없는 이유의 타당성은 환경관련 내용을 싣고 있는 7차 교육과정의 각 교과목들의 내용 편제를 상호 비교하여 세부적으로 살펴보면 좀 더 명시적으로 확인할 수 있다. 7차 교육과정의 인문과학 영역 교과, 사회과학영역, 자연과학 영역의 각 교과는 바탕 학문의 성격과 교육의 목표에 따라 서술 내용과 접근 방식이 판이하게 다르다. 이러한 점은 교육과정의 입안과 편제를 위해 교과별 교육과정 구성을 취하고 있는 현재의 체제하에서는 당연한 귀결로서 각 교과 교육 목표와 내용을 상호 비교하면 확연히 알 수 있다. 사회과에서는 '환경문제와 지역문제'라는 주제로 환경교육을 다루고 있다. 총론으로 "산업화와 도시화, 지역 개발과정에서 나타나는 환경 문제와 지역 문제를 파악하고 이를 최소화하면서 삶의 질을 높일 수 있는 개발 방안을 모색한다"[32]라고 주장한다. 각론으로 "인접지역 또는 인접 국가의 공업화로 인해 발생하는 환경오염 피해 사례를 조사한다. 전 지구적 차원의 환경 문제와 이를 해결하기 위한 국제적 노력을 조사한다. 지역 개발로 인하여 나타나는 환경의 변화 및 환경 문제를 조사한다. 지속 가능한 개발에 대하여 이해하고, 환경을 보전하기 위한 방안을 모색한다"[33]라고 밝히고 있다. 도덕과는 '생명존중과 환경윤리' 부분에서 "생명 존중 및 환경 문제의 윤리적 의미와 중요성을 이해하고, 생명 존중의 자세와 환경 윤리관을 확립한다"[34]고 언급한다. 과학교과에서는 생물 농축, 산성비, 온실 효과, 소음 등과 같은 환경 문제가 발생하는 원인을

---

32) 교육부, 『고등학교 교육과정 해설』, p. 121.
33) 위의 책, p.121.
34) 교육부, 『고등학교 교사용 지도서』, 대한교과서주식회사, 2002, p. 73.

알고, 그 해결 방법을 찾으며, 생태계의 평형과 관련지어 자연 보존의 중요성을 이해한다[35]고 서술한다. 기술·가정 교과에서는 교육 목표로서 "개인과 가정, 산업 생활의 이해와 적응에 필요한 지식과 기능을 습득하여 가정생활을 충실하게 하고, 정보화, 세계화 등 미래 사회의 변화에 대처할 수 있는 능력과 태도를 가진다."[36]라고 말한다.

물론 크게 놓고 보았을 때 환경교육의 총론적 교육 목표 면에서는 공통점 혹은 일치점을 갖고 있을 것이다. 하지만 이러한 총론적 교육 목표를 달성하기 위한 각 교과의 개별적 서술 내용과 접근 방식은 학문적 성격에 따라 많이 다르다. 따라서 각 교과의 기반 학문의 독자성과 교과 교육의 목표의 정당성을 개별적으로 인정함과 동시에 학생들에게 환경 교육의 총론적 교육 목표를 달성할 수 있는 효과적인 방안을 모색해야 한다. 아마도 그 대안적 방안은 환경교육의 통합적 효과와 분산적 효과에 대한 종합적 분석을 통해 각 개별적 교과의 환경관련 영역을 하나의 계열적 연관 구조 속에서 유기적으로 체계화시킨 학제 간 환경 교수학습 과정안을 설계하는 것이 될 것이다. 또한 이러한 환경교육 학습 프로그램을 이용하여 환경교육을 수행코자 할 경우 실질적 수업 시수 확보 문제는 창의적 재량활동 범교과 학습 시간을 사용하면 될 것이다.

그렇다면 지금까지 논의한 이론적 고찰들을 종합하여 창의적 재량활동 범교과 영역 시간에 쓸 수 있는 학제 간 환경교육 교수·학습 과정안을 설계한다면 어떤 형태의 학습 모형을 만들어 낼 수 있을까? 학제 간 환경교육 프로그램의 구체적 모형은 다음과 같이 짜여질 수 있을 것이다. 즉 자연과학적 영역의 교과목(환경, 과학, 가정)과 인문·사회 통합 과학적 영역의 교과목(사회, 국어), 그리고 인문 과학적 영역의 교과목(윤리)을 간학문적(間學問的) 관점에서 유기적으로 통합시킴으로써 학제 간(學際間, interdisciplinary) 환경교육 프로그램 또는 학습 과정안을 개발할 수 있을 것이다. 사실적 접근과 가치적 접근, 이론적 접근과 실천적 접근, 인지적 접근과 정의적 접근이 통합된 환경교육 프로그램을 설계·제작하여 창의적 재량활동 범교과 학습 수업시간에 사용할 수 있을 것이다. 자연과학적 영역의 『환경·가정·과학』에서는 〈관찰을 통한 환경의 과학적 탐구〉 → 〈실생활 속의 환경관련 사실 인지〉 → 〈생태계의 구조적 이해〉에 초점을 맞출 것이며, 사

---

35) 교육부, 『고등학교 교육과정 해설』, p. 339.
36) 위의 책, p.389.

회·인문 과학의 통합적 영역의 『국어·사회』에서는 〈문학적 감성에 기초한 생명 가치의 표현〉 → 〈사회적 갈등 해결을 통한 환경가치의 선택〉 → 〈공동체 합의에 의한 환경가치의 적용〉에 초점을 둘 것이고, 당위와 태도 지향적 인문과학영역의 『윤리』 과목에서는 〈생태중심적 감성의 활성화〉 → 〈생명존중 가치의 내면화〉 → 〈자연 친화적 가치의 실천화〉에 초점을 둠으로써 사실적 인지 교육을 통해 학생들의 지식을 보강하고, 문학적 접근을 통해 생태적 감성에 자극을 주고, 가치론적 접근을 통해 가치판단 능력과 실천적 태도를 제고시킬 수 있는 환경교육의 통합적 접근을 시도할 수 있을 것이다. 환경교육 프로그램의 내용을 이렇게 구성하여 학제적 접근을 함으로써 환경교육의 실질적 효과를 배가시킬 수 있을 것이며, 나아가 미래지향적 학교 환경교육의 정립에 유익한 도움이 될 수 있을 것이다. 환경교육의 학제 간 통합적 접근 모형을 그림으로 나타내 보면 다음과 같이 도형화할 수 있을 것이다.

마지막으로 환경교육의 학제 간 통합적 접근 혹은 범교과적 접근의 효과를 극대화시킬 수 있는 방법론의 문제 즉 학생 중심적 환경교육을 실시하기 위한 방법론적 접근에 대한 비판적 고찰의 과제가 남아 있다. 우리는 방법론의 측면에서 그 동안 환경교과 교육을 비롯한 학교 환경교육이 과연 학생 중심적 방향으로 수행되었던가 하는 점에 대해서 진지하게 되돌아볼 필요가 있다. 냉정하게 평가해서 교사 중심적 환경교육이었지 학생과 교사가 함께 하는 자기 주도적 환경교육이 제대로 이루어졌다고 할 수는 없을 것이다. 어떤 점에서는 개별 교과의 교사들이 각자의 전공 지식을 토대로 하여 교과별 환경교육을 수행하는 것이 통합적 학제 간 접근을 하는 것보다 훨씬 심층적이고 효과적일 수 있을 것이다. 그러나 다른 시각에서 볼 때 각 교과별 개별적 접근은 교사 중심적 접근으로 기울 가능성이 많으며, 그에 따라 학생 입장의 환경교육이 아니라 교사 입장의 환경교육을 더욱 강화시킬 개연성이 높다. 학생에 따라 어느 정도 차이는 있겠지만 각 교과에서 배운 환경관련 내용에 대한 학생들의 숙지도와 실천적 의지가 낮게 나오는 중요한 이유 중의 하나는 아마도 교사 중심적 교과 교육의 결과일 수도 있다는 점을 생각해야 한다. 따라서 학생 중심적 환경교육을 실시하기 위한 방법론의 하나로 팀 티칭(team teaching) 위주의 교과 간 통합적 접근의 필요성이 요구되며, 나아가 포스트모던 시대 학생들의 학습 매체 취향과 선호도를 고려하여 웹 기반의 학습 과정안을 설계할 필요도 있을 것이다. 하지만 방법적 접근에 관한 논의는 이 연구의 범위를 넘어서는 것으로 생각되기에 다음의 기회로 넘기고자 한다.

# V. 결 론

후기 자본주의 사회로 접어들면서 인류 삶의 다양한 영역 가운데 환경·자연·생태 위기는 생존 자체를 좌우할 수 있는 복합적 문제로 성격이 바뀌고 있을 뿐만 아니라, 또한 시급히 해결하지 않으면 안 되는 절박한 항목의 최우선 순위를 점하게 되었다. 이에 공교육 체제 내에서도 환경교육의 필요성이 자연스럽게 제기되었다. 그에 따라 환경교육을 위한 교육과정 개발에 들어가게 되었으며, 구체적 결과로 6차 교육과정에 환경교과가 독립교과로서 신설되었다. 환경교과의 신설은 생태위기 극복을 위한 공교육 차원의 적극적 조치로서 시대적 변화에 능동적으로 대처한 교육과정의 편성이라 볼 수 있을 것이다.

그러나 사회적으로 환경교과의 환경교육의 결과에 대해서 후한 점수를 주고 있지는 않는 것 같다. 그 주된 이유는 환경·자연·생태 보호의 필요성을 학생들에게 인식시키고, 행동화시키는 데 특별히 크게 기여했다고 생각지 않는 데서 비롯된 것으로 보인다. 따라서 대다수의 학생들이 6차 교육과정 환경교과의 총론적 교육 목표를 지적 인지의 측면과 정의적 실천의 측면에서 얼마나 내면화시켜 생활화하고 있는지에 대해 되돌아보아야 할 것이다. 나아가 이를 토대로 6차 교육과정까지의 환경교육에 대한 총체적인 비판적 반성이 선행되어야 할 것이고, 그에 따른 대안도 모색해 보아야 할 것이다. 따라서 필자는 본 연구에서는 이런 점을 염두에 두고 지금까지의 환경교육의 문제점에 대한 비판적 고찰을 토대로 국가 사회적 요청에 부응할 수 있는 나름의 극복 방안을 고찰해 보았다. 이런 극복 방안을 마련하기 위해서는 7차 교육과정 환경교육의 총론적 목표에 관한 비판적 논쟁보다는 오히려 각 교과목별 개별적 접근의 교육적 실효성에 대한 진지한 검토가 선행되어야 할 것이며, 이로부터 주제별 통합교과적 접근의 필요성과 실효성의 타당성을 끌어내야 할 것이고, 통합적 접근을 시도할 수 있는 실질적 수업 시수가 확보되어야 할 것이다. 다행스럽게도 7차 교육과정에서는 창의적 재량활동 범교과 학습 영역의 신설을 통해 기존의 교과목 중심적 교육과정 체제하에서 실시하기 어려웠던 주제별 통합교과적 접근을 가능케 하였다. 이에 필자는 창의적 재량활동 범교과 학습 시간을 활용하여 생태 친화적 환경교육의 주제별 통합교과적 접근의 필요성과 가능성 그리고 실질적 방안을 모색해 보았으며, 그 방향은 구체적으로 다음과 같은 점에 맞추어 고찰해 보았다. 우선, 후기 자본주의 시대로 접어들면서 급격히 변화하는 자연과 환경파괴 문제의 본질을 제대로 반영하여 대응하고 있는 환경교육을 수행할 수 있는 방안을 모색하고 있는가 하는 점을 살펴보았다. 즉 지속 가능한 개발이라는 인간 중심적 환경교육이 아니라, 자연·생태 친화적 가치 인식과 태도를 함양할 수 있는 환경교육 필요성을 고찰해 보았다. 다음으로, 창의적 재량활동 범교과 영역 시간을 활용한 생태 친화적 환경교육의 통합교과적 접근 혹은 학제 간 접근의 초점은 환경과 자연에 관한 학생의 인식전환을 유도하고, 나아가 이를 통해 학생들의 자연·생태 친화적 혹은 동반자적 가치의 인식과 실천적 태도를 어떻게 함양시킬 것인가에 맞추어 살펴보았다. 마지막으로 이 연구에서 구체적으로 고찰하지 못한 것이 하나 있다. 그것은 구체적 방법론의 문제이다. 학교 환경 교육의 실질적 효과 제고를 위한 하나의 대안으로서 창의적 재량활동 범교과 학습 영역 시간을 활용한 환경교육의 통합적 접근이 학교 현장에 제대로 착근될 수 있도록 하는 데 있어 시급히 해결되어야 할 과제는 사실 방법론이다. 하지만 방법론의 문제는 단순히 논의할 성질의 것이 아닌 것 같아서 다음의 기회로 넘기고자 한다.

생태 친화적 환경교육 접근모형 모형

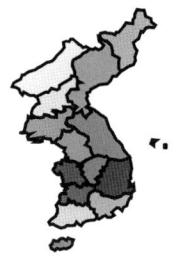

## 윤리

- 자연 친화적 가치의 실천화
- 생명 존중 가치의 내면화
- 생태 중심적 감성의 활성화

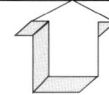

## 사회·국어

- 공동체 합의에 의한 가치 적용
- 사회적 갈등 해결을 통한 가치 선택
- 문학적 감성에 기초한 가치의 표현

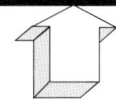

## 환경·가정·과학

- 생태계의 구조적 이해
- 실생활 속의 환경 관련 사실 인지
- 관찰을 통한 환경의 과학적 탐구

# 참고문헌

김경옥, "환경행동 실천을 위한 환경교수·학습 모형", 한국교원대학 박사논문, 1999

김대현 외, 『교과의 통합적 운영』, 문음사, 1997

김대현·이영만 공저, 『학교 중심의 통합교육 과정개발』, 양서원, 1995

교육인적자원부, 『윤리』, 대한교과서주식회사, 2002

교육인적자원부, 『고등학교 교양 선택 교육과정 해설』, 대한교과서주식회사, 1997

교육부, 『고등학교 교양 선택 교육과정 해설』, 대한교과서주식회사, 1995,

교육인적자원부, 『재량활동 교육과정편성·운영의 실제』, 교육과정정책과 교육과정지원
        센터

박이문, 『문명의 미래와 생태학적 세계관』, 당대, 1998

장회익, 『삶과 온생명』, 솔, 1999

진교훈, 『환경윤리』, 민음사, 1998

David Pepper(김태경 외역), 『현대 환경론』, 한길사, 1996

Eugene C. Hargrove(김형철 역), 『환경윤리학』, 철학과 현실사, 1994

Robin Fogarty(구자억외 옮김), 『교사를 위한 교육과정의 통합』, 원미사, 1998

R. Straughan(남궁달화 역), 『도덕철학과 도덕교육』, 교육과학사, 1996

Hans Jonas(이진우 역), 『책임의 원칙: 기술 시대의 생태학적 윤리』, 서광사, 1994

Alicia de Alba,"The Search for Sustainability in Environmental Education

Curriculum in the Postmodern Condition, Studies in Postmodern    Theory    of
        Education, Vol. 103, Peter Lang Publishing, Inc., New York, 2000

Bryan G. Norton, "Environmental Ethics and Weak Anthropocentrism",
        in Environmental Ethics 6 ,1984

Dressel Paul Leroy, Liberal arts as viewed by faculty member in professional schools,
        Columbia University Bureau of Publications, 1959

Jacques S.Benninga ed, Character and Civic Education in the elementary school, Teachers College, Columbia University New York and London, 1991

Jacobs Heide Hayes, 『Interdisciplinary Curriculum : Design and Implementation 』, ASCD Publication, Printed by Edwards Brothers, Inc.

Ames Rachels, The elements Moral Philosophy, Copyright 1986 by Random House, Inc. NEW YORK

J. Martinez-Alier, Ecological Econimics: Energy, Environment and Society, Oxford: Basil Blackwell, 1987.

Michael H. Mitias, ed, Moral education and The liberal arts, Greenwood Press, New York, 1992

M. Sagoff, The Economy of the Earth, Cambridge University Press, 1988.

Merchant G, "Environmental Ethics and Political Conflict : A View from  Califorania", Environmental Ethics, Vol.12, No.1, 1987

Pring.R., "Curriculum Integration", R. S. Peters, ed, 『The Philosophy of Education』, Oxford University of Press. 1973

Robert E.Carter, Dimensions of Moral Education, University of Toronto Press, Tronto, 1984

Warwick Fox, "Deep Ecology: A New Philosophy of our Time ?" The   Ecologist 14, 1984

# 생태 친화적 삶을 위한 환경윤리 교육 개선 방안

# Ⅰ. 서 론

모던(modern)이라는 시공간을 지나 포스모던(post-modern)의 새천년에 들어서면서 환경 및 생태 위기의 본질이 크게 변화되고 있다. 생태계 파괴는 자체에만 국한된 지엽적 차원을 넘어서 온 인류가 국제적인 협력을 통해 함께 힘써야만 해소될 수 있는 성질의 것으로 바뀌고 있다. 우리 인류는 그 해결의 단초를 어디에서부터 찾아야 할까? 아마도 근원적 단초는 생태에 관한 가치론적 사고의 전환에서 모색할 수밖에 없을 것으로 보인다. 과학기술 혁명을 통해서 환경, 자연, 생태 파괴의 위기를 지속적으로 극복해 나갈 수는 있겠지만 본질적 해소책은 될 수 없을 것이다. 왜냐하면 작금의 환경과 생태 파괴의 원인이 자연과 인간의 관계에 관한 이원적 가치 인식에서 비롯된 것이라면, 그 해결책 역시 이원적 가치 인식의 전환에서 찾을 수밖에 없기 때문이다. 이와 같이 자연과 생태 위기 극복의 난제가 윤리와 도덕의 당위 문제로 귀착된다면 기존의 윤리와 도덕의 내재적 성격에 관한 비판적 성찰을 통한 새로운 가치인식의 전환이 필요할 것이다. 즉 이전의 가치론적 패러다임이 초래한 생태위기를 극복하고 인류의 삶을 보전할 수 있는 대안적 가치 패러다임 모색이 요청될 것이다.

그렇다면 포스트 모던이라는 사실적 환경 속에서 인류가 자신의 생존과 번영을 도모할 수 있는 가치론적 당위를 추구한다면, 그 당위의 내재적 본질은 어떤 성격의 것이어야 할까? 아마 온 인류를 위협하고 있는 생태와 환경 위기에 대한 명확한 인식을 갖고 있는 사람이라면, 가치론적 패러다임 전환의 중심에 당연히 생명, 자연, 환경, 생태 등의 개념이 놓여야 하고, 생태적 도덕성과 생태적 심미성을 가진 인간이 삶 공동체의 다수를 차지해야 하며, 생태적 양식이 살아 숨쉬는 사회가 되어야 한다고 주장할 것이다. 생태학적 심미성을 가진 인간이 추구하는 생태학적 사회란 생태계의 훼손이 곧 생태학적 가치의 파괴를 뜻하며, 이것이 도덕적으로도 악이라는 것을 인정하고, 현재의 생태 위기에 대한 도덕적 책임을 느끼고, 그것을 개선하려는 의지를 실천에 옮기는 인간들이 살아가는 사회이다. 생태적 사회와 생태적 인간의 근본조건을 이같이 상정할 경우 기술, 과학, 자본, 경제, 문화 등의 사회적 제반 조건과 인간의 도덕관 역시 생태적 가치와 잘 조화될 수 있고, 생태 보존적 기능을 강화시킬 수 있는 방향으로 나갈 수 있도록 노력해야 할 것이다. 왜냐하면 현재와 같은 인간 중심의 사실적 환경 속에서 인류 중심의 도덕은 생태 위기를 더욱 악화시킬 것이고, 더 나아가 인간 생존 자체의 파멸을 초래할 수 있는 개연성을 다분히 가지고 있는 반면에, 지금의 시점에서 올바른 가치관으로 판단되는 생태적 윤리는 생태계 자체의 위기를 막을 수 있을 뿐만 아니라, 인간의 생존까지도 도모할 수 있는 단초를 함유하고 있기 때문이다. 따라서 기존의 인간 중심적 가치로부터 생태적 가치에로의 인식전환을 통한 생태적 공동체 건설의 모색은 불가피하게 요구될 수밖에 없을 것이다. 그에 따라 전 세계적으로 생태위기에 대한 가치론적 통찰과 반성을 통해 나름의 대안적 가치를 제시하고 있다.

그런데 이러한 노력에서 우리가 발견할 수 있는 흥미로운 점은 여기에도 서양우월주의-동양열등주의의 뿌리 깊은 오리엔탈리즘이 자리 잡고 있다는 사실이다. 이러한 현상은 한국도 예외가 아니다. 환경오염과 생태계 파괴의 문제를 논하는 대열에서 현대 서양의 환경윤리이론이 선도적 위치를 점한 지 이미 오래되었으며, 우리의 전통적 환경윤리이론은 설자리를 잃고 있다. 서양인들은 자신들의 외부에서 문제의 발생 원인과 치유 방법을 찾는 외재적 관점을 취하는 것이 아니라 자체 내부에서 찾는 내재적 접근 태도를 시종일관 견지하고 있다. 비록 그들은 외부에서 대안적 세계관을 찾을지라도 항상 자신의 주체적 입장과 관점을 토대로 하여 받아들였으며, 자신의 무조건적 폐기와 타자의 무비판적 수용은 있을 수 없었다. 이들의 대체적인 흐름은 자본주의의 출현과 전개를 이끈 세계관과 가치관에 대한 분석에서 출발하고 있다. 이를 통해 그들이 묵시적으로 합의하고 있는 점은 현대사회의 환경오염과 자연생태계 파괴의 원인을 근대 물리학의 기계론적 자연관에 바탕을 둔 인간중심적 환경윤리관에 있는 것으로 보고 있다. 그래서 그들은 데카르트 이래의 인간중심적 세계관과 뉴턴의 기계론적 세계관에 입각한 서양의 근대적 가치에 대한 비판을 통해서 새로운 대체 세계관을 모색하는 것이다.

이러한 서양 환경윤리학자들과 환경보호 단체들의 접근 태도를 고려할 때 환경오염과 생태계 파괴의 치유와 보호를 위해서 우리는 어떠한 이념을 가지고, 어떤 자세로 근접해 가야할까? 사람들에게 효과적인 환경과 자연의 가치성을 인식시키기 위해 우선적으로 생각해 보아야 할 점은 무엇일까? 이러한 의문에 대해서 전통적 환경윤리관으로서의 유학적 환경윤리관이 어떠한 의의를 지닐 수 있을까 하는 점을 고찰하고자 한다. 그것은 환경과 자연보호에 관한 우리의 주체적 입장을 정립하고 거기에 따라 환경 윤리적 접근을 시도하는 것이다. 즉 한국인의 생태관, 환경관, 그리고 자연관을 지배하고 있는 이념적 의식이 무엇이며, 한국인들의 환경·생태에 관한 의식이 어떠한 가치적 정향에 의해서 지배되고 있는가 하는 점을 고찰해 보는 것이다.

## II. 자유주의 도덕철학에 드리운 어두운 그림자

자유주의 도덕철학은 환경과 생태의 범주에 대해서 태생적으로 파국을 함의하고 있을 수밖에 없었다. 단지 그 동안 인간들은 자본주의 체제라는 달콤한 이념의 비호 아래 자신들의 삶을 질적으로 향상시키거나 향유하는 데에만 경도되어 있었기 때문에 그 시각이 가져올 비극적 결과에 생각하거나 주목할 겨를이 없었을 따름이다. 16세기 이후 서양문명의 궁극적 목표는 자연의 정복이었다. 산업혁명에서부터 최첨단 핵무기에 이르기까지 서양인들은 자연의 비밀을 캐내 문명의 이기를 만들어 왔다. 그 바탕에는 서구 근대 문명의 원형적 사유의 틀을 형성한 기계론적인 사유의 패러다임이 가로놓여 있다. 기계론적 사유는 정신과 물질의 이원론이라는 극단적 공식화를 초래했다.[37] 이러한 공식화는 데카르트의 철학에서 구체적 모습을 나타낸다. 그는 자연을 마음과 물질이란 두 개의 분할되고 독립적인 영역으로 구분했다. 이 데카르트적인 분할은 물질을 죽은 것으로, 물질세계를 하나의 거대한 기계로 조립된 제각기 다른 객체의 군집으로 보게끔 했다. 뉴턴은 이것을 기초로 해서 자신의 기계론적 역학을 구축함으로써 고전물리학의 기반을 다졌다. 뉴턴의 이 기계론적인 우주모형은 17세기 후반부터 19세기 말까지 모든 과학사상을 지배했다. 자유주의 도덕철학은 바로 이러한 기계론적·물리학적 자연관과 인간관 그리고 우주관의 토대 위에 세워졌다.

자유주의 도덕철학은 도덕과 정치의 영역에서 개인의 권리의 보호를 최고의 원리로 삼으며, 공동체의 존재가치도 이 원리에서 벗어나지 않는 한도 내에서만 인정한다. 즉 인식론적으로나 방법론적으로 개인을 출발점으로 삼으며, 개인의 권리를 최대한 보장할 수 있는 보편적 원리의 구성에 주안점을 둔다. 개인의 권리와 자아를 공동체보다 중시하는 개인주의적 사고방식은 근대 서구 사회의 이념이나 제도에 절대적 영향을 끼쳤다. 정치적으로는 개인의 자유를 억압하는 전제정치를 부정하는 자유주의로, 경제적으로는 개인의 자유로운 경제행위를 가능하게 하는 최소 정부지향의 자유방임주의로, 사회적으로는 사회를 개인들 간의 계약이나 동의에 기초한 것으로 보는 사회계약사상으로, 그리고 윤리적으로는 개인의 존엄성, 자율성, 합리성을 강조하는 법칙론적 도덕철학 등으로 제시되었다.

그러면 이러한 자유주의 도덕철학이 자연이나 생태계 보전 등의 환경윤리와 관련해서는 어떤 긍정적 의의를 지닐 수 있을까? 이 점에 대해서는 부정적일 수밖에 없다. 그 이유는 뿌리깊은 인간중심주의적 가치관에 있다. 자유주의 도덕철학에서는 도덕·윤리와 같은 당위는 인간적 가치로 국한될 뿐이다. 즉 도덕성의 해당 범주를 인간으로만 제한하고 환경과 생명 그리고 자연의 영역을 배제한다. 가치부여나 가치판단의 관점과 시

---

37) Fritjof Capra(이성범·김용정 공역), 『현대물리학과 동양사상』, 범양사, 1979, p. 27.

각의 설정에 있어 주체와 객체는 인간만이 해당된다. 인간 이외의 존재가 들어설 여지가 없다. 이것은 도덕성을 인간만이 가진 고유한 특성으로 봄을 의미한다. 따라서 인간 중심의 자유주의 도덕철학은 현대 사회의 환경파괴와 생명 경시의 문제에 접근하는 데 있어 치명적 난점에 직면할 수밖에 없다. 근대 이후 서양의 여러 윤리학자들은 비인간적 자연 대상들에 대한 자체적 관심을 저해한 결과를 초래하였다. 서구의 윤리학은 도덕 공동체의 연관범주를 동물, 식물, 그리고 자연에까지 확대하는 입장을 거부해 왔던 것이다.[38] 이러한 관점은 구체적으로 정신과 물질의 이원화, 자연과 인간의 분리로 나타난다. 인간은 중심으로 올라서게 되고 자연은 주변으로 밀려나게 되며, 더 이상 인간이 추구해야 할 목적이나 가치를 담지 않은 자연, 단순히 지각적 관찰의 대상으로 되어버린 자연만 남게 된다. 극단적으로는 인간에게 유용한 물자를 공급해주는 착취의 원천으로 전락하고 만다. 서구인들에게 "자연을 고문하여 자신의 비밀을 토해내게 하라"는 베이컨의 권유가 아무런 저항 없이 받아들여졌던 점이 이를 증명한다.

자유주의 도덕철학에서 인간으로서의 개인의 인권만이 자체의 존엄한 존재 가치를 가질 뿐이다. 개인의 인권이란 인간이기 때문에 갖는 권리를 말한다. 인권의 구체화와 보편화 과정은 동시에 그것이 확대되고 심화하는 과정이기도 했다. 애초에 그것은 개인의 생명·자유·저항권·소유권을 보장하는 시민적 권리였으나 19세기에 들어 참정권과 같은 정치적 권리로 확대되었다. 이어 20세기에 들어서는 교육·노동·휴식·건강과 복지 등 한마디로 인간적 품위를 유지해 줄 수 있는 사회·경제·문화적 권리로 심화·확대되었다. 이러한 개인적 인권의 존엄한 가치를 최고의 이념으로 삼는 자유주의적 도덕철학에서 인권에 버금가는 존재로서의 생태권이 들어설 여지는 없다. 생태권이란 인간을 포함한 모든 생물과 그를 둘러싼 환경 유기적 관계를 강조하는 생태개념과 그것을 지키는 것이 인간의 생존을 위해 기본권만큼이나 중요하다는 인권개념의 합성어로 볼 수 있다. 자유주의 도덕철학에서는 인간의 삶을 위해 환경과 생태를 보존해야 한다는 이러한 생태권의 논리마저도 공감을 얻지 못한다. 오히려 환경과 생태로 대변되는 自然의 지위는 인간의 생명과 자유 그리고 소유욕을 만족시키기 위한 유용가치의 대상밖에 되지 않는다.

---

38) 황경식, 『개방사회의 사회윤리』, 철학과 현실사, 1997, p. 385.

이제 인간존재에게 있어 자연은 도덕적 고려의 대상에 제외된다. 인간의 관심사는 오로지 자연의 재화를 어떻게 분배하느냐에 집중된다. 이러한 분배를 평화적으로 이루기 위해 사회계약, 자유와 평등, 자본주의 그리고 민주주의 개념이 성립한다. 자유주의 도덕철학과 교육론에서는 이성과 합리성을 갖춘 존재들만을 도덕적 주체이자 도덕적 고려의 대상으로 삼는다. 따라서 동식물과 미생물을 포함한 우주의 많은 생명체들 중에서 오직 인간만이 도덕적 사유의 대상 범주에 들어오게 될 것이다. 또한 사회계약을 맺을 수 있는 합리적 이성을 가진 주체들만이 도덕적 배려의 범주에 넣을 수 있다고 볼 때 대다수의 비인간적 대상들은 제외될 수밖에 없다. 그리고 자유권과 평등권 역시 인간만의 존재가치를 존엄하게 유지하기 위한 이념적 기제로서 작동할 뿐이다. 나아가 자유주의 도덕철학은 이를 학생들에게 교육하기 위한 자유주의적 도덕교육론의 정립으로 이어진다. 자유주의적 도덕철학은 개인이 생명, 자유, 소유권, 저항권, 교육, 노동, 휴식, 건강 등과 관련된 가치갈등 사태와 도덕적 갈등 상황에 직면하여 어떻게 판단하고 행동하는 것이 인간으로서의 개인적 인권을 최대한 보장할 수 있는 방법을 도덕 교육적 접근을 통해 모색하고자 하는 시도이다.

그러나 최근에 들어 도덕철학과 도덕교육 분야에서 자유주의의 개인·인지·형식 중심적 접근이 한계에 직면하자 반성적 노력의 일환으로서 공동체·情意·내용 중심적 접근이 주목받기 시작했다. 인간으로서의 개인적 인권의 보장과 확대를 위해 정립된 자유주의적 도덕철학이 인권의 긍정적 기능 외에 인간 소외현상 등과 같은 심각한 역작용을 낳게 되었다. 공동체주의적 접근은 이러한 사회적 부작용 현상을 극복학기 위해 모색된 방법에 불과하다. 사실 범주를 넓혀서 보면 공동체주의적 도덕철학과 도덕교육론도 자유주의적 도덕철학과 도덕교육론의 범주에 속한다. 공동체주의는 다음의 두 가지 점에서 후기 자유주의 철학의 범주에 포함시킬 수 있다.[39] 첫째, 공동체주의는 민주주의가 확립되어 있는 자유주의 전통 속에서 발달한 것이다. 둘째, 공동체주의는 공동체 가치가 몹시 쇠락해진 자유주의의 문화 속에서 하나의 교정 방안으로 제안된 것이다. 따라서 환경과 생태계의 영역에 대해서 지니고 있는 현대 도덕교육론의 문제는 자유주의 도덕교육론의 이론적 한계에서 비롯하는 것으로 볼 수 있다.

---

39) 이지현 편저, 『개인, 공동체, 교육 Ⅱ』, 교육과학사, 1997, p. 49.

현대 서양 도덕철학과 도덕교육론에서 認知는 이성의 합리적 추론과 자율적 판단의 영역에 속하는 것으로 보았다. 이러한 합리적·자율적 이성관은 서양 도덕철학과 도덕교육론의 중핵으로 자리잡아 왔다. 도덕성을 하나의 형식 혹은 원리로 보고 접근하면서 도덕철학과 도덕교육의 목적을 각자가 도덕판단을 하는 데 있어 인지적 능력을 향상시키는 데 두었다. 하지만 인간의 이러한 합리적·인지적 이성이 도구적 이성으로 전락하면서, 그 이성의 공간 안에는 인간의 생명과 인간의 권리 이외에 다른 존재의 자리는 사라지게 되었고, 인간의 존엄한 위상을 위협하는 것은 전부 거부되었다. 나아가 종국에는 인간의 생명, 인권마저도 위협받는 상황에 처하게 되었다. 그러므로 당연히 인간 이외의 환경과 생태계에 대한 고려나 배려가 있을 수 없었다.

그러나 최근에 들어 도덕철학과 도덕교육 분야에서 자유주의의 개인·인지·형식 중심적 접근이 한계에 직면하자 반성적 노력의 일환으로서 공동체·情意·내용 중심적 접근이 주목받기 시작했다.

첫째, 많은 학자들은 도덕철학과 도덕교육의 중요한 요소로서 인간의 정의적 감성을 고려해야 한다고 주장하는데 그 대표적인 사람이 나딩스(Noddings, N)이다. 나딩스는 배려(Caring)의 의미에 대해서 "배려한다는 것은 정신적으로 부담을 느끼는 상태로서 어떤 사람이나 사물에 대해서 걱정하거나 염려하거나 근심하는 것을 뜻한다"[40]고 주장한다. 그리고 도덕성이 감정에 뿌리를 두고 있다는 흄(David Hume)의 입장에 기초해서 배려는 하나가 아닌 두 개의 감정, 곧 자연적 배려의 감정과 윤리적 배려의 감정으로 구성된다고 주장한다. 이러한 감정 중에서 더 근원적인 것은 자연적 배려의 감정이며 윤리적 감정은 자연적 배려의 감정에 기초해서 나오게 된다는 것이다.[41] 그런데 나딩스의 이러한 배려의 대상은 인간에 국한되어 있을 뿐이며 그 외의 존재에 대한 배려는 고려되지 않고 있다. 동정, 배려, 따뜻함의 손길이 자기보다 못한 인간존재에는 주어졌지만 다른 생명체에는 돌려지지 못했다. 이러한 점에 대하여 시첼(Sichel B. A.)은 나딩스가 도덕적 사려의 범주를 너무 좁게 규정지음으로써 따뜻한 보살핌과 배려의 영역

---

40) Noddings, N. 『Caring: Feminine Approach to Ethics and Moral Education』, L. A: University of California Press, 1984, p. 4.

41) 박병춘, "나딩스의 배려의 윤리와 도덕교육", 『도덕윤리과교육 제9호』, 한국도덕윤리과교육 학회, 1998, p. 384.

을 지나치게 제한하고 있다고 비판한다. 따라서 나딩스의 도덕교육론에서 정의적 고려의 대상 범주에 다른 생명체의 존재를 포함시키고 그 생명체의 존재 가치를 학생들에게 내면화시키려는 노력을 찾아볼 수 없다.

둘째, 공동체주의자들은 자유주의자들과는 달리 도덕성을 내용의 관점에서 접근한다. 공동체주의적 접근에서 도덕성이란 인간에게 주어진 혹은 전승된 하나의 내용적 덕을 가리킨다. Atherton은 도덕성을 형식과 원리로 파악하는 Kohlberg의 관점에 비판을 제기하면서 도덕성을 덕으로 본다. 그래서 그는 "우리 모두는 각자 자신의 덕의 보따리를 가지고 있다는 Kohlberg의 지적은 광범위하게 지지되는 덕이 없다는 것을 암시하고 있다. 내가 보기에는 지혜, 용기, 절제, 정의는 광범위하게 지지되고, 존중되고, 또 실행되는 덕들이다. ……비록 때로는 다른 이름으로 불리기도 하지만 모든 사람들의 도덕의 보따리에는 적어도 이 네 가지 덕들이 들어 있다"[42]라고 주장한다. 공동체주의에 따르면 보다 풍부한 공동체적 경험이 필요하며, 공동체의 삶을 유지·발전시켜 나가는 정신적 이념으로서의 공동체 의식이야말로 개인의 자율성 신장을 가능하게 하는 원천이 된다는 것이다.

그러면 이러한 공동체주의적 도덕철학이 환경오염과 자연파괴에 대해서 어떤 실질적이고 이론적인 대안이 될 수 있을까? 그것은 아니다. 공동체주의적 도덕철학이 도덕성으로 이해하는 지혜, 용기, 정의, 절제의 덕의 적용대상은 인간일 뿐이며, 도덕교육은 이러한 덕을 학생들에게 효과적으로 내면화시켜 공동체 유지의 원동력으로 삼아야 한다고 주장한다. 공동체주의자들이 관심을 두는 것은 강력하고 지속적인 인간 공동체의 발전과 번영뿐이다. 거기에는 인간 이외의 다른 생명체에 대한 도덕적 고려는 존재하지 않는다. 도덕성에 대한 인지적 접근도 공동체적 접근도 도덕성을 인간만의 고유 영역으로 파악하기에 환경은 고려의 대상이 될 수 없다. 따라서 도덕교육도 인간 사회에만 국한되고 만다. 타 생명체의 가치도 포함시킬 수는 있으나 그것에 대한 고려는 없다. 보다 근원적인 이유는 환경윤리에 관한 공동체주의적 접근 역시 자유주의적 접근과 마찬가지로 인간중심주의를 지향하기 때문이다. 도덕교육에서의 공동체주의적 접근 역시 공동

---

42) John Michael Atherton, "Virtues In Moral Education: Objections and Replies," *Educational Theory*, Vol. 38, No. 3(1988), p. 307.

체의 범주에 환경과 자연을 포함시키지 않으며, 그것의 고유한 독립적 존재가치를 인정하지 않기는 자유주의적 접근과 마찬가지다. 공동체주의적 도덕관에서도 자연권, 생태권, 환경권은 부차적·주변적 요소에 지나지 않는다. 만약 인정한다면 그것은 인간 삶의 질을 향상시키는 데 필요한 종속적 영역으로 인정할 뿐이다.

## Ⅲ. 동양윤리의 환경·생태론적 근거와 해석

### 1. 환경·생태 親和的 자연관 —자연과의 유기적 일체의식의 함양

서양의 자유주의 도덕철학은 개체 중심적 인간관 및 기계론적 자연관과 유기적 관계망(網)을 맺고 있는 데 반하여, 동아시아 문명은 살아 움직이는 우주 유기체 개념을 토대로 하여 형성되었다. 인간이 기계가 아니듯이 우리가 몸담고 있는 이 우주는 살아 있는 생명이라는 것이다. 여기에서는 인간, 동물, 식물뿐만 아니라 무기물적 자연까지도 잠재된 생명으로 이해된다.[43] 이로부터 환경오염과 생태계 보전을 위한 가치론적 접근에 있어 서양의 도덕철학이 어떠한 난관에 직면하고 있는지를 추론해 볼 수 있다. 인간 중심적 윤리·가치 체계를 기반으로 하는 서양 도덕철학이 생태·환경윤리와의 유기적 관계 속에서 자체의 위상을 재정립하기 위해서는 비인간 중심적 윤리체계나 생태 중심적 윤리체계에 대한 반성적 고려가 있어야 할 것으로 보인다. 그 이유는 생태적 위기가 바로 인간 자신의 위기이기 때문에 우리는 자연과 인간에 대한 그릇된 생각으로부터 벗어나서 새로운 인식을 가져야 하며, 이를 토대로 참된 인간성을 되찾을 때에 비로소 진정한 의미에서 자연을 보호할 수 있다. 이와 같은 위기를 해결하기 위해서는 근본적으로 인간의 내면적 의식 구조를 변화시키지 않으면 안 된다. 다시 말하면 현대인의 도

---

43) 한형조, "동양적 패러다임의 새로운 지평", 『현대의 새로운 패러다임과 인문학』, 백의, 1994, p. 329.

덕의식 내지 가치의식이 근저로 하고 있는 서양 근대 윤리학의 대표적 특성은 인륜, 윤리, 도덕의 문제를 인간만의 것으로 국한시켰으며, 그러한 국한은 도덕적 상대주의와 회의주의를 야기했다. 이러한 도덕적 상대주의와 회의주의는 환경과 생태계의 존재가치를 상대적이고 가변적인 것으로 변질시킨 감이 없지 않다. 현대 윤리도덕문제를 연구하는 학자들의 공통적 관심사는 바로 이 문제를 어떻게 극복하느냐에 초점을 맞추고 있으며, 또한 이 문제를 다각도로 연구하고 있다. 그들은 그러한 연구방향의 일환으로 유학을 새로운 관점에서 조망하고 있다. 존재와 당위의 문제를 분리의 관점에서 볼 것이냐 통합의 관점에서 볼 것이냐 하는 문제이다. 이 분리의 관점이 현대사회의 병폐 현상을 낳는 주범으로 지목되고 있다면, 그 대책 방안의 하나로 유학의 통합성의 관점이 주목받고 있는 것이다. 이러한 통합성의 관점이 환경과 생태계 파괴를 극복할 수 있는 새로운 패러다임을 제공해 줄 수 있을 것으로 기대하는 것이다.

유학의 도덕철학에서 도덕성의 개념은 인간적 가치로서의 당위적 도덕성과 환경·생태 가치로서의 자연적 생명성이 분리되어 있는 것이 아니라 일체성으로 제시된다. 유학의 도덕성 개념은 '存在와 當爲의 一如觀'에 바탕을 둔 윤리학적 자연주의(ethical naturalism)의 색채를 지닌다. 윤리학적 자연주의란 인간이 지향해야 할 보편적 당위론적 원리의 내원을 자연의 객관적 존재론적 원리에 두려는 입장이다. 또한 환경윤리를 그 준거가 되는 도덕적 공동체의 범위에 따라 나눌 경우 인류 중심적 윤리와 비인류 중심적 윤리로 대별할 있는데 유학의 '도덕성' 개념은 양자의 환경윤리를 포괄할 수 있다. 왜냐하면 존재의 범주에는 환경과 생태가 들어가고, 당위의 범주에는 윤리와 도덕이 해당된다고 볼 때 一如觀은 환경·생태와 도덕·윤리가 본래부터 하나였음을 의미하기 때문이다. 즉 인간과 자연이 본래부터 일체였음을 뜻한다. 이렇게 해석할 수 있는 근거는 유학의 '生命' 개념에서 찾을 수 있을 것으로 보인다. 그 이유는 생명 자체를 存在와 當爲의 一如體로 여겼기 때문이다. 즉 生命을 존재적 성분과 당위적 성분의 합일체로 본 것이다. 단적인 한 예로 주희의 인(仁)에 대한 해석을 보면, 인(仁)은 인간세계의 당위규범이기 이전에 더욱 근본적인 의미에서 인은 우주에 충만해 있는 생명의지의 표현이기도 하다.44) 주희는 한 그루의 나무가 꽃을 피우고 열매를 맺는 생명현상이 바로 우

---

44) 이승환, 『유가사상의 사회철학적 재조명』, 고려대학교출판부, 1998, p. 268.

주에 내재한 인(仁)의 표현이라 보고 이러한 우주의 이치가 사람의 마음에도 품부되어 인간의 본성을 이룬다고 말한다. 그것은 바로 至善性을 의미한다. 요컨대 주희는 생명 개념을 매개로 하여 자연과 인간, 존재와 당위를 하나로 통합한다. 그리고 그 생명을 현상과 본체의 본원적 통합의 관점에서 보았다. 즉 우주본체인 無極과 太極은 動靜 이전의 존재와 당위 一如의 보편적 생명의 근원으로 볼 수 있다. 무엇이라고 정확히 지적하여 설명할 수는 없지만 자체의 정체성을 보여주는 내재적 속성을 지니고 있는데 그것을 바로 추상적 생명성으로 파악한 것이다. 현상의 모든 구체적 생명체는 이 추상적인 보편 생명에서 나온 것이다. 주희는 자연의 元亨利貞의 유기체적 통합질서 속에서 인간이 실현해야 할 보편적 규범인 仁義禮智가 살아 숨쉬고 있음을 확인한 것이다. 즉 주희의 성리학에서 보편적 생명의 내재적 속성은 당위·윤리학의 관점에서는 仁義禮智로, 존재·자연학의 관점에서는 元亨利貞으로 일컬어진다. 그리고 인간을 포함한 만물은 생명체에로의 탄생과 동시에 보편생명을 개별적 本然의 性으로 품부하게 된다.

환경과 자연보호에 대한 유학의 도덕교육론적 접근은 바로 이 본연의 性을 깨닫게 하는 데에 목적이 두어진다. 존재론적 측면에서의 자연적 생명성을 당위론적 차원의 인간적 도덕성과 동일한 것으로 보는 존재와 당위의 一如觀이 유학의 기본적 토대이다. 즉 유학에서 인간의 도덕성과 자연의 생명성은 동일 범주의 개념이기 때문에 人性의 절대적 善性에 관한 굳은 믿음은 자연의 보편적 생명성에 대한 절대적 신뢰로 이어진다. 그러므로 유학의 도덕교육은 바로 자연의 원리에 순응하여 살아갈 것을 가르치는 교육적 행위라 볼 수 있으며, 그 방법으로서 심성의 수양론이 나오게 된다. 그 심성 수양의 궁극적 목표로서 자연생태의 생명성을 도덕적 본질로 체득한 성인을 말한다.

## 2. 환경·생태 調和的 인간관 —자연과 인간의 동질적 관계

동양윤리가 자연과 인간의 관계를 어떻게 설정할 것인가에 초점을 맞추고 있다면, 서양 도덕철학은 인간과 인간의 관계를 어떻게 설정할 것인가에 온통 관심을 쏟고 있다. 서양도덕철학의 최근의 경향 역시 개인과 공동체의 관계를 어떻게 설정할 것인가를 두고 자유주의적 접근과 공동체주의적 접근으로 나뉘어 대립하고 있다. 여기에도 인간중심주의적 태도가 뿌리 깊게 자리잡고 있다. 즉 도덕의 성립근거 혹은 연관 범위를 인간만으로 제한하는 것이다. 근대 서양 도덕철학에서 환경과 생태윤리가 중요한 논의의 주제로 설정되지 못했던 이유는 바로 이와 같이 도덕적 고려의 범주를 인간에만 국한시킨데에 있었다. 그러므로 인간본위적 도덕철학이 환경과 생태에 미치는 파괴적 영향을 극복하기 위해서는 생태·환경 친화적 태도와 인간중심적 도덕철학을 접목시킬 수 있는 연결점을 찾아내야 할 것으로 보인다. 그 접점은 인간의 도덕적 고려의 범주와 대상을 넓히는 것이다. 즉 인류중심적 도덕의 범주에서 벗어나 자연 親和的 도덕의 영역에로 확대하는 것이다.

자연과 인간의 조화를 보여주는 전통적 자연관의 기본정신은 신유학의 氣 중심적 자연도덕사상에 잘 나타나 있다. 그 대표적 인물인 장재는 「西銘」에서 民胞物與의 同類意識에 근거해 인간과 만물이 본래적으로 하나였음을 주장한다. 그는 太虛卽氣의 氣一元論的 관점에서 인간을 포함한 만물은 同質의 氣를 원질로 해 태어났기 때문에 同類라고 강조한다. "乾을 아버지라 부르고, 坤을 어머니라 부른다. 나 이 조그만 몸이 그 가운데 처해 있도다. 그러므로 天地 사이에 가득 차 있는 것은 나의 형체가 되었고, 天地를 이끄는 것은 나의 本性이 되었다. 백성은 나의 동포요, 만물은 나의 동료이다." 인간은 아주 작은 존재이고 자연계의 일부분으로 만물과 일체가 되어 천지 사이에 더불어 생존한다. 그 원인은 인간의 신체와 정신이 동질의 천지의 氣로 이루어져 있기 때문이다. 즉 氣의 본성은 천지의 통솔 작용에 따라 인간에 내재되며, 인간은 이러한 본성을 같이 품부해 태어났기 때문에 모두 한 동포이다. 만물 역시 근본적으로는 인간과 동질의 氣·性을 지니고 있음으로 인간의 동반자이다. 이 점은 인간이 天地의 소생이자 자연의 한 부분으로 세상의 사람들이나 만물과 하나의 통일적 연관 속에 놓여 있으며, 자연계 속에 존재하면서 자연계와 더불어 일체가 됨을 말해주는 것이다.

장재의 이런 본원적 생각은 「西銘考證講義」에서 퇴계가 「西銘」을 짓게 된 의도를 해석하는 데에서 더욱 분명히 확인할 수 있다. "대체로 橫渠의 이 銘은 거듭 풀이하여 나와 천지만물의 이치가 본래 하나인 까닭을 미루어 밝힌 것입니다. 仁의 體를 그려내고 그로써 唯我의 私心을 깨뜨리고 無我의 公心을 크게 열어 주어, 그 완고하기가 돌과 같은 마음으로 하여금 융화하여 환히 트이게 하고 남과 나 사이에 간격이 없게 해서, 조그마한 私心도 그 사이에 용납함이 없게 하였으니, 천지 만물이 한 집안이 되고 온 나라가 한 사람처럼 되어서, 남의 괴로움과 아픔을 내 몸에 절실히 느껴서 仁道를 얻을 수 있습니다." 퇴계의 해석에 의거해 보면, 장재가 「西銘」을 짓게 된 이유는 모든 사람들에게 民胞物與의 의식을 깨우치게 하기 위한 데에 있는 것으로 보인다. 그러한 민포물여의 동류의식을 갖게 하기 위해서는 모든 사람들로 하여금 생명으로 태어남과 동시에 품부한 仁의 마음[天地之性]을 자각하도록 하는 것이 중요했다. 이러한 우주 본질로서의 仁의 마음을 자각하면, 唯我의 私心을 깨뜨리고 無我의 公心을 갖게 되어, 천지만물이 자기와 하나가 되고, 온 나라 사람들이 한 집안 사람처럼 되며, 남의 아픔을 내 몸의 고통으로 절실히 느낄 수 있다는 것이다.

그러면 장재가 이러한 仁을 어떻게 이해했기에 物吾與也와 民吾同胞의 만물일체 혹은 동류의식의 근거가 될 수 있을까. 퇴계는 장재가 仁을 어떻게 이해했는지에 관해 다음과 같이 말한다 "이제 橫渠 또한 '仁이란 것이 비록 천지만물과 더불어 일체가 되는 것이긴 하지만, 반드시 자기가 근본이 되고 主宰가 되어 모름지기 남과 내가 한 이치로 얽혀 있다는 절실한 의미와 가슴에 가득한 측은한 마음이 두루 관철 유통되어 막힘이 없고, 그것이 어디에나 미치지 않는 데가 없음을 깨달아야만 비로소 이것이 仁의 실체이다'라고 생각했던 것입니다. 만약 이 이치를 알지 못하고 막연하게 천지만물이 그대로 仁이 된다고 하면, 이른바 仁의 體는 한없이 넓고 멀어서 나의 심신과 더불어 무슨 상관이 있겠습니까." 퇴계의 이러한 견해에 의거하면, 장재에게 있어 仁은 반드시 자기가 근본이 되어 남과 내가 한 이치로 얽혀 있다는 유기적 일체 의식을 느끼는 것이었다. 즉 仁은 일체의 차별을 넘어 천지와 인간과 만물을 하나로 엮어주는 우주적 차원의 사랑이었다. 仁은 천지만물의 모든 곳에 두루 관통되어 있는 것이었다. 하지만 우주본질로서의 仁은 일상생활 속에서 반드시 자신이 주체가 되어 실천적 선의지를 키워나갈 경우에만 자각되는 측은한 마음이었다. 만약 천지만물에 편재해 있는 仁을 자신의 내적 본질로 자각하기 위한 절실함이 전제되지 않을 경우에는 자신과 仁은 별개의 것으로 있게 되는 것이었다. 장재에게 있어 '仁'은 愛人, 愛物을 포괄하는 본원적 차원의 범애주의적 사랑을 뜻한다. 인간을 포함한 萬物은 천지 가운데 하나의 사물로서 이 '仁'을 똑같이 본성으로 품부해 태어났기 때문에 자기만을 사랑하는 편벽된 존재가 될 수 없다는 것이다. "서고자 하면 반드시 함께 서고, 알고자 하면 반드시 두루 알며, 사랑하고자 하면 반드시 모두 사랑하고, 이루고자 하면 반드시 홀로 이루지 않는다." 이 인용구에서 보이는 것처럼 한 사회는 물론 전체 인류의 인간관계는 모두 마치 수족처럼 情이 통하고 형제처럼 서로 친해야 하며, 피차의 구분이 없이 서로 평등한 관계가 되어야 하고, 인간과 만물과의 관계도 이와 같아야 한다.45) 왜냐하면 만물과 인류는 똑같이 天地의 氣에 의해서 태어나 함께 천지 사이에 처하여 있기 때문이다. 인간이든 만물이든, 일단 '太虛卽氣'의 神化작용, 더 구체적으로는 陰陽 二氣의 凝聚散化의 과정을 통해서 태어나고 사라지는 동등한 物이며, 또한 생성과 더불어 '仁'의 도덕적 본질을 내재적으로 품부하게 된다. 그러므로 사람들은 사람을 사랑해야 할 뿐만 아니라 만물도 사랑해야 한다. 만물이 인류의 친구라면 인간과 만물은 마땅히 서로 우호적으로 대하여야 한다. 여기에는 萬民과 萬物의 平等的, 同等的 범애주의가 사상적 토대로 깔려 있다.46)

현대 도덕교육론을 환경윤리적 관점에서 접근할 경우 그것은 인류중심적 환경윤리와 비인류중심적 환경윤리 가운데 전자의 기반위에 서있다고 볼 수 있다. 그 간에 인류중심적 환경윤리에 토대한 자유주의 도덕철학과 도덕교육론은 삶의 질 향상이라는 명목으로 인간이 유용성의 관점에서 저지른 자연과 환경파괴 행위를 정당화하는 데에 커다란 기여를 했다. 그러나 자연파괴와 환경오염 정도의 수위가 현재와 같이 인간의 생존 자체를 위협하는 지경임에도 불구하고 현대 도덕교육론의 인류중심적 환경윤리에 근거한 합리화 노력이 도덕교육적 설득력을 지닐 수 있을까? 그것은 아닐 것이다. 이제 인류가 직면한 난제들은 인류만의 문제로만 끝나는 것이 아니라 자연, 생태, 환경 등의 연관 영역에 대한 보다 광범위한 차원의 고려를 요구하고 있다. 인간의 도덕적 고려의 범주에 대해서 보다 관용적이고 탄력적이며 광범위한 포용력을 필요로 한다. 20세기를 지나 21세기의 새로운 현실은 인류 중심적 사회권을 확장시켜 환경권, 더 나아가 생태권을 생존권의 불가분의 요소로 요구하고 있다. 만약에 환경과 생태계의 파괴 문제를 극복하지 못할 경우 그것은 인간의 삶 자체를 파괴할 수 있는 개연성을 담지한 사안으로

---

45) 陳正炎 外(이성규 譯), 『중국의 유토피아 사상』, 지식산업사, 1993, 295쪽.
46) 陳瑛外, 『中國倫理思想史』, 貴州人民出版社, 1985, 504쪽.

인류에게 다가올 것이기 때문이다. 이러한 인류가 당면한 과제를 풀어가기 위해서는 民胞物與의 同類意識에 근거해 인간과 자연의 본래적 일체성을 강조하는 장재의 자연·환경관은 상당한 의미를 지닌다고 볼 수 있다. 장재의 이 같은 만물·자연 중심적 도덕철학을 유학적 도덕교육론의 측면에서 접근할 경우 그것은 도덕적 사려와 동정의 대상 범주를 天·地·人의 모든 것으로 넓힐 것을 요구하는 것이다. 인간의 唯我獨尊的 오만함을 벗어던지고 다른 자연 만물에 대해 따뜻한 눈길을 돌려 그것을 도덕적 고려와 배려의 대상으로 포함시키기를 바라는 것이다.

## 3. 자연 자체와 합일하는 길 -情感 중심적 삶의 태도

현대 생태·환경론에서 가장 핵심적인 과제는 인간 중심주의에서 어떻게 자연중심주의로 넘어갈 수 있느냐의 문제다. 만약 현재와 같은 자본주의의 물질위주적 삶의 환경 속에서 인간의 생각과 인식 그리고 실천의 향방이 자연중심주의로 넘어갈 수만 있다면, 현대 사회의 최대 난제라 할 수 있는 환경·생태 위기는 어느 정도 극복될 수 있을 것이다. 동양철학에서 자연중심주의적 자세를 회복하는 방법으로 자연 자체와 합일하는 길을 말한다. 자연 자체와 합일하는 길은 자연의 본질 속성을 알아 그에 순응하면서 사는 삶의 태도를 견지하는 것이다. 현대인으로서의 우리의 삶의 자세를 분석해 보면 크게 認知 중심적 삶의 자세와 情感 중심적 삶의 자세로 나누어 볼 수 있을 것이다. 이러한 이분적 분리는 환경과 생태를 대하는 자세에 대해서 그대로 적용될 수 있다. 여기서 認知가 인간의 이성에 근거를 둔 합리적 추론·분석·계량 등의 지적능력을 의미한다면, 情感은 인간의 도덕적 감정을 포함한 자연의 모든 생명체에서 느낄 수 있는 동질적인 情意的 정서를 말한다.

서양 도덕철학은 도덕성을 양자 가운데 認知的 성격의 것으로 보고, 될 수 있으면 도덕적 영역으로부터 情感을 배제하려 한다. 그 이유는 情感이 합리적 근거에 토대한 도덕적 추론과 판단 그리고 실천에 있어 가치중립성 유지에 장애가 된다고 보았기 때문이다. 그런데 이러한 認知的 이성은 인간중심주의의 도덕철학적 토대가 된다. 현대 서양 도덕철학의 주류는 도덕성을 인간의 인지능력에 토대한 형식적·원리적 추론 과정으로 보고 이러한 인지능력을 발달시키는 데 온통 초점을 맞추었다. 이러한 인간의 지적 능력으로서의 이성에 대한 절대적인 확신으로 말미암아 인간은 더 이상 자연을 이치의 담지자나 존재물의 안식처로 간주하지 않고 다만 정복의 대상 또는 지배의 대상으로 보게 되었다.47) 환경윤리의 도덕철학 접근의 측면에서 볼 때 이것은 서양 도덕철학이 인간의 삶으로부터 환경과 생태 그리고 자연을 배제시키거나 종속변수로 밖에 취급하지 않고 있음을 뜻한다. 따라서 서양 도덕철학을 認知 중시의 인간 중심주의 도덕철학으로 해석할 수 있다.

이에 반해 유학은 생명적 情感 중시의 자연친화적 도덕철학적 접근으로 볼 수 있을 것 같다. 유학적 도덕성의 특성은 認知와 情感 중에서 情感을 우위에 두고자 한다. 이것은 환경윤리의 도덕철학적 접근의 측면에서 볼 때 유학적 도덕철학이 자연과 환경을 인간의 삶과 유기적 연관범주에 놓으면서 독립변수로 파악하고 있음을 의미한다. 즉 우주와 세계는 단순히 기계적 구조가 아니라 전체 생명이 깃들어 있는 환경인 것이다. 왜냐하면 유학은 자연적 생명의 情感을 중시하는 생태·환경 친화적 도덕철학으로 해석할 수 있기 때문이다. 蒙培元은 "유학의 심성론은 情感과 意志를 토대로 하는 도덕이성주의이며, 인성은 경험에서 나와 경험을 초월하고, 情感에서 나와 情感을 초월하는 도덕이성이지 순수사변적인 인지이성은 아니라고 주장한다."48) 이러한 담론의 성립 근거는 유학에서 도덕성의 내원을 自然의 生命性에 두는 데에서 찾을 수 있다. 주희의 仁說은 도덕성과 자연적 생명성의 유기적 동일속성의 관계를 잘 보여준다. "천지는 만물을 창생하는 것으로 마음을 삼는다. 또 인간과 만물의 생명은 제각기 천진의 마음을 얻어서 자신의 마음으로 삼는 것이다. …… 대개 천지의 마음은 네 개의 덕을 가지고 있는데 그것을 元亨利貞이라하며 元이 넷을 포괄한다. 이와 마찬가지로 인간의 마음에도 네 가지 덕이 구비되어 있다. 仁義禮智가 그것으로 仁이 넷을 포괄하고 있다. 그러면 이러한 마음이라 어떤 마음인가? 천지간에 있어서는 한없이 생명을 탄생시키는 마음이며 사람에게 있어서는 따뜻하게 남을 사랑하고 만물을 이롭게 하는 마음으로 四德을 포괄

---

47) 이승환, 앞의책, p. 261.
48) 蒙培元(이상선 역), 『中國心性論』, 법인문화사, 1996, pp. 28-29.

하고 四端을 관통하는 것이다." 이것은 朱熹가 자연의 통합적 질서에서 인간이 실현해야 할 보편적 규범(仁義禮智)이 숨쉬고 있음을 확인한 것이고, 또한 포괄적인 유기적 자연론 안에서 자연과 인간 사이의 본질적 간극을 제거하여 인간과 자연의 연속적 지평을 구축하고자 한 것이다. 즉 주희는 인간의 윤리적 가치를 형이상학적 전제 안에서 자연론적으로 확보할 수 있었던 것이다.[49] 이러한 유학의 유기적 생명성 개념에 토대하여 方東美는 근대 서양의 자연과 인간의 분리적 사고를 비판한다. 그는 근대 서구인에 있어서 자연과 인간의 관계는 영원히 어떤 간격이 있는 것이다. 그들의 습관적인 사고방식은 우주와 인생의 상호융통하는 진리를 깨닫지 못했다고 비판하면서 생명은 광대화해를 이룬다고 주장한다. 즉 "자연은 하나의 끊임없이 낳고 또 낳는 창조적인 전진의 과정이며, 인간은 이 과정 중에 참여하여 화육하는 공동의 창조자이다. 그러므로 자연과 인간은 둘이면서 하나가 되어 생명 전체는 더욱 서로 융화하고 교섭할 수 있게 된다. 이것이 내가 말하는 광대화해를 이룬다는 것이다. 일관된 道 가운데서 내재의 생명과 외재의 환경은 서로 유연되고 융화되어 조화를 이룬다."[50]는 것이다. 그러므로 생태·환경윤리를 도덕철학적 측면에서 접근할 경우 유학의 도덕철학과 서양 도덕철학의 차이점을 인식할 필요가 있을 것이며, 이러한 인식으로부터 인간본위적 혹은 인간 중심적 삶의 자세가 유발시키는 환경·생태계 파괴 극복의 실천적 대안의 실마리를 찾을 수 있을 것이다.

이제 환경윤리의 도덕철학적 접근에 있어 우리에게 주어진 과제는 도덕성의 내원을 자연적 생명의 情感性에 두는 유학의 도덕철학을 토대로 주체적 생태·환경 윤리관을 정립하고 거기에 따라 환경과 자연의 중요성을 일깨워 주는 일이다. 그러면 이러한 과제의 해결은 어디에서부터 착수해야 할까? 역시 서양 도덕문명과 우리의 도덕문명의 차별성을 분명히 인식하는 데에서 비롯되어야 할 것이다. 서양 근대사상이 理性과 認知 중시의 인간중심적 도덕문명이라면 유학은 生命과 情感 중시의 자연중심적 도덕문명이라 할 수 있을 것이다. 양 문명권의 도덕철학의 차이점에 대한 명확한 인식이 있어야만 환경윤리에 대한 도덕철학적 접근이 제대로 이루어질 수 있을 것이다. 현대에 들어오면

---

49) 한형조, 『주희에서 정약용으로』, 세계사, 1996, pp. 83-85.
50) 방동미(정인재 역), 『중국인의 생철학』, 탐구당, 1984, p. 26.

서 칸트에 의해서 집대성된 이성중심의 인간적 도덕철학을 콜버그가 원리중심주의 인지발달론적 도덕철학으로 재해석해낼 수 있었기에 현대적 서양 도덕교육론의 정립에 획기적 전기를 마련할 수 있었던 것처럼 유학의 情感的 자연주의 도덕철학을 생명 중심의 도덕 교육론으로 해석·정립할 수 있다면 환경과 생태에 대한 환경교육적 차원의 도덕철학적 접근은 성공적으로 이루어질 수 있을 것이며, 또한 환경오염과 자연 파괴의 난제를 극복하는 과정에서 서양 현대 환경윤리의 무조건적 수용에서 유발될 수 있는 시행착오의 부정적 결과를 조금이나마 줄일 수 있을 것이다.

## Ⅳ. 결 론

이제까지 환경·생태 윤리의 도덕철학적 접근의 의의를 살펴보았다. 우리는 서양적 문제해결 방식에 대해 미신에 가까운 일종의 맹목적 믿음을 갖고 있는 것 같다. 환경과 생태계 파괴의 난제를 극복하기 위한 접근 방식에 있어서도 역시 예외가 아닌 것으로 보인다. 우리의 환경과 생태계파괴의 주범인 자본주의가 근대 서양의 물질 중심적 가치의 상징이라는 사실을 망각한 채 서양의 환경윤리가 한국의 자연파괴와 환경오염을 해결해 줄 수 있을 것으로 믿고 맹신자처럼 받들어 모시면서 논쟁과 토론에 몰두하고 있다. 이것은 근본적으로는 우리의 환경과 자연에 관한 의식이 서구적 지배권의 영향력으로부터 벗어나지 못하는 전반적 현실에서 비롯된 것이다. 물론 서양권의 환경문제 해결의 노력을 폄하하자는 것도 아니며, 학문적 차원에서 서양의 환경윤리이론에 접근하는 것까지 시비로 삼자는 것은 아니다. 다만 주의해 보고자 하는 점은 우리의 생태계 파괴를 해결하기 위한 환경윤리의 도덕철학적 접근에 있어 주체적인 관점에서 우리의 전통적 환경관을 살펴보려는 실질적 노력을 해보았느냐 하는 점과 이에 기반을 두고 서양의 환경이론을 받아들이려고 시도를 해보았느냐 하는 점을 반성적으로 고찰하자는 것이다.

　전통사회에서 환경과 생태로 상징되는 자연은 대상화된 존재로 인식되지 않았으며, 자신의 삶의 일부분이었을 뿐이다. 서리 속에서 피어나는 한 포기의 들국화에서 시들 줄 모르는 생명의 존귀함을 배웠으며, 상수리나무 가지 사이에 집을 짓고 먹이를 기다리는 한 마리의 작은 거미에서도 삶의 진지함을 읽었고, 봇도랑의 맑은 물살을 꼬리치며 오르는 피라미 떼를 보고 생명의 오묘함을 경험했다. 짚신의 골과 골 사이에 듬성듬성한 틈을 두는 것은 개미와 같은 미물의 생명에 대한 존중의식의 발로가 아니라 생명 자체와의 합일의식에서 나온 것이었다. 이러한 전통적 환경윤리관은 일제의 제국주의적 식민지 지배와 서구 자본주의 세계관의 무차별적 도입으로 우리와는 단절되어 버렸다. 그러나 현상적 단절과는 달리 우리의 환경윤리 의식의 저변에는 아직도 환경 생태계와의 유기적 합일의식의 발로를 반증하는 여러 가지 현상을 주변에서 쉽게 발견할 수 있다. 감나무 가지에 남겨 놓은 까치밥, 제사를 지낸 후에 제사음식을 대문 밖에 내놓는 고수레 등의 행위, 정원을 꾸미되 뒷산과 앞개울을 인위적으로 활용하지 않고 자연적 조화미에 맞추려는 의식 등에서 볼 수 있다. 특히 전통적 가치관의 영향을 많이 받은, 나이든 세대일수록 더욱 이러한 자연과의 합일의식을 명시적으로 보여준다. 요컨대 한국사회는 자연과 인간을 분리해서 보는 근대 서양의 인간본위적 환경윤리관의 지배하에 있다기보다는 자연과 인간을 유기적 관점에서 보려는 유학의 환경친화적 도덕관의 영향권 내에 있다고 볼 수 있다. 이와 같이 환경과 생태계의 존재의의를 판단함에 있어 자연 친화적 가치가 아직도 우리의 환경의식과 태도에 지대한 영향을 미치고 있다는 사실을 무시한 채 서구인들의 환경의식과 태도를 반영한 서구적 환경윤리 논의를 중핵으로 삼아 도덕윤리교과의 교육 내용편성을 편성하는 것이 환경윤리의 도덕교육적 접근에 있어 얼마나 현실적 교육효과와 적실성을 가질 수 있을까 하는 점에 대해서는 의문의 여지가 있다.

　실제로 필자는 고등학교 윤리 교사로서 수업시간에 서구의 환경도덕관에 입각한 환경윤리교육과 전통적 환경도덕관에 입각한 환경윤리교육을 실시해 본 결과 학생들은 후자에 훨씬 더 친밀감과 수업의 효율성을 느낄 수 있었다고 응답했다. 이것은 무엇을 반증하는 것일까. 경험 과학적으로 실증할 수는 없지만 학생들의 무의식의 저변에는 우리의 전통적 환경도덕관이 영향을 미치고 있음을 보여주는 것은 아닐까 한다. 눈에 보이는 것, 실증할 수 있는 것, 수치화·계량화할 수 있는 것만이 현실성과 효과성을 가질 수 있다고 주장하는 기계론적 세계관의 절대적 권위가 흔들리기 시작한 지도 꽤 시간이 흘렀다. 이렇게 볼 때 경험적으로 증명할 수는 없지만 생활 속에서 느낄 수는 있는 태고적 환경의식의 현실적 영향력의 존재를 어느 정도 인정할 필요는 있지 않을까 한다.

이러한 점에서 전통적 환경관의 존재가치도 새롭게 조명해 볼 필요가 있다고 본다. 배타적·국수적 입장에서 전통적 자연관과 환경관에만 집착하는 환경윤리 교육을 시키자는 것이 아니다. 홍익인간, 인내천, 천인합일, 살생유택 등으로 대표되는 전통적 환경윤리 이론이 피교육자 자신의 환경에 대한 가치와 태도를 형성하는 데 결정적 인소가 되었을 것이다. 따라서 이러한 것들이 어떠한 내용으로 구성되어 있으며, 그것이 지향하는 점이 무엇이고, 그리고 이러한 이념이 피교육자의 환경의식에 직·간접으로 그리고 의식·무의식적으로 어떻게 영향을 미치고 있는가를 내실 있게 살피는 것이 주체성 있는 환경도덕교육이 될 것이다. 또한 이런 태도와 자세로 우리의 환경오염과 자연파괴의 난제에 접근해 가는 것이 보다 현실성과 적실성을 지닐 것이며, 학문 중심의 강단 환경교육이 아니라 학생들과 더불어 호흡할 수 있는 환경윤리의 도덕교육적 접근이 되리라 본다.

# 참고문헌

교육부, 『고등학교 교육과정 해설(총론)』, (대한교과서주식회사, 1992).

교육부, 『고등학교 교양선택교육과정해설』, (대한교과서주식회사, 1992).

교육부, 『윤리』, (대한교과서주식회사, 1998).

교육부, 『도덕과 교육과정』, (대한교과서주식회사, 1997).

이승환, 『유가사상의 사회철학적 재조명』, (고려대학교출판부, 1998).

이지현 편저, 『개인, 공동체, 교육 Ⅱ』, (교육과학사, 1997).

이희열, "환경교육론", 『중등학교 환경부전공 자격연수교재(Ⅰ)』, (부산광역시교원연수원, 1999).

박병춘, "나딩스의 배려의 윤리와 도덕교육", 『도덕윤리과교육 제9호』, (한국도덕윤리과 교육학회, 1998).

한형조, "동양적 패러다임의 새로운 지평", 『현대의 새로운 패러다임과 인문학』, (백의, 1994).

한형조, 『주희에서 정약용으로』, (세계사, 1996).

황경식, 『개방사회의 사회윤리』, (철학과 현실사, 1997). 『退溪集』, (민족문화추진회, 1989).

方東美(정인재 역), 『중국인의 생철학』, (탐구당, 1984).

陳正炎 外(이성규 譯), 『중국의 유토피아 사상』, (지식산업사, 1993).

蒙培元(이상선 역), 『中國心性論』, (법인문화사, 1996).

陳瑛外, 『中國倫理思想史』, (貴州人民出版社, 1985).

『張載集』, (中華書局, 1978).

『朱文公集』, 全二册(商務印書館, 民國六十九).

Fritjof Capra(이성범·김용정 공역), 『현대물리학과 동양사상』, (범양사, 1979).

John Michael Atherton, "Virtues In Moral Education: Objections and Replies," Educational Theory, Vol. 38, No. 3(1988).

Lawrence Kohlberg, "From Is to Ought: How to Commit the Naturalistic Fallacy and

Get Away With It in the Study of Moral Development", in The Philosophy of Moral Development, San Francisco: Harper & Row, 1981.

Noddings, N. 『Caring: Feminine Approach to Ethics and Moral Education』, L. A: University of California Press, 1984.

# 웹 기반 환경교육 운영전략

# Ⅰ. 서 론

21세기를 흔히 '지식기반사회'라고 일컫는다. 지식기반사회란 정보를 활용하여 창출된 지식이 개인과 조직의 생산성 및 경쟁력의 핵심이 되는 사회를 뜻하며, 20세기 후반부터 급속하게 발달하고 있는 첨단 정보통신기술(Information and Communication Technology : ICT)로 인하여 더욱 가속화되고 있다. 특히 지식기반사회에서는 보다 창의적이고, 능동적이며, 비판적인 사고능력이 인재의 자질로 간주되면서 교수·학습과정도 변화되고 있다. 이와 관련하여 인터넷에서 정보획득과 교환수단인 웹이 사회·경제 각 부문에 걸쳐 전 세계적으로 광범위하게 활용되면서 웹 기반교육은 다양한 교육장면에서 대안적 교수방법으로 교육적 가능성에 대한 높은 관심과 기대가 증대되고 있다.

웹 기반 교육은 학습이 일어나거나 촉진될 수 있는 유의미한 학습 환경을 조성하기 위하여 웹의 특성과 웹이 제공하는 자료들을 활용하여 전개하는 하이퍼미디어 기반의 교수프로그램을 의미한다(Khan, 1997 ; 이인숙, 2002). 즉 미리 계획된 특정한 방법으로 학습자의 지식이나 능력을 육성하기 위한 의도적인 상호작용을 웹을 통해 전달하는 활동이라고 할 수 있다(이종연, 2004). 또한 광의적인 측면에서, 웹 기반 교육은 자료를 전달하기 위해서 웹 서버를 사용하고, 접근하기 위해서 웹 브라우저를 사용하고, 상호 교환하기 위한 매개로서 TCP/IP와 HTTP 프로토콜을 사용한 전자적인 매개체 그 이상이며, 축적된 학습 자료에 대한 전달 및 검색을 의미한다(Jolliffe et al., 2001). 따라서 웹 기반 교육은 구성주의적, 협동적 학습 환경 내에서 수행된 다양한 인지적 기반의 교수전략들을 월드와이드웹의 자원과 속성을 활용하여 적용하는 것이라고 할 수 있다(Relan & Gillani, 1997).

웹 기반 교육은 다양한 교육적 의의를 갖고 있으나 학습의 실제성, 개방성, 분산성, 자기주도성, 수요자 중심 측면에서 부각된다. 즉 웹 기반 교육은 "웹의 교육적 활용을 통해 교실과 실제사이의 인조적 벽을 허물고(Kearsley, 1999)," 실제적 학습 환경을 조성한 점에서 의미를 갖는다. 또한 인터넷, 월드와이드웹. 책, CD-ROM과 같은 닫힌 체제(설계자에 의해 미리 지정된 공간에 한해 학습이 이루어짐)와 대조적으로 학습 환경 밖으로 자유롭게 이동이 가능한 개방체제에 기반을 둔다. 하이퍼링크를 통해 웹 기반교육은 자료 활용의 범위를 확대하고 이를 통해 학습내용 및 경험의 확장 및 성장, 학습자-내용 상호작용의 극대화를 초래한다. 또한 네트워크를 통해 전 세계적인 학습공동체 형성을 가능하게 하며, 빠르게 변화하는 수요자의 요구에 부응하는 수요자 중심 교육을 제공한다. 웹 기반 교육은 웹 밖의 자원을 필요로 하지 않고 모든 것을 포함하도록 설계함으로써 학습자 개개인의 학습속도에 따라 개개인의 학습욕구에 부응할 수 있는 학습 환경 조성도 가능하다. 따라서 웹 기반 교육은 웹의 속성을 활용하여 교육적 효과를 극대화하는 교수·학습형태로 URL이나 HTML과 같은 공식 표준을 사용하여 전 세계적으로 공통적인 학습을 가능하게 하며, 하이퍼링크를 통해 학습의 공간적 제약을 극복하고, 전 세계적 접근성을 제공하는 특징을 갖는다(이지연과 이재경, 2005).

이러한 웹 기반 교육에 대한 높은 활용은 교실중심, 교수자중심, 강의중심 형태의 기존 교수방법의 한계를 벗어나 시·공간적 독립성을 기초로 수요자중심의 능동적 학습을 촉진하여 교육의 질적 향상을 도모한다고 할 수 있다. 그러나 웹 기반교육의 특징을 고려하여 수업방법의 혁신적 변화를 초래하지 못하고 기존의 수업방식을 사이버공간에서 재연하고 있다는 비판이(김미량, 2000: 박인우, 1999: 한정선, 1999) 제기되고 있어

효과성 증대를 위한 효과적 운영전략에 대한 논의가 필요하다. 특히 여기에서는 웹을 통한 환경교육에 초점을 맞추어 교육적 가능성과 성공적인 웹 기반 수업을 위해 고려해야 할 사항 및 실제적 운영전략을 소개하고자 한다.

# Ⅱ. 웹 기반 환경교육의 교육적 가능성

교수·학습과정에서 효과적인 테크놀로지의 활용은 학습 성과의 증대를 기대할 수 있다. 특히 학습자중심의 테크놀로지 활용은 인지와 초인지 수준의 학습 성과를 기대할 수 있다는 점에서 교육적 의의를 가진다. 예를 들면, 교수자가 테크놀로지를 많이 활용하는 학습 환경을 조성할 때 학습자는 정보 접속, 검색, 결과 표현 및 요약 등의 다양한 학습활동을 할 수 있게 되고, 정보와 경험으로부터 의미를 구성해나가는 의도적 과정에 참여하게 된다. 또한 테크놀로지 기반의 학습 환경은 호기심을 불러일으키고 학습자가 관심 있는 내용을 선택하여 학습할 수 있다는 점에서 동기유발에도 긍정적인 영향을 미친다. 예를 들어 다른 지역에 살고 있는 또래들이 올린 질문에 답을 하거나, 웹상에서 자신의 의견을 올리는 기쁨을 경험하면서 자신의 학습 성과뿐만 아니라 과정에 자부심을 가질 수 있다. 테크놀로지 기반의 학습 환경은 전통적인 학습의 시공간적 제약에서 벗어나 학습자의 다양한 요구를 만족시켜줄 수 있으며 학습자가 자신과 다른 문화와 관점으로부터 자료들을 볼 수 있도록 강좌 내용을 다양화하게 할 수 있다는 점에서 교육적 의의를 갖는다.

테크놀로지 중 특히 웹을 활용한 교육은 다양한 교육적 이점을 갖고 있다. 이하에서는 웹 기반 환경교육을 실시하였을 때 기대할 수 있는 교육적 이점을 소개한다.

## 1. 교수 · 학습과정의 역동성 제공

웹 기반 수업은 효과적인 멀티미디어의 활용을 통해 교수 · 학습과정에 역동성을 부여할 수 있다. 즉 시청각적 미디어와 하이퍼링크를 활용하여 학습자에게 추상적인 이론학습이 아닌 생생한 현장에 대한 간접체험을 통해 지식에 대한 깊은 이해와 습득한 지식을 실제현장에 적용해 볼 수 있는 능력을 배양할 수 있다.

## 2. 상호작용의 활성화

웹 기반 수업은 비동시적, 동시적 커뮤니케이션을 가능하게 하여 교수자-학습자, 학습자-학습자 상호작용을 활성화한다. 따라서 학습자는 문제해결이나 자료 공유 등을 통해 협력학습을 수행할 수 있다(Eastmond, 1995; Harasim, 1990; Henri & Rigault, 1996). 또한 수업 시간이 특정시간으로 정해진 것이 아니기 때문에 학습자는 수업 참여자들과 지속적인 상호작용의 기회를 가진다. 특히 웹 기반 수업은 학습공간에 제한을 두지 않음으로써 공간을 초래한 학습공동체 형성을 가능하게 하여 학습자의 국제적 교류를 활성화한다.

## 3. 자기주도성 활성화

웹 기반 수업은 학습자가 편리한 시간에 학습시간을 선택할 수 있게 함으로써 학습자의 자기주도성을 활성화 한다(Eastmond, 1995; 이지연, 2002). 동시에 학습자의 관심에 따라 학습내용을 선택하여 학습할 수 있어 개별화 수업에도 효과적이다.

## 4. 학습자의 지적발달 촉진

웹 기반 수업을 통해 학습자는 역동적인 상호작용의 기회를 가지며, 다양한 사고와 경험의 교류는 학습자의 사고체계의 발전을 초래한다. 동일한 학습 자료에 대해 다양한 해석을 할 수 있는 기회를 가짐으로써 지적발달을 촉진할 수 있다. 모든 상호작용은 문자 기반이며, 비동시적으로 이루어지며, 비교적 영구적으로 보관되기 때문에 학습자는 보다 성찰할 수 있는 기회를 가진다. 또한 자신의 의견에 대한 타인의 의견에 대해 설명할 수 있는 기회를 가짐으로써 지적발달이 가능하다(Rudestam & Schoenholz-Read, 2002)

## 5. 교수 · 학습형태의 변화

웹 기반 수업은 교수자중심에서 학습자중심으로 교수 · 학습형태를 변화시킨다. 웹 기반 수업은 수업 참여자들에게 동일한 참여의 기회를 제공함으로써 지식전달자가 아닌 학습의 촉진자로서의 교수자의 역할을 기대한다. 이러한 교수자의 역할 변화는 학습자의 적극적인 참여와 효율적인 시간 관리를 요구하며, 동시에 학습에 대한 학습자의 책무를 수반한다. 또한 웹 기반 수업에서 학습자는 동일한 수업참여 기회를 가져 편견 없는 참여가 가능하다.

## 6. 실제 적용 가능한 지식의 구성

수업의 장소와 실제 삶이 구분되어 있지 않고, 매일의 삶이 학습의 중요한 자료가 된다. 따라서 학습자는 실제 삶에서 경험한 내용을 사이버공간의 수업장면에서 공유하면서 해결책을 구성해 나간다.

# Ⅲ. 효과적인 웹 기반 수업을 위한 고려사항

## 1. 수업내용

웹 기반 수업의 활용을 위해서는 교수목적, 수업결과로 성취해야 할 지식과 기술, 교수목적 달성을 위한 효과적인 교수전략 등에 대한 숙고가 사전에 이루어져야 한다. 학습목표가 Bloom의 목표 수준 중 지식이나 이해 수준일 때, 정보전달에 효과적인 학습 환경을 제공해야 하는 반면, 교수목적이 적용, 분석, 종합, 평가 수준이라면 학습자가 적용, 종합, 학습한 것이 무엇인지를 파악할 수 있는 학습 환경을 제공하는 것이 적절하다. 예를 들어 학습목적이 학습자가 사실자료를 효과적으로 기록하고 기억하는 것이라면 강의 요점과 개요를 읽을 수 있는 능력을 향상하기를 원하므로 파워포인트와 같은 프리젠테이션 소프트웨어를 활용하여 강의의 개요를 제시하여 전달하도록 수업환경을 조성한다. 그러나 프리젠테이션 소프트웨어는 교수자중심이며 학습자를 수동적으로 만드는 수업환경을 초래한다(Creed, 1997). 따라서 학습자를 수동적인 상태로 만드는 것을 방지하기 위해 학습자가 능동적으로 사고하고, 성찰하며, 과제를 수행할 수 있도록 하는 활동을 병행해야 한다. 이러한 경우 파워포인트를 활용하여 수업내용의 개요를 제시한 후 학습자의 이해를 강화하고 사고할 수 있도록 동료교수(peer teaching) 활동을 사용하는 것도 효과적이다. 예를 들면, 학습자가 내용을 다 읽은 후 교수자가 이에 대한 질문을 한다. 학습자는 짝을 지어 가능한 답에 대해 토론을 하고 결과를 사이버공간에서 투표를 한다. 교수자는 학습자의 개념에 대한 이해 정도에 대해 즉각적인 피드백을 제공하고 웹 기반 게시판 활용을 통해 학습자가 사고를 확장해 나가도록 할 수 있다.

## 2. 교수자

웹 기반 수업을 활용하기 위해서는 교수자 자신이 1)인터넷 사용에 대한 경험과 숙

련은 어느 정도인가? 2) 웹 기반 수업을 계획하고 준비하는 데 어느 정도의 시간이 필요한가? 3)웹 기반 수업에서 교수자의 역할은 어떻게 규정하는가의 질문과 관련하여 자신의 기술적 지식 정도와 태도에 대해 생각해 보아야 한다.

테크놀로지를 사용하는 데 상대적으로 적은 경험을 갖고 있다면 교수목적 달성에 도움이 될지라도 웹 기반 수업을 조성하는 것을 쉽게 결정하기 어렵다. 따라서 자신감을 갖고 학습자의 학습을 도와줄 수 있도록 쉽게 사용할 수 있는 다른 도구를 천천히 사용해 보는 것이 적절하다. 동료 교수자들이 어떠한 교수매체를 사용하는지를 알아보거나 웹을 활용하여 편안하게 교수활동을 할 수 있도록 워크숍에 참여하거나 컨설팅을 받아 보면서 필요한 능력을 개발하는 것이 필요하다. 웹 기반 수업의 선택은 사용가능성, 교수 목적에 기반을 두어야 하며 웹 기반 수업을 시작하기 전에 충분한 수업 설계 시간을 가져야 한다. 수업이 진행되는 동안에도 새로운 수업환경에 대해 학습자가 충분히 이해할 수 있도록 지도할 필요가 있다. 즉 단순히 수업내용을 제시하고 설명하기보다 학습자가 능동적으로 수업에 참여할 수 있도록 상호작용을 활성화하는 것이 중요하다. 따라서 성공적인 웹 기반 수업을 위해서는 충분한 시간 준비와 계획이 필요하다. 적절한 준비와 시간 할당이 없이 웹 기반 수업을 활용한다면 오히려 교수ㆍ학습과정에 부정적인 결과를 초래할 것이다.

마지막으로 고려해야 할 것은 교수자가 교수과정에서 교수자의 역할을 어떻게 규정하는가이다. 웹 기반 수업은 학습자가 적극적으로 참여할 때 가장 성공할 수 있다. 따라서 학습자에 대한 지도, 멘토링, 코칭이 필요하다. 교수자가 안내자나 코치로서의 역할을 간과한다면 내용 전문가로서 권위를 가지고 단순히 정보전달에 초점을 맞추게 된다. 때때로 학습자는 교수자보다 웹 기반 수업 환경에 보다 더 잘 알고 있으며, 편안해할 수도 있다. 따라서 교수자는 권위자가 아닌 안내자로서의 역할변화와 학습자의 참여를 어떻게 촉진시킬 것인가에 대해 주의 깊게 생각해야 한다.

## 3. 학습자

일반적으로 수업에서 테크놀로지를 활용하고자 한다면, 학습자의 수업내용과 관련된 배경과 준비정도는 결정과정에 중요한 역할을 한다. 특히 학습자의 테크놀로지에 대한 사전 경험, 접근성 정도, 다양한 학습방식에 대한 고려가 필요하다. 국내에서도 인터넷 접속 가구의 비율 증가로 웹 기반 수업에 대한 학습자의 친숙도도 증가되고 있다.

웹 기반 환경에 대한 접근성의 용이성 외에도 교수자는 학습자의 다양한 학습방식에 대해 고려해야 한다. 개인들은 정보를 처리하고 결과로 의미를 구성하며, 학습한 지식을 새로운 상황에 적용시키는 것과 관련하여 일반적인 기술, 태도, 선호도에서 차이를 갖는다(Jonassen & Brabowski, 1993; McKeachie, 2002 재인용). 어떤 학습자는 협력학습을 선호하는 반면, 다른 학습자는 개별학습을 희망하기도 한다. 또한 어떤 학습자는 전통적인 강의중심 수업을 선호하는 반면, 다른 학습자는 학습자중심의 능동적 수업을 희망하기도 한다. 따라서 웹 기반 수업에서 학습자의 다양한 학습양식과 요구를 만족시킬 수 있는 융통적인 학습 환경을 조성하는 것이 바람직하다.

웹 기반 수업에서 교수자의 역할이 지식의 전달자에서 안내자로 변화되는 것처럼 학습자도 수동적인 지식의 수용자에서 능동적인 지식의 구성자로 역할이 변화된다. 능동적인 참여는 학습자로 하여금 자신의 학습목적에 대해 모니터하고 우선순위를 설정하고, 자신의 학습속도를 조절하는 등 새로운 책무를 부과한다. 학습자 중에는 자기주도 학습에 대한 준비가 부족하거나 수동적이고 수용적인 학습에 대한 익숙함으로 이러한 학습 환경에 어려움을 경험할 수도 있다. 따라서 교수자는 일방적으로 수업의 모든 결정을 학습자에게 위임하여 혼돈감을 초래하기보다 학습자가 학습의 주체임을 인식하고 적극적으로 수업에 참여할 수 있도록 도움을 제공해야 한다.

## 4. 테크놀로지

테크놀로지 자체가 갖는 특징이 있으므로 이를 고려한다. 예를 들어 컴퓨터 보조 수업이나 언어학습이나 수학을 위한 소프트웨어 프로그램은 특정 교수목적에 적용하기 위해 쉽게 설계할 수 있다. 그러나 학습자중심 테크놀로지(이메일, 전자컨퍼런싱 프로그램, 웹, 데이터베이스 등)는 특정 교수목적을 위해 설계된 것이 아니다. 따라서 교수자는 이러한 도구를 교수목적에 맞게 수정하여 사용해야 하며, 학습을 지원하고 비판적 사고를 강화하기 위해 사용하도록 한다. 다양한 테크놀로지의 적절한 사용을 위해 각각의 테크놀로지를 기능과 사용에 따라 구분하는 것이 필요하다. 예를 들면, 파워포인트는 정보를 조직하고 텍스트나 그래픽 형태로 보여주는 데 적절하고, 웹, 인터넷의 경우 사용자가 검색하고 정보를 수집하고 조작, 사용하는 데 적절하다. 따라서 성공적인 수업을 위해 이러한 테크놀로지의 특징을 충분히 고려하여 수업을 구성 한다.

# Ⅳ. 효과적인 운영전략

성공적인 웹 기반 수업을 위해서는 전통적인 수업과는 다른 학습 환경에 대한 충분한 이해와 학습자의 적극적인 참여유도, 상호작용의 활성화가 필요하다. 동시에 테크놀로지 기반 수업환경의 특성으로 이에 대한 기술적, 행정적 지원도 수반되어야 한다.

## 1. 웹 기반 수업환경에 친숙해지도록 한다.

적극적인 학습자의 참여를 유도하기 위해서는 무엇보다도 테크놀로지 기반의 낯선 수업환경에 편안함을 갖게 해야 한다. 따라서 교수자는 학습자들에게 검색엔진을 사용하거나 하이퍼링크를 클릭해 보는 등 수업환경을 자유롭게 경험해볼 수 있는 기회를 제공하도록 한다. 특히 학습자가 컴퓨터 능력 부족으로 심리적 부담감을 가진다면 연습의 기회를 제공하여 수업 참여에 어려움이 없도록 한다.

교수자는 수업환경에서 사용하고 있는 아이콘의 기능이나 어떻게 과제를 제출하고 수업내용을 읽을 수 있으며 동료 학습자들과 채팅을 주고받을 수 있는지 등 수업참여와 관련하여 학습자가 습득해야 할 기능에 대해서도 정보를 제공해야 한다. 또한 수업 참여와 관련하여 파일을 다운로드하거나 동영상이나 PDF파일 등 자료를 읽을 수 있기 위해 필요한 소프트웨어에 관한정보와 질문이나 과제를 업로드 하는 방법에 대해서도 충분히 공지하여 학습자들이 수업 참여에 장애가 없도록 유의한다.

수업참여와 관련하여 이용방법, 과제제출 방법 등을 명확히 설명하여 학습자가 어려움을 겪지 않도록 하는 것도 명심한다. 특히 하이퍼링크에 익숙하지 않아 과제를 정확한 장소에 업로드 하지 못하거나 제공한 정보를 학습하지 못하는 경우도 발생한다. 따라서 수업환경의 특성에 대해 학습자가 정확히 인지할 수 있도록 오리엔테이션을 실시하는 것도 효과적이다.

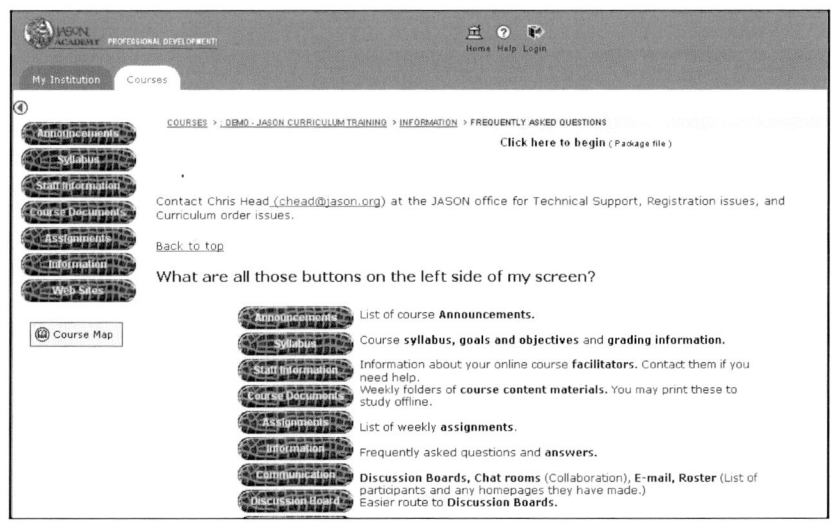

[그림 1] 온라인 오리엔테이션 사례-Jason Curriculum Training

## 2. 다양한 공간을 구성하여 활용한다.

웹 기반 수업에서는 상호작용의 기능과 활성화를 고려하여 공간의 구분이 필요하다 (Hanna et al., 2000; 이지연, 2002). 예를 들면, 모든 수업의 구성원이 수업의 내용에 관한 질문을 제기할 수 있는 공간, 소규모 그룹 프로젝트 수행을 위한 공간, 학습자들이 성찰을 하거나 기술적인 부분에 대해 질문을 제기할 수 있는 공간 등을 만들어 활용한다.

웹 기반 수업에서 학습자들의 참여 정도는 그 성공 여부를 결정짓는 중요한 요소이다. 즉 학습자들이 학습에 적극적으로 참여하기보다 다른 학습자들의 의견만을 듣는 방식으로 참여한다면, 전통적인 교실 수업보다 더 수동적 학습을 형성할 것이다. 따라서 학습자들의 적극적인 참여 유도는 성공적인 웹 기반 수업운영을 위해 필수적이라 할 수 있다. 학습자들의 상호작용을 활성화하기 위해서는 사적 토론(informal discussion)을 장려하는 것이 효과적이다.

사이버공간에서의 모든 토론이 수업과 관련된 인지적 내용이 될 필요는 없다. 그러나 대부분의 학습자들은 수업의 게시판에 메시지를 공지하기 위해서는 수업과 관련된 공식적 메시지를 작성해야만 한다고 믿는 경우가 대부분이다. 따라서 학습자들은 메시지를 탑재하는 데 부담을 가지기 쉽다. 따라서 수업내용과 무관하게 자유롭게 의사교환을 할 수 있는 사이버카페와 같은 공간을 만들어 활용하도록 한다.

웹 기반 수업은 교실 수업과는 다른 학습 환경을 가지고 있다. 따라서 학습자들은 새로운 학습 환경과 관련하여 심리적인 불안감을 가지며 익숙한 교실 수업을 그리워한다. 이러한 점에서 사적 토론은 학습자들이 웹 기반 수업과 관련해 느끼는 개인적 감정들을 공유할 수 있도록 도와줌으로써 정서적 안정감과 심리적 유대감을 느끼도록 하는 데 효과적이다. 또한 사적 토론은 실제 개개인의 학습상황이나 경험을 통한 주제를 통해 다양한 학습내용과 실제적 지식을 형성하는 데 기여한다. 따라서 효과적인 공간의 활용을 위해 사전에 공간의 기능을 고려하여 공간의 수를 결정해 두도록 한다.

### 3. 효과적인 인터페이스 설계를 기초로 수업을 운영한다.

화면구성을 위해 일반적으로 따라야 할 원칙으로는 가능한 스크롤링을 하지 않고 한 화면 내에서 문서를 볼 수 있게 한다든지, 용량이 지나치게 큰 동영상을 제시하지 않는다는 것 등이다(이화여자대학교 멀티미디어교육원, 2002). 화면구성의 일반적 원칙들은 다음과 같다.

## 4. 학습활동을 다양화한다.

웹 기반 수업은 오프라인수업을 그대로 사이버공간으로 옮겨 실행하는 경우 실패하기가 쉽다. 즉 교수자중심의 일방적인 지식전달은 학습자의 주의집중을 유지하기 어려워 교육효과의 저하를 초래할 수 있다. 따라서 다양한 학습활동을 계획하여 변화를 지속적으로 제공하는 것이 효과적이다. 특히 웹 기반 수업에서는 학습자에게 많은 선택권을 제공하는 것이 학습자의 자율성을 증대하는 데 기여한다. 따라서 학습내용을 심화, 보조할 수 있는 내용을 제시하거나 하이퍼링크를 통해 소개해 주고 학습자 원하는 정보를 자율적으로 선택할 수 있도록 한다. 학습 내용과 관련된 사이트나 자료를 다양하게 제공하여 학습자의 학습을 보충하거나 심화하도록 하는 것도 활용해 볼 수 있다. 웹 기반 수업에서 활용해 볼 수 있는 학습활동으로는 다음 〈표 1〉과 같다.

- 학습내용을 가려진 상태로 제시한 후 학습자가 추측을 해 보게 한 후 클릭을 해서 확인해 보게 하는 방법
- 학습내용에 대한 이해를 확인하기 위해 학습자는 질문에 맞는 답을 빈칸에 기입하고, 확인버튼을 눌러 정답을 확인하는 방법 (진위형, 다지선다형, 퍼즐형 등활용)
- 하이퍼링크를 활용하여 교육내용과 관련된 자료를 사이트 내외에서 검색하여 제시하는 방법
- 게임을 활용하여 학습한 내용을 확인하는 방법
- 학습내용과 관련된 영상물을 시청한 후 토론을 진행하거나 의견을 발표하는 방법
- 관련 자료를 읽고 의견을 탑재한 후 토론을 진행하는 방법
- 관련 용어 사전을 제공하고 용어 의미를 질문한 후 이를 검색하여 발표하는 방법
- 다양한 멀티미디어의 활용을 통해 학습자가 효과적인 학습 자료를 선택하게 하는 방법

〈표 1〉 웹 기반 환경교육사례-Jason Project

| 원칙1 | 페이지 구성은 일관성이 있어야 한다.<br>제목, 내용의 텍스트 크기, 폰트의 종류, 아이콘이나 버튼, 표, 그림의 위치 등에 일관성이 있어야 한다. |
|---|---|
| 원칙2 | 정보가 논리적, 순차적으로 조직되어야 한다.<br>제공 되어지는 정보가 논리적으로 조직화되지 않으면 학습자들의 혼돈을 유발하기가 쉽다. 따라서 정보의 전개과정이 논리 정연하도록 조직하여 제공해야 한다. |
| 원칙 3 | 텍스트의 크기, 폰트, 줄 간격이 적절해야 한다.<br>제공되는 텍스트의 크기와 폰트는 전체적인 배경이미지와 관련하여 눈에 잘 띄며, 읽기 쉬워야 한다. 이와 관련하여 텍스트의 크기와 폰트는 학습자에 의해 조절될 수 있도록 설계한다. |
| 원칙 4 | 중요한 내용은 시각적으로 강조한다.<br>제목은 상단에 내용보다 큰 크기로 제시하고 표나 그림은 색을 변화주어 구분하기 쉽게 제시한다. 그러나 정보의 논리적 구조를 분명히 하는 데 도움을 주지 않는 한 두세 개 이상의 색을 사용하는 것은 지양해야 한다. 색상은 통상적으로 쓰이는 의미를 위배하지 않게 사용한다. |
| 원칙 5 | 문서 양의 적절한 배치로 가급적 문서 내에서의 스크롤링을 피하도록 한다.<br>웹상에서 문서가 제시되는 경우 모니터의 스크린 상에 보이는 화면내용이 학습자의 주의를 집중하게 한다. 따라서 스크롤링을 통해 문서를 읽어야 하는 경우 학습자는 맥락의 혼돈을 경험하거나 심지어 내용을 읽지 못하고 넘어가는 경우가 생긴다. 또한 인쇄를 하는 경우에도 한 페이지 내에 인쇄가 되지 못하여 학습자에게 불편함을 초래한다. 따라서 문서가 스크린 한 화면을 넘어가는 경우는 반드시 표시를 해주도록 한다. |
| 원칙 6 | 각 차시별 개요가 제공되어야 한다.<br>매주 내용이 시작되는 첫 화면에는 다룰 내용 중 핵심내용의 중요성, 학습목표, 학습활동 등을 소개하는 내용이 포함되어야 한다. 학습내용과 관련하여 전체적인 개요를 제공해 주는 것도 학습효과 증대에 효과적이다. |
| 원칙 7 | 텍스트와 이미지는 상호보완 되어져야 한다.<br>한 화면 내에서 제시되는 텍스트와 이미지는 상호관련성이 있게 제시되어야 하며, 가능한 한 근접하게 텍스트와 이미지를 제시한다. |
| 원칙 8 | 멀티미디어는 사용에 있어 학습자가 통제할 수 있어야 한다.<br>오디오나 비디오 등의 멀티미디어 자료는 학습자의 상황에 따라 조절이 가능해야 한다. 특히 학습자가 일시 중지를 하거나 원하는 만큼 파일을 다시 듣거나 볼 수 있도록 한다. |
| 원칙 9 | 첫 화면에는 메일 주소와 업데이트된 날짜, 필요한 소프트웨어 링크를 제시한다.<br>첫 화면에는 학습자가 학습 시 기술적인 어려움을 해결할 수 있도록 질문할 수 있는 메일주소와 최근에 업데이트된 날짜를 제시하여 정보의 최신성을 제공해 주어야 한다. 또한 수업참여와 관련하여 필요한 소프트웨어를 다운로드 받을 수 있도록 관련 주소를 링크해 제시해 줌으로써 수업 참여를 촉진한다. |

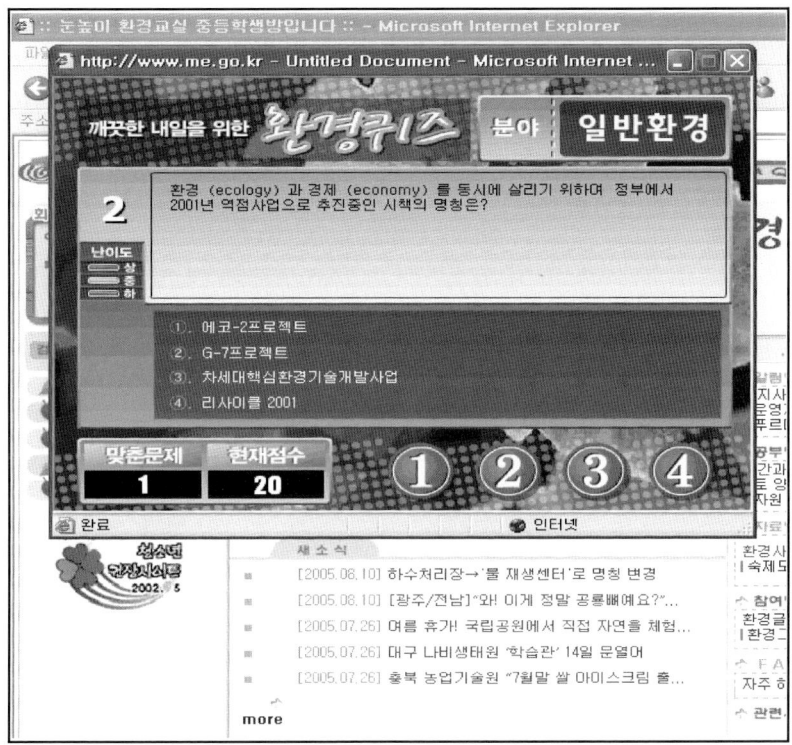

[그림 2] 웹 기반 환경교육 사례-눈높이 환경교실 환경퀴즈

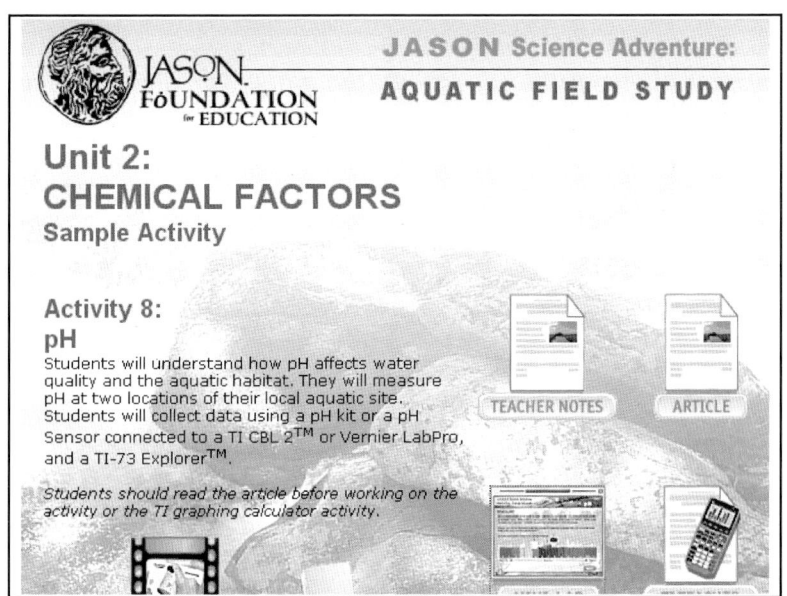

[그림 3] 웹 기반 환경교육 사례- 'Environmental Links'

## 5. 조별 과제를 통해 협력학습을 촉진한다.

웹 기반 수업은 학습자들이 문제해결이나 토의를 위해 그룹을 형성할 수 있는 좋은 환경을 제공한다. 네트워크기반의 컴퓨터 활용은 학습자를 수동적인 자세에서 지식형성에 적극적으로 참여할 수 있도록 한다. 즉 학습자는 단순히 지식을 암기하는 것이 아니라 특정문제에 대한 다양한 해결책을 찾으면서 고차원의 사고와 탐구활동을 할 수 있다(Scardamalia & Bereiter, 1994). 네트워크기반의 컴퓨터 활용은 다양한 형태의 의사소통과 정보에 대한 투입과 산출의 용이성으로 협동적 지식형성을 촉진할 수 있는 주요한 도구로 활용될 수 있다. 더 나아가 네트워크기반의 컴퓨터 활용은 지식 형성의 장을 단일한 교실 내에서 학습자 공동체로 전환함으로써 전통적인 교수·학습의 대안을 제공한다(Gilbert & Driscoll, 2002).

이때 지식형성을 위한 학습공동체는 구성원들 간의 의사소통을 활성화하고 공유한 정보에 쉽게 접근하기 위해서 도구를 필요로 하며(Jonassen, 1999), 이러한 점에서 웹 기반 게시판은 협동적 지식형성 촉진에 기여할 수 있는 가능성을 갖는다. 그러나 효과적인 그룹 프로젝트의 수행이나 그룹토의의 활성화를 위해서는 학습자들 간에 신뢰감을 형성하고 지식과 경험을 공유할 수 있도록 수업환경을 조성해야 한다. 또한 교수자는 학습자의 경험, 지적 수준, 내용에 대한 관심 정도, 컴퓨터 능력 등을 고려하여 효과적으로 조를 구성하고, 조원들이 수행할 수 있는 적절한 수준과 내용의 과제를 부여하여 조별 과제의 수행을 지원한다.

교수자는 조별 과제 수행과정에 가능한 한 직접적인 피드백을 제공하기보다는 간접적인 지원을 제공한다. 조원들이 방향을 상실하거나 조정이 필요한 경우 적절히 개입하여 도움을 제공해준다. 조별과제 수행과 관련하여 다양한 역할과 책무를 조원들에게 부여함으로써 '무임승차'의 경우처럼 소극적인 자세로 동일한 성적을 얻고자 하는 학습자들을 예방하도록 하는 것도 활용해 볼 수 있다. 조별 과제 수행과 관련하여 적극적인 조원들의 참여를 유도하기 위해 동료평가와 자가 평가를 실시하는 것도 바람직하다.

## 6. 온라인 토론을 통해 학습자-학습자 상호작용을 촉진한다.

　토론을 할 수 있는 공간과 기회를 제공하는 것은 학습자간의 상호작용을 활성화할 수 있다. 이때 교수자가 토론을 위한 가이드라인을 제시해 주면 학습자는 토론의 방향을 상실하지 않으며 참여도도 증가한다. 교수자는 적절한 참여횟수를 제시해 주거나 참여의 중요성을 강조하고, 수업참여 방법에 대한 정보를 수업초기에 제시해 주어 학습자들의 참여를 유도한다. 동시에 온라인 토론과 관련하여 각 주별 핵심내용을 요약 제시해 주거나 토론주제를 제공해 주는 것도 토론을 활성화하는 데 도움을 준다. 이외에도 교수자는 학습자와의 일대일 커뮤니케이션을 통해 학습자의 어려움을 해결해 주거나 상호작용을 활성화할 수 있으며, 학습자에게 발표자, 토론자, 운영자 등의 다양한 역할들을 할당해 주는 것도 학습자의 적극적인 참여를 유도할 수 있다.

　온라인 토론은 소집단별 토론의 형태로 운영하는 것이 효과적이다. 5-6명의 학습자들로 조를 구성하여 조별 토론방에서 토론을 하게한다. 이때 토론의 결과는 각 조의 운영자가 정리하게 하여 모든 학습자들이 볼 수 있는 게시판에 공지하게 하면 토론결과에 대해 성찰할 수 있는 기회를 제공할 수 있다.

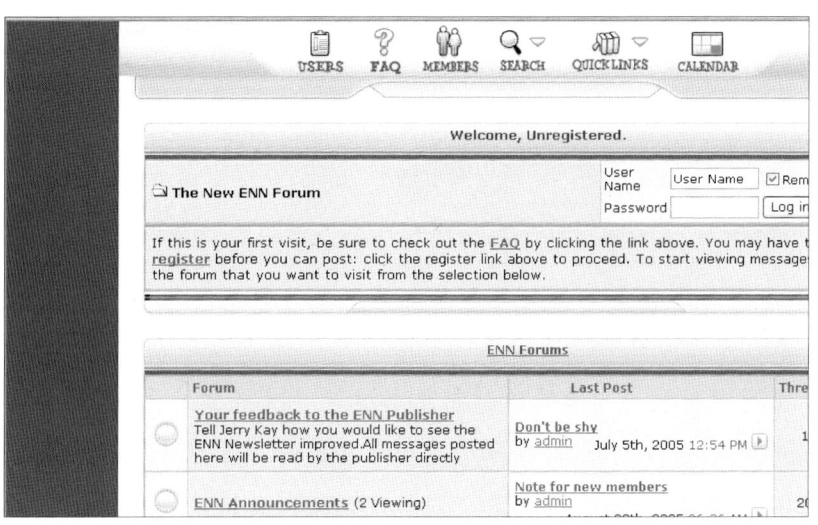

[그림 4] 웹 기반 **환경교육 토론** 사례-The New ENN Forum

## 7. 친밀감을 조성한다.

수업초기 학습자는 사이버공간이라는 익숙하지 않은 수업장면에서 어색하게 수업에 참여한다. 대부분의 학습자는 얼굴도 모르는 다른 학습자들과 함께 수업을 한다는 것을 부담스럽게 느끼며 이러한 부담감은 수업에 대한 참여의욕을 저하시킨다. 따라서 교수자는 수업초기에 학습자에게 자기소개서를 쓰도록 하여 친밀감을 조성하도록 한다. 자기소개서에는 자신에 대한 소개뿐만 아니라 수업에 대한 기대, 수업관련 경험 등을 적도록 하여 학습자의 특성을 다각적으로 이해할 수 있도록 한다. 특히 자기소개서에는 사진을 포함하도록 하여 수업 참여자들이 사이버공간 속에서 친밀감을 형성할 수 있도록 한다. 사진을 업로드 하는 기술적인 부분에 대해서는 동료교수 (peer tutoring) 방법을 활용하는 것도 인간관계를 형성하는 데 도움을 준다.

## 8. 동료교수(peer teaching)의 기회를 제공한다.

신속한 피드백 제공과 관련하여 동료학습자의 활용은 효과적이다. 웹 기반 수업은 24시간 운영되는 수업체제이다. 따라서 학습자들은 학습과정에서 보충 설명이 필요하다거나 컴퓨터와 관련하여 기술적인 문제가 생겼을 때 도움을 요청하고 즉각적인 피드백을 기대한다. 그러나 교수자가 모든 학습자의 질문에 신속하게 응답해 주는 것은 한계가 있다. 따라서 기술적 문제와 관련하여 도움을 요청할 수 있는 공간을 제공하고 이곳에서 동료 학습자들이 곤경에 빠진 학습자들에게 문제해결 방법을 제시해줄 수 있도록 한다. 학습자들로부터의 피드백은 학습과정에서 실제적으로 경험한 문제들에 대한 해결책이기 때문에 적절하고 다양하며, 비실시간 의사소통(asynchronous communication)으로 인해 단시간 내 다양하게 제공될 수 있다.

동료 학습자는 사회화 모델로서도 작용한다. 동료 학습자들은 자신들의 성공적인 학습 경험을 소개하고 이를 통해 다른 학습자들의 학습을 격려한다. 또한 교과 내용과 관련하여 지식을 가지고 있는 학습자들은 교수자로서의 역할도 담당할 수 있다. 따라서 교수자는 학습자의 인지적·기술적 경험 등을 고려하여 소집단을 형성해 주면 교육효과를 기대할 수 있으며 학습자들 간의 유대관계 형성에도 기여한다.

## 9. 융통적인 수업구조를 운영한다.

웹 기반 수업은 기술적, 행정적 요인 등 다양한 변수에 의해 교수자의 의도와는 다르게 운영될 수 있다. 따라서 교수자는 수업을 계획할 때 학습자에게 수업과 관련된 목표와 가이드라인을 제시해 주고, 학습자의 반응이나 요구를 반영하여 조정할 수 있는 여지를 남겨두는 것이 효과적이다. 실제로 수업의 구조가 미리 정해진 대로 운영되기보다 학습자의 요구에 따라 융통성 있게 운영될 때, 참여자 간의 대화도 증가하고 이로 인해 학습자들이 느끼는 고립감 정도는 적어진다(Saba & Shearer, 1994).

따라서 효과적인 웹 기반 수업을 위해 교수자는 학습과 관련된 결정 사항에 학습자가 참여할 수 있는 기회를 부여하여 학습자가 학습에 대한 통제와 책무를 경험할 수 있도록 하며, 적절한 개입을 통해 학습자의 결정을 도와주어야 한다. 웹 기반 수업은 교수자의 준비성 있는 계획과 학습자에 대한 촉진이 성공을 좌우한다고 할 수 있다. 따라서 교수자는 내용의 전달자가 아닌 학습의 촉진자로서의 역할변화에 대한 인식과 학습자와 동일한 수업 참여자의 일부로서 자신을 규정하는 것이 바람직하다. 따라서 웹 기반 수업은 참여자 모두의 만족을 위해 합의된 목적 달성을 도모하는 것이 성공을 가져온다.

## 10. 주기적으로 공지를 한다.

웹 기반 수업은 학습자의 책무성이 강조된다. 수업은 대부분이 교수자중심으로 운영되지만, 학습자가 정기적으로 수업에 참여하여 수업내용에 대한 의견을 제시하고 수업 참여자들과 상호작용을 하지 않으면 오프라인 수업보다 더 수동적이 될 수 있다. 따라서 교수자는 학습자가 수업내용이나 다른 학습자의 의견만을 듣는 수동적인 자세를 보이는 경우 주기적인 학습과제의 부여나 의무 참여횟수의 지정 등을 통해 학습자의 참여를 유도해야 한다. 매주 수업참여와 관련하여 공지해야 할 메시지의 수를 지정해 주는 것도 학습자의 참여유발과 시간관리 측면에서 효과적이다.

웹 기반 수업에서 학습자의 시간 관리는 매우 중요하다. 학습자가 주기적으로 수업에 참여하지 않는 경우 누적된 메시지의 양과 수업의 양은 학습자의 동기를 저하시켜 수업에 대한 포기를 유발하기도 한다. 따라서 학습자가 적어도 일주일에 한 번은 수업내용과 수업 참여자들 간의 상호작용 내용을 검토할 수 있도록 주별 과제 마감일을 설정하거나 매주 수업내용이나 토론 주제, 수업일정, 과제 마감일 등에 대한 공지를 제공해 줌으로써 주기적인 수업참여를 유도한다.

교수자는 일주일에 한 번 혹은 이 주일에 한 번 정도 정기적으로 학습자에게 공지를 하는 것을 습관화하도록 한다. 공지는 학습자에게 과제 마감일 등을 알려주거나 특별히 공지할 내용이 없어도 주기적으로 학습자에게 공지사항을 제공하는 것이 바람직하다. 공지사항은 매주 배울 내용에 대한 개요나 임박한 시험이나 과제의 마감 날짜에 대한 공지가 될 수 있다. 또한 학습자의 발전 사항에 대한 격려나, 컴퓨터 접속상의 문제, 수업일정의 변화, 특별한 행사 소개 등이 공지사항의 내용이 될 수 있다. 이때 최근 게시된 내용을 알 수 있는 영역을 설정하는 것도 잊지 말아야 한다.

## 11. 시기적절하며 의미 있는 피드백을 제공한다.

웹 기반 수업은 비동시적(asynchronous) 커뮤니케이션을 기반으로 운영된다. 따라서 학습자에게 시기적절한 피드백을 제공하는 것은 학습자의 적극적인 참여유발에 매우 중요하다. 또한 교수자의 피드백뿐만 아니라 학습자 간에도 시기적절한 피드백을 제공하는 것은 상호작용의 지속성에 영향을 미친다.

참여자들 간의 피드백은 시기적절성외에도 의미성이 있어야 한다. 즉 참여자들은 메시지에 대한 비판적 성찰과 숙고를 통해 교수자, 동료학습자에게 피드백을 제공해야 한다. 일반적으로 형식적인 피드백은 상대방에게 부정적 영향을 미치므로 이에 대해 신중히 고려한 후 피드백을 제공하도록 한다. 교수자가 피드백을 제공하는 경우 가능한 한 학습자에게 직접적인 부정적인 피드백은 제공하지 않도록 한다. 대신에 교수자는 더 많은 힌트나 간접적인 피드백을 제공해 줌으로써 학습자 스스로가 답을 수정할 수 있도록 돕는다. 교수자는 학습자가 올바른 답을 제시하는 경우 반드시 칭찬을 해주고 칭찬을 해 줄 때는 문제의 난이도 정도 등 구체적인 근거에 기초하는 것이 바람직하다.

## 12. 공식적/비공식적 게시판을 효과적으로 활용한다.

학습자와의 커뮤니케이션은 가능한 한 개인적인 이메일보다는 전체 학습자가 내용을 볼 수 있는 게시판을 활용한다. 게시판을 통해 커뮤니케이션을 하는 경우 교수자는 다양한 응답을 해 줄 수 있으며, 공식적인 공간을 통해 학습자를 격려해 줄 수 있어 동기유발에 효과적이다. 또한 학습자로 하여금 사이버공간에서 함께 하고 있다는 생각을 갖게 함으로써 소외감을 극복하게 하며 책임감을 갖게 한다.

공개적인 게시판의 활용은 소집단활동을 전체적으로 묶어낼 수 있는 역할을 수행한다. 즉 소집단별 토론결과를 게시판에 공지하여 모든 학습자가 공유할 수 있도록 하여 온라인 학습공동체를 형성하는 데 기여한다. 학습자들은 각 집단별 토론결과를 비교하면서 자신들의 잘못된 점을 수정할 수 있는 기회를 가질 수 있고, 발전적 사고의 틀을 창출할 수 있게 된다.

학습자들은 공식적인 게시판에 메시지를 공지하는 경우 이름이 남기 때문에 부담감을 느끼는 경우가 많다. 특히 교수자나 수업운영에 대한 비판에 대해서는 더욱 메시지를 탑재하기가 쉽지 않다. 또한 개인적인 상황이나 어려움에 대한 답변을 요청하는 경우에도 공식적인 게시판을 활용하는 것은 학습자에게 과다한 부담감을 갖게 한다. 따라서 교수자는 익명게시판을 효과적으로 활용함으로써 학습자의 부담감을 줄여주도록 한다. 특히 교수자는 수업운영과 관련된 학습자의 의견을 익명게시판을 통해 수렴함으로써 수업개선에 기여할 수 있다. 그러나 익명게시판이 학습자의 개인적인 공격과 같이 부정적으로 사용되지 않도록 주의한다.

## 13. 생동감 있는 수업을 전달한다.

사이버공간에서 이루어지는 수업의 단점으로 자주 언급되는 사항은 수업 참여자들 간의 유대관계 상실이다. 교실에서 얼굴을 맞대며 형성해 온 동료 학습자, 교수자와의 인간관계를 사이버공간에서 형성하기는 쉽지 않다. 특히 교수자의 음성 없이 텍스트와 이미지를 통해서만 수업이 이루어지는 경우 학습자는 교수자가 어떻게 수업내용을 전달하고 있는지 이해하기 어렵다. 또한 몸동작이나 얼굴표정이 전달하는 교육적 의미를 고려할 때 교수자의 수업 모습을 담고 있는 동영상이 제공되지 않을 때 학습자는 수업 참여자들과 소외되어 학습하고 있다는 인상을 받게 된다. 따라서 웹 기반 수업을 보다 '인간미' 넘치는 수업으로 만들기 위한 전략을 구상할 필요가 있다(Weiss, 2000).

예를 들면, 강의 어조에 변화를 제공한다. 동영상이나 오디오를 통해 수업을 진행하는 경우 변화 없이 전달하고자 하는 수업내용을 읽는 경우 학습자는 교실에서의 생생한 경험을 그리워하게 된다. 또한 학습자는 변화 없는 얼굴표정, 어조에 지루함을 느끼게 되며 이로 인해 학습의욕은 저하된다. 따라서 어조나 얼굴표정에 변화를 제공함으로써 역동적인 수업분위기를 조성한다. 텍스트를 통해 수업을 진행하는 경우는 이모티콘(emoticon)을 활용하는 것도 효과적이다. 예를 들면 ':-)'는 웃는 모습을 나타내며, ':-('는 찡그린 모습을 나타낸다. 이와 같이 이모티콘을 통해 전달되는 메시지의 의미를 보다 확실하게 해 주는 것도 수업에 활력을 줄 수 있다.

## 14. 실시간 의사소통의 기회를 제공한다.

웹 기반 수업은 비실시간 의사소통 방식에 의존하기 때문에 의사결정에 제한을 준다. 따라서 실시간 의사소통(synchronous communication)형태인 채팅을 적절히 활용하는 것도 효과적이다. 실시간 의사소통 방식은 교수자와 학습자간에도 필요하다. 웹 기반 수업은 컴퓨터를 매개로 의사소통이 이루어지기 때문에 교수자와 만날 수 있는 공간은 사이버공간 내밖에 없다. 학습자들은 교수자에게 질문 사항이 있다거나 도움이 필요할 때 일종의 게시판이나 일대일의 이메일을 사용한다. 게시판의 경우는 사적인 보호가 되지 않으며, 이메일의 경우는 비실시간 의사소통이기 때문에 교실에서 교수자와 학습자가 얼굴을 맞대며 이야기를 나누는 것과는 많은 차이가 있다. 따라서 교수자가 지정된 시간을 두고 가상적인 면담시간을 운영하는 것은 매우 효과적이다. 학습자들은 정해진 시간에 교수자와 접촉하면서 가지고 있던 질문을 제기하고 이에 대한 응답을 받을 수 있다. 결국 비실시간 의사소통 방식과 함께 실시간 의사소통의 적절한 이용은 웹 기반 수업의 한계를 극복하면서 효과적인 웹 기반 수업을 가져오는 하나의 전략이 될 것이다.

## 15. 기술적 지원 시스템을 구축한다.

웹 기반 수업은 인터넷 접속을 통해 수업참여가 이루어지는 만큼 기술적인 부분이 매우 중요하다. 특히 서버의 불안정으로 인한 중요 공지사항 전달 장애나 시험실시의 장애와 같은 문제는 학습자에게 심리적 불안감을 가중시킨다. 따라서 주기적인 점검으로 문제가 발생하지 않도록 하며, 장기적으로 보다 안정적인 서버구축을 확립하도록 한다(이인숙, 1999). 기술적 지원과 관련하여 학습자들이 경험하는 기술적 어려움을 통합하여 처리할 수 있는 시스템을 마련하는 것도 필요하다. 또한 학습자가 수업참여 과정에서 기술적인 문제가 발생할 때 교수자뿐만 아니라 기술적 지원을 담당하는 인력과 의사소통을 할 수 있도록 이메일 주소를 제공하며 빈번하게 제기되는 질문에 대해서는 FAQ를 마련하도록 한다. 또한 모든 질문이 게시판에 탑재되어 다른 학습자들도 유사한 질문에 대한 답변을 신속하게 제공받을 수 있도록 하여 수업의 장애를 제거하도록 노력한다.

## 16. 지속적인 모니터링을 실시한다.

웹 기반 수업은 하이퍼링크와 멀티미디어를 기반으로 운영된다. 따라서 URL 변경으로 하이퍼링크가 제대로 기능하지 못하거나 이미지 파일이 제대로 열리지 않는 경우 학습자들의 동기유발을 유지하기 어려워진다. 또한 제공한 동영상의 로딩 속도가 지나치게 오래 걸린다든지 텍스트의 오타는 없는지 등 지속적인 모니터링을 통해 학습자가 수업에 참여하는 데 장애가 없도록 해야 한다. 교수자는 교수자의 의도와 다르게 학습자가 이해하여 수행하는 결과에 대해서도 확인하여 이를 수정하도록 한다. 지속적인 모니터링은 수업의 질을 향상하는 데 기여하므로 필수적으로 수행하도록 한다.

# V. 결 론

웹 기반 수업은 다양한 장점으로 전통적인 수업장면에 새로운 가능성을 제공하면서 교육장면에서 폭넓게 활용되고 있다. 그러나 웹 기반 수업은 수업내용, 테크놀로지, 학습자의 수업환경에 대한 접근성과 편안함, 교수자의 역할변화에 대한 인식 등 다각적인 고려 없이 실행되었을 때 기대하는 효과를 낼 수 없다. 웹 기반 수업은 역동적이다. 웹 기반 수업의 활용은 교수방법뿐만 아니라 학습태도, 동기, 교수·학습에 대한 관심, 학습에 대한 접근 등에 변화를 주며 이러한 변화는 교수·학습의 효과에 영향을 줄 수 있다. 따라서 다양한 관련요인들에 대한 충분한 숙고와, 소개한 운영전략들의 효과적 활용을 통해 웹 기반 수업의 효과가 증대될 수 있을 것이다.

# 참고문헌

김미량 (2000). 웹 활용 수업 사례에 기초한 사이버 교수-학습운영의 기본 전략 및 향후 과제. **교육공학연구**, 16(1), 47-67.

나일주 편저 (1999). 웹 기반**교육**. 서울: 교육과학사.

박인우 (1999). 효율성의 관점에서 본 '가상대학'에 대한 비판적 검토. **교육공학연구**, 15(1), 113-132.

이인숙(1999). 웹 기반 수업의 운영전략. 나일주 편저. 웹 기반**교육**(pp. 165-175). 서울: 교육과학사.

이인숙 (2002). **e-러닝 사이버공간의 새로운 패러다임**. 서울: 문음사.

이종연 (2004). **교육공학의 이해와 적용**. 서울: 원미사.

이지연 (2002). 자기주도성 활성화를 위한 컴퓨터 컨퍼런싱의 교육적 활용에 대한 연구. **교육공학연구**, 18(4), 57-77.

이지연, 이재경 (2005). 이러닝의 개념화를 위한 일 고찰. Andragogy Today 8(3), 1-31.

이화여자대학교 멀티미디어교육원 (2002). **온라인 교수자를 위한 실천전략**.

한정선 (1999). 효율적인 가상교육 구현을 위한 제고. **교육공학연구**, 15(1), 331-354.

Creed, T. (1997). PowerpPoint, no! Cyberspace, yes. *National Teaching and Learning Forum, 6*(4), 5-7.

Eastmond, D. V. (1995). *Alone but Together: Adult Distance Study through Computer Conferencing*. Cresskill, NJ: Hampton Press, Inc.

Gilbert, N.J., & Driscoll, M. P. (2002). Collaborative knowledge building: A case study. *Educational Technology Research and Development, 50*(1), 59-79.

Hanna, D. E., Dudka, M.G., & Runlee, S.C. (2000). *147 practical tips for teaching online groups*. Madison, WI: Atwood Publishing.

Harasim, L. M. (1990). Online education: An environment for collaboration and intellectual amplification. In L. M. Harasim (Ed.), *Online Education: Perspectives on a New Environment* (pp.39-64). New York: Praeger.

Henri, F., & Rigault, C. R. (1996). Collaborative distance learning and computer conferencing. In T. T. Liao (Ed.), *Advanced Educational Technology: Research Issues and Future Potential* (pp.45-76). Berlin: Springer-Verlag.

Jolliffe, A., Ritter, J., & Stevens, D. (Eds.), (2001). *The online handbook: Developing and using web-based learning.* London: Kogan Page Ltd.

Jonassen, D. H. (1999). Designing constructivist learning environment. In C. M. (Ed.), *Instructional-Design Theories and Models* (Vol. II). Mahwah, NJ: Lawrence Erlbaum Associates.

Kearsley, G. (1999). *Online education: Learning and teaching in cyberspace.* Belmont, CA: Wadsworth Publishing.

Khan, B. H. (Ed.), (1997). *Web-based instruction.* NJ: Educational Technology Publication.

McKeachie, W. J. (2002). *McKeachie's teaching tips* (11th ed.). Boston, MA: Houghton Mifflin Company.

Relan, A., & Gillani, B. B. (1997). Web-based instruction and the traditional classroom: Similarities and differences. In B, H. Khan (Ed.), *Web-based instruction* (pp.41-46). NJ: Educational Technology Publication.

Rudestam, K.E., & Schoenholz-Read, J. (2002). *Handbook of online learning.* Thousand Oaks, CA: Sage Publications.

Saba, F., & Shearer, R. L. (1994). Verifying key theoretical concepts in a dynamic model of distance education. *The American Journal of Distance Education, 8*(1), 36-59.

Scardamalia, M., & Bereiter, C. (1994). Computer support for knowledge-building communities. *The Journal of the Learning Science, 3*(3), 265-283.

Weiss, R. E. (2000). Humanizing the online classroom. In R.E. Weiss, D.S., Knowlton,

& B.W. Speck (Eds.), *Principles of effective teaching in the online classroom* (pp.47-51). New Directions for Teaching and Learning 84, Winter. San Francisco, CA: Jossey-Bass.

**웹 기반 환경교육 웹사이트**

Jason Foundation for Education

http://www.jasonproject.org/jason_home/home.htm

EnviroLink

http://www.envirolink.org/

Environmental Education on the Internet (EE-LINK)

http://eelink.net/pages/EE-Link+Introduction

국립환경연구원

http://edu.me.go.kr/env2/link/index.html

눈높이 환경교실

http://edu.me.go.kr/

# 웹 기반의 생태친화적인 교과 간 통합 환경교육 방안
## -교수 · 학습의 효과분석과 개선논의를 중심으로 -

# Ⅰ. 서 론

공교육 체제의 학교 현장에서 환경교육을 실시한지 이미 오래되었지만 환경교육의 효과에 대한 학생들의 인식과 사회적 여론이 호의적이지는 않은 것 같다. 물론 여기에는 여러 가지 다층적인 원인이 작용하고 있을 것이다. 하지만 분명한 사실 하나는 환경교육이 그저 그러한 교육으로 각인되지 않도록 하기 위한 다방면의 노력이 계속 지속되어야 한다는 점이다. 본 연구는 이러한 노력의 일환으로 연구되었다. 논제에서 볼 수 있는 바와 같이, 기존의 환경교육에 대한 실태 분석을 토대로 하여 홈페이지와 창의적 재량활동 시간을 활용한 교과 간 통합적 환경교육 개선 방안을 모색하는 데 목적이 있다.

창의적 재량활동 범교과 시간을 통한 환경교육의 통합적 접근이 소기의 성과를 거두기 위해서는 교수·학습 방법이 학생들의 학습매체 선호나 취향과 부합되어야 할 것이다. 7차 교육과정에서 교육부가 정보통신기술(Information Communication Technology)을 활용한 교수·학습 방법을 적극 권장하게 된 근본적인 취지도 바로 이러한 맥락에서 비롯한다. 이 점에 착안하여 통합적 환경교육의 활성화 및 효과 제고의 방안으로서 웹 기반의 홈페이지 활용 교수·학습 방법적 접근을 시도할 것이며, 이러한 방법적 접근을 통해 환경교육에 대한 기존의 비판적 시각을 극복할 수 있을 것으로 보인다. 오프라인(off-line) 공간의 교실 환경교육 수업에서 홈페이지에 탑재된 다양한 학습 자료는 다른 방법적 접근으로는 불가능한 풍부한 교수·학습 자료를 제공할 수 있으며, 또한 홈페이지 활용 온라인(on-line) 학습관리체제(Learning Management System)의 필수 구성 요소인 전자게시판, 온라인 대화, 메모판, 전자메일, 화상채팅방 등은 수업 종료 후 교수자와 학습자 혹은 학습자 상호간의 동시/비동시의 상호작용의 유도를 통해 학습자의 자기 조절 학습 능력을 촉진하는 데 유용한 교수-학습 방법이기 때문에 기존의 환경교육과는 달리 범교과적 환경교육의 효과를 최대한 보장할 수 있을 것이다. 따라서 웹 기반(Web-Based)의 인터넷 홈페이지를 활용한 창의적 재량활동 범교과 영역 환경교육 교수학습 과정안의 작성과 학습자료 제작 및 교수·학습의 수행은 학생들의 역동적이고 다양한 욕구를 충족시켜 줄 수 있을 것으로 생각된다.


# II. 이론적 배경


## 1. 교과 간 통합적 환경교육에서 홈페이지 기반 교수학습의 필요성

창의적 재량활동 범교과 영역은 7차 교육과정부터 새롭게 신설된 영역이다. 교육부는 창의적 재량활동 범교과 시간에 적당한 교육 내용으로 민주시민교육, 인성교육, 환경교육, 경제교육, 에너지 교육, 보건교육, 근로정신 함양 교육, 장애인 이해교육, 성교육, 진로교육, 통일교육, 한국 문화 정체성 교육, 국제이해 교육, 해양교육, 안전교육, 소비자교육, 정보화 및 정보윤리교육 등을 들고 있다.[51] 이러한 영역들은 모두 다른 일반 교과교육에서 부분적으로 다루어지고 있는 것들이다. 따라서 창의적 재량활동 범교과 시간을 활용하여 교과 간 통합적 접근을 한다면 교육의 효과는 훨씬 증폭될 수 있을 것이다. 하지만 현실은 그렇지가 못하다. 수업시간에 직접 유용하게 활용할 수 있는 학습 프로그램이 부족한 연유로 사실은 내실 있게 이루어지지 못하고 있는 실정이다.

환경교육의 경우도 예외는 아니다. 한국환경교육학회, 한국학술진흥재단, 교육부, 한국교육학술정보원 등에서 나온 각종 환경교육 관련 연구 결과를 살펴보면 다음과 같은 공통된 한계를 지적할 수 있다. 즉 대부분 창의적 재량활동 범교과 영역 통합적 환경교육 교수학습프로그램 개발에 참고 자료로 활용될 수는 있으나 수업 시간에 곧바로 쓸 수 있는 학습 자료는 아니다. 예를 들면 다음과 같은 연구결과들 "환경 교수학습법에 대한 과학과와 사회과 교사들의 인식(2001)", "환경 의사결정교육의 교수·학습 방법(2001, 3)", "지역 환경문제 해결을 위한 시뮬레이션 게임 설계(2001)", "환경 교육에서 과학적 지식과 윤리적 가치의 관계(1997)", "환경교육 차원에서 검토된 중학교 과학 자연환경과 우리(2002)" 등의 논문은 창의적 재량활동 범교과 영역의 환경교육 수업모형을 개발하는 데 유용한 자료들이긴 하나 교육현장의 담당 교사들이 재량활동 시간에 직접 활용할 수 있는 교수·학습 프로그램은 아니다.

또한 인터넷을 통해 조사해 본 창의적 재량활동연구회 홈페이지의 컨텐츠 역시 풍부하다거나 다양하지 못하다. 요컨대 초등재량활동교육연구회[52]는 독서교육, 보건교육, 통일교육, 환경교육 등 여러 영역으로 나누어 사이트를 개설해 놓았으나 아직도 수업시간에 실질적으로 활용할 수 있는 교수 학습 자료나 수업프로 그램은 절대 부족한 실정이다. 특히 웹 기반의 환경교육 교수·학습프로그램은 거의 보이지 않는다. 그리고 교사 한 사람이 여러 과목을 담당하고 있어서 통합교과적 접근이 비교적 용이한 초등학

---

51) 교육인적자원부, 『재량활동 교육과정 편성·운영의 실제』 p. 33.
52) http://jae.ict.or.kr/

교 중심의 학습프로그램 개발에 머물고 있으며, 중·고등학교 창의적 재량활동 범교과 영역 환경교육 프로그램 개발은 현실적으로 극히 부진한 상태로 여겨진다. 아직도 대부분의 연구회는 교과 교육 중심의 학습 프로그램 개발에 치중하고 있으며, 이러한 결과는 개별 교과 중심의 교육과정 편제하에서 창의적 재량활동 영역이 본래의 7차 교육과정 편성취지와는 다르게 표류하게 되는 원인을 제공하고 있다. 따라서 창의적 재량활동 범교과 영역의 교수·학습 방안의 개발은 시급히 해결되어야 할 과제임이 분명하다. 이런 문제점을 숙지하여 실제 창의적 재량활동 범교과 학습 시간에 효과적으로 활용할 수 있는 통합적 환경교육 프로그램을 개발·제작하여 교실 수업현장에 적용할 수 있는 교수·학습 방법론으로 안착시켜야 할 것이다. 창의적 재량활동 범교과 영역 시간을 활용한 환경교육 역시 이러한 현실적 상황에 직면해 있다고 볼 수 있다. 실제 학교 교실 수업현장에서 창의적 재량활동 범교과 학습 영역의 환경교육 수업시간에 활용할 수 있는 교수학습 과정안이나 학습 자료가 절대적으로 부족하다는 점이다. 학교 현장의 직접적인 요구가 반영된 학교 수업시간에 활용할 수 있는 프로그램은 거의 찾아볼 수가 없다고 해도 과언이 아니며, 특히 창의적 재량활동 범교과 영역을 위한 프로그램은 거의 없다고 할 수 있으며, 이러한 프로그램 및 교수 학습 자료의 부족으로 인해 일선 교사들은 창의적 재량활동 시간 맡기를 싫어하는 현황이다. 자기 담당과목만이 아니라 재량활동 수업 프로그램까지 마련해야 하는 이중 부담에 시달려야 하기 때문에 될 수 있으면 맡지 않으려고 하는 경향이 있다. 학교의 일선 교사들은 자기 교과목 중심으로 교수·학습안을 짜는 데 몰두하고 있고, 대학의 인력은 전문적 연구에 몰두하고 있는 사이에 7차 교육과정의 핵심 영역의 하나인 창의적 재량활동 범교과 학습 영역은 제자리를 잡지 못한 채 흔들리고 있는 실정이다. 학교 환경교육은 개별 교과별로 따로 이루어져 왔으며 학습 자료와 수업 프로그램 개발 역시 개별 교과적 차원에서만 이루어져 왔으며, 창의적 재량활동 용 범교과 영역 환경교육 학습 프로그램 개발에까지 여력이 미치지 못하고 있다. 반면에 현실적으로는 창의적 재량활동 범교과 영역 시간에 활용할 수 있는 통합적 환경교육 교수 학습 프로그램의 개발은 시급한 실정이다. 따라서 수업을 직접 맡고 있거나 담당할 교사 및 연구 단체가 중심이 되어서 창의적 재량활동 환경교육 시간에 유용하게 활용할 수 있는 교수·학습 자료 및 방법의 개발이 요구된다.

 그런데 위와 같은 창의적 재량활동을 통한 환경교육의 통합적 접근이 소기의 교육효과를 거두기 위해서 염두에 두어야 할 점은 교수·학습 방법적 접근에 있어 학습매체에 대한 학생들의 성향을 정확히 파악하여 반영하는 것이다. 근래 학생들은 아날로그 매체에 의거한 정적인 수업보다는 디지털 매체를 활용한 입체적인 수업을 훨씬 선호한다. 이런 점에서 웹 기반의 홈페이지 및 온라인 활용 교수-학습 방법은 학습객체(learning object)로서의 효율적 학습체제 구성을 통해 학생들의 수업효과를 제고시키려는 방법적 접근에 있어 매우 효과적 방안이 될 수 있을 것이다. 웹 기반 교수-학습은 학습자 중심의 교육 패러다임 변화를 수용할 수 있는 교육 형태로서 시간과 공간의 제약이나 집합교육의 한계를 벗어나 학습자의 수요와 요구에 맞는 열린학습을 유도하고 상호작용을 끌어낼 수 있다는 장점 때문에 교육 방법적 효과의 잠재력이 무한한 것으로 평가받고 있지만,[53] 그 실질적 결과를 산출해 내기 위해서는 우수한 웹 기반 교수-학습 체제 또는 웹 기반 프로그램을 개발하는 일이 우선적으로 요구된다. 웹 기반 학습환경에서의 교수 학습설계의 근간이 되는 학습의 모형은 분류 기준에 따라 일반적으로 다음과 같이 나누어 볼 수 있다. 즉 교육철학적 특성에 따른 모형으로는 행동주의/구성주의 모형이 있으며,[54] 학습활동에 따른 모형에는 정보검색/지식구성/ 협력학습모형이 있고, 교수자의 역할에 따른 모형에는 강의/촉진/관리모형이 있으며, 구조적 융통성에 따른 모형에는 폐쇄적/개방적 모형 등을 들 수 있다.[55] 또한 웹 기반 학습환경에서 교수·학습설계의 근간이 되는 대표적인 학습의 유형에는 문제해결학습(PBL), 프로젝트 학습(Projecti), 팀학습(team-teaching) 등을 열거할 수 있다. 그런데 이러한 학습모형과 유형은 학습하는 방법에 대한 학습(Learn how to learning) 공통적으로 중시한다. 즉 학습내용이 가벼운 암기나 간단한 정보의 이해와 같은 단순 수준의 사고기능을 필요로 하는 것이 아니라 고차원적 사고, 이른바 가용학습자원(학습자의 역량, 시간, 학습자료 등)을 최대한 활용해서 학습 프로세스를 스스로 성공적으로 수행할 수 있도록 하는 인지전략 혹은 메타인지전략에 초점을 맞춘다. 학습자가 지식정보화 사회를 살아가

---

53) 나일주 편저, 『웹 기반 교육』, 교육과학사, 1999, pp. 14-15
54) 정인성 외, "열린원격교육과 정보통신공학", 『교육공학연구』, 14호 1권, 1998, p. 163-186.
55) 최성우 외, 『온라인네트워크를 이용한 교육효과 분석』, 미간행보고서, 한국학술진흥재단, 1997.

면서 직면하게 되는 다양한 학습상황에서 실행학습(Learning-by-doing)이라는 일련의 활동을 통해 고차원적 사고전략 수행능력(Performance)을 제고할 수 있도록 하기 위한 방법적 접근을 추구한다.

지식정보화 사회의 인간상은 평생학습을 통해 자신의 직업적 소양과 능력을 끊임없이 갱신해야 함을 의미한다. 전통적인 학교의 기능으로서의 지식전달 방법은 조금은 낙후된 느낌이 없지 않으며, 또한 정보화, 세계화, 다양화 시대에 적절한 학교의 기능, 교육내용, 교육방법(교수·학습방법)의 측면에서 볼 때 부족함이 많다. 교육내용과 방법의 패러다임 변화와 맥을 같이하는 정보통신기술 활용 교육은 이러한 문제점을 보완해 줄 수 있는 교수·학습 방법론으로 대두되었고, 이미 교실의 수업현장에 어느 정도 정착되고 있다. 하지만 교사와 학생들의 교실 수업 환경 내에서의 몇 가지 염려스러운 점이 있다면, 정보통신기술 활용 교육 자체만으로는 교실 수업 과정에서의 정보 습득 및 처리 과정이 지식의 학습과정으로 곧바로 연결될 수 없다는 점과 아무리 많은 정보를 신속·정확하게 접속하고 교류한다 해도 그것이 학습활동을 통하여 학습자의 학습세계로 이입됨으로써 통합된 완전한 학습경험으로 승화되는 일이 결코 쉽지 않다는 점이다.

그렇다면 이러한 염려스러운 면을 극복할 수 있을 뿐만 아니라, 시대적 흐름에 부응하면서도 학습자의 다양한 요구를 최대한 충족시켜 줄 수 있는 몇 가지 방안을 제시해 본다면 ① 정보통신기술을 이용하여 보다 더 생생한 정보를 접하게 함으로써 학습자의 사고과정을 활성화시켜 줄 수 있는 e-learning 형태의 교수·학습 방법 ② 학습자의 수준 및 개성, 그리고 요구에 맞는 정보의 선택, 활용, 공유, 창출에 효과적인 질문/비판/대화/협동을 촉진시켜 줄 수 있는 다양한 커뮤니티 제공 ③ 정보탐색과 지식생산의 주체인 학습자가 일련의 역동적 학습과정을 전개(고차원적인 상상력, 창조력, 문제해결능력 신장)시킬 수 있는 생생한 교육의 장 마련 등을 들 수 있다. 이런 점에서 전통적학습환경 및 매체와 비교해서 웹 기반의 홈페이지가 가지고 있는 다양한 특성들은 협력학습을 촉진할 뿐만 아니라, 학습자의 자발적이고 적극적인 개별화 학습을 유도할 수있다. 또한 학습환경유형(웹 기반 홈페이지 학습 환경)과 학습유형(협력/개별학습)이 학습효과에 미치는 영향과 상호작용을 고려해 볼 때, 웹 기반의 홈페이지를 활용한 협력적 학습은 교육효과 증대를 위한 유익한 학습전략이 될 수 있을 것이다.

## 2. 현행 환경교육에 대한 학생들의 반응 및 요구 실태 분석

중학생의 환경교육에 대한 실태분석과 중학생들의 환경의식과 환경태도가 반영된 성별에 따른 요구를 설문조사한 후 결과를 분석하고, 그 분석결과를 환경교육의 교수 학습 내용 및 방법에 대한 요구 사항에 비추어 논의해 볼 것이다.

### 1) 연구대상

본 연구는 부산광역시 소재 3개 교육청에 소속된 중학교 남녀 학생들을 모집단으로 하여 대표성 확보를 위해 무선 표집을 하였다. 선정된 학생들을 학교별, 성별, 학년별로 550명을 대상으로 설문조사를 실시한 후 미 회수 및 부분 미 응답자를 제외한 509부를 통계처리에 사용하였다. 표집현황은 아래의 〈표 2〉와 같다.

〈표 2〉 연구대상의 표집분포

| 배경변인 | | 인원(명) | 백분율(%) |
|---|---|---|---|
| 성 별 | 남 | 265 | 52.1 |
| | 여 | 244 | 47.9 |
| 지 역 별 | A 교육청 | 295 | 58.9 |
| | B 교육청 | 111 | 21.8 |
| | C 교육청 | 98 | 19.3 |
| 학교유형 | 남학교 | 112 | 22.0 |
| | 여학교 | 95 | 18.7 |
| | 남녀공학 | 302 | 59.3 |
| 학 년 별 | 1학년 | 173 | 34.0 |
| | 2학년 | 336 | 66.0 |
| 합 계 | | 509 | 100.0 |

### 2) 자료의 처리 및 해석

본 연구를 위한 설문지의 자료 처리와 분석은 다음과 같다. 배경변인에 따른 인식과 실태 분석을 위해 설문지의 각 문항에 대해 학생 자신들의 생각과 가장 일치하는 항목에 대한 반응을 조사하였고, 자신의 의견과 일치하지 않는 경우에는 구체적으로 서술하도록 하였다. 중학생의 환경교육 실태분석에 따른 요구 차이 분석을 위한 통계처리는 SPSS/PC+ 통계 프로그램을 이용하였으며, 환경교육 실태에 관한 문항은 반응 빈도와 백분율을 산출한 후 결과를 분석하였다.

## 3. 학교 환경교육 교수·학습의 실태분석

### 1) 환경교육 교수-학습 자료에 대한 실태분석

학교에서 환경교육을 받을 때 주로 활용되었던 학습 자료를 묻는 질문의 결과는 〈표 3〉과 같다.

〈표 3〉 환경교육 교수-학습자료

| 응답 내용 | | 빈　도 | 백 분 율(%) |
|---|---|---|---|
| 환경교육<br>교수-학습 자료 | 애니메이션, CD, DVD | 73 | 14.5 |
| | 비디오 | 251 | 49.8 |
| | 실물화상기, OHP | 17 | 3.4 |
| | 파워포인트(PPT) | 25 | 5.0 |
| | 교과서, 신문, 만화 | 73 | 14.5 |
| | 학습지, 교사의 설명 | 70 | 12.8 |
| | 합계(%) | 509 | 100.0 |

환경교육 시에 주로 활용된 학습 자료는 비디오(49.8%)가 거의 절반을 차지하였으며, 다음으로 애니메이션, CD·DVD(14.5%)와 교과서·신문·만화자료(14.5%)가 비슷하게 사용되고 있고, 학습지나 교사의 설명(12.8%), 파워포인트(5.0%), 실물화상기나 OHP자료(3.4%) 등이 조금 사용되고 있었다.

2) 환경교육 교수-학습 방법에 대한 실태분석

학교에서 환경교육을 받을 때 주로 사용하는 교수-학습방법을 묻는 질문의 결과는 〈표 4〉과 같다.

〈표 4〉 환경교육 교수-학습 방법

| 응답 내용 | | 빈 도 | 백분율(%) |
|---|---|---|---|
| 환경교육 교수-학습 방법 | 교사의 설명식 | 373 | 74.2 |
| | 질문하고 답하기 | 63 | 12.5 |
| | 주제별 토론식 | 13 | 2.6 |
| | 자료조사/발표하기 | 6 | 1.2 |
| | 문제해결학습(PBL) | 8 | 1.6 |
| | 기타 | 46 | 7.9 |
| | 합계(%) | 509 | 100.0 |

교수-학습 방법에 있어서 우선 전통적인 교사의 설명식 수업이 특별히 높았고 (74.2%), 다음으로 교사와 학생의 질의응답(12.5%), 주제별 토론식 수업(2.6%), 정보 탐색/발표하기(1.2%), 문제해결학습(1.6%) 등의 순으로 나타났다. 이 외에 비디오 시청하기, 학습지 풀기, 선생님의 이야기, 만화책 보기, 사진자료 보기, 실습하기, 설문지 사용 등이 있었다.

3) 환경교육 실시 시간에 대한 실태분석

현재 학교에서 환경교육을 받고 있은 시간을 묻는 질문의 결과는 〈표 5〉와 같다.

〈표 5〉 환경교육 실시 시간

| 응답 내용 | | 빈 도 | 백분율(%) |
|---|---|---|---|
| 학습시간 | 교과관련 수업시간 | 169 | 33.3 |
| | 특별활동, 재량활동시간 | 197 | 38.9 |
| | 학급조회나 종례시간 | 5 | 1.0 |
| | 아침 자율학습시간 | 11 | 2.2 |
| | 특별한 시간에 가끔 | 93 | 18.3 |
| | 기타 | 34 | 6.3 |
| | 합계(%) | 509 | 100.0 |

환경교육 실시 시간은 특별활동시간이나 재량활동시간(38.9%), 기술·가정, 과학, 도덕, 사회 등과 같은 교과관련 수업시간(33.3%), 특별한 시간에 가끔(18.3%) 순으로 나타났다. 이는 환경교육을 실시하고 있는 경우 대부분의 학교에서 주로 특별활동 시간이나 재량활동 시간을 활용하고 있음을 알 수 있다.

### 4) 환경교육 내용의 만족도에 대한 실태분석

학교에서 실시되고 있는 환경교육 내용에 대한 만족도의 조사 결과는 〈표 6〉과 같다.

**〈표 6〉 환경교육 내용에 대한 만족도**

| 응답 내용 | | 빈 도 | 백분율(%) |
|---|---|---|---|
| 환경교육 내용에 대한 만족도 | 매우 만족 | 16 | 3.1 |
| | 만족 | 50 | 9.8 |
| | 보통 | 329 | 64.6 |
| | 불만 | 44 | 8.7 |
| | 매우 불만 | 70 | 13.8 |
| | 합계(%) | 509 | 100.0 |

학교 환경교육의 내용에 대한 만족도는 매우 만족 (3.1%), 만족(9.8%), 보통(64.6%), 불만(8.7%), 매우불만(13.8%)의 순으로 응답했다. 긍정적으로 반응(12.9%)한 응답자보다 부정적으로 반응(22.5%)한 응답자가 훨씬 더 많음을 알 수 있다. 특히 64.6%에 달하는 보통이라고 답한 학생의 수와 22.5%에 이르는 불만의 수치가 만족의 수치보다 높게 나온 데에 대한 개선방안을 모색할 필요가 있을 것이다.

이로부터 현재 중학교 환경교육 내용에 대한 학습자의 요구수준의 다양성과 개인차를 추론해 낼 수 있고, 또한 학습자의 요구수준을 고려한 교육내용이 선정되어야 함을 알아낼 수 있다.

5) 환경교육 방법의 만족도에 대한 실태분석

학교에서 배우고 있는 환경교육 방법에 대한 만족도를 묻는 질문의 결과는 〈표 7〉과 같다.

〈표 7〉 환경교육 방법에 대한 만족도

| 응답 내용 | | 빈 도 | 백분율(%) |
|---|---|---|---|
| 환경교육 방법에 대한 만족도 | 매우 만족 | 13 | 2.6 |
| | 만족 | 65 | 12.8 |
| | 보통 | 315 | 61.7 |
| | 불만 | 41 | 8.1 |
| | 매우 불만 | 75 | 14.8 |
| | 합계(%) | 509 | 100.0 |

환경교육 방법에 대한 만족도는 매우 만족(2.6%), 만족(12.8%), 보통(61.7%), 불만(8.1%), 매우 불만(14.8%)으로 응답했다. 긍정적으로 반응한 응답자(15.4%) 보다 부정적으로 반응한 응답자(22.9%)가 더 많았고, 〈표 3〉에 나타난 교수-학습내용에 대한 만족도와 비슷한 반응 결과를 보이고 있다. 현행 중학교에서 실시하고 있는 환경교육의 교수-학습 내용이나 방법은 학생들의 욕구를 충족시켜주지 못하고 있음을 알 수 있다.

# Ⅲ. 범교과적 환경교육을 위한 홈페이지 개발의 실제

홈페이지 구성에서 중요한 것은 학생들이 흥미를 가지고 학습에 능동적으로 참여할 수 있도록 하기 위한 정보 접근의 용이성을 높이는 것이다. 따라서 메인화면은 학습내용이 효과적으로 전달될 수 있도록 구성했을 뿐만 아니라 주의를 집중할 수 있도록 디자인하였으며 이용자의 편의를 위해 홈페이지 오른쪽에 주메뉴를 아래쪽은 주메뉴에 필요한 배너를 만들어 두었다.

| 영역 | 홈 페 이 지  화 면 | 자 료 화 면(예시) | 건수 |
|---|---|---|---|
| 수업지도안 | 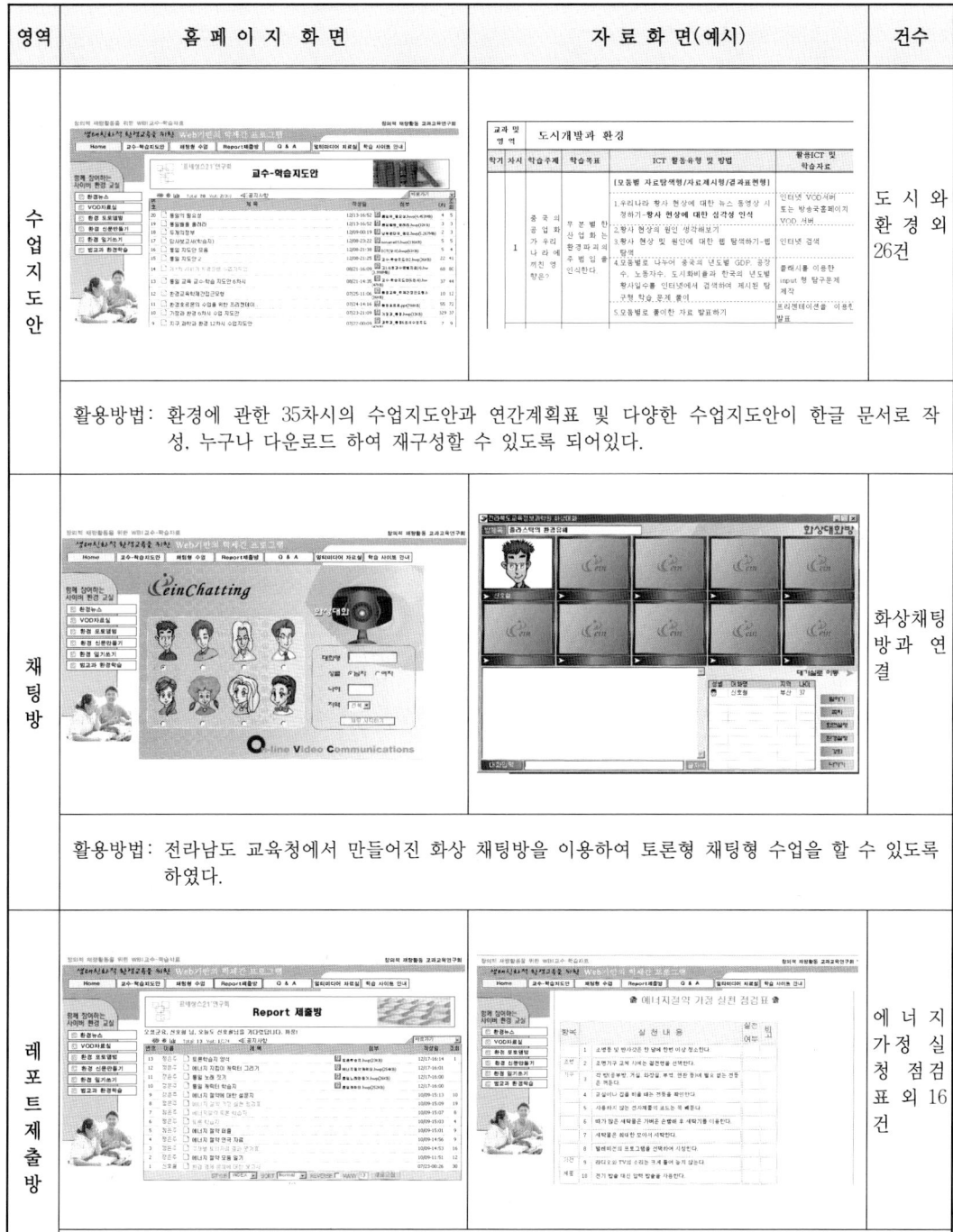 | | 도 시 와 환 경 외 26건 |
| | 활용방법: 환경에 관한 35차시의 수업지도안과 연간계획표 및 다양한 수업지도안이 한글 문서로 작성, 누구나 다운로드 하여 재구성할 수 있도록 되어있다. | | |
| 채팅방 | | | 화상채팅방과 연결 |
| | 활용방법: 전라남도 교육청에서 만들어진 화상 채팅방을 이용하여 토론형 채팅형 수업을 할 수 있도록 하였다. | | |
| 레포트제출방 | | | 에 너 지 가 정 실 청 점 검 표 외 16 건 |
| | 활용방법: 각종 학습지, 퍼즐, 설문지, 연극 자료 등 리포트 제출에 필요한 학습지 형태를 만들어 두고 프린트하여 사용하거나 웹상에서 입력이 가능하도록 구성하였다. | | |

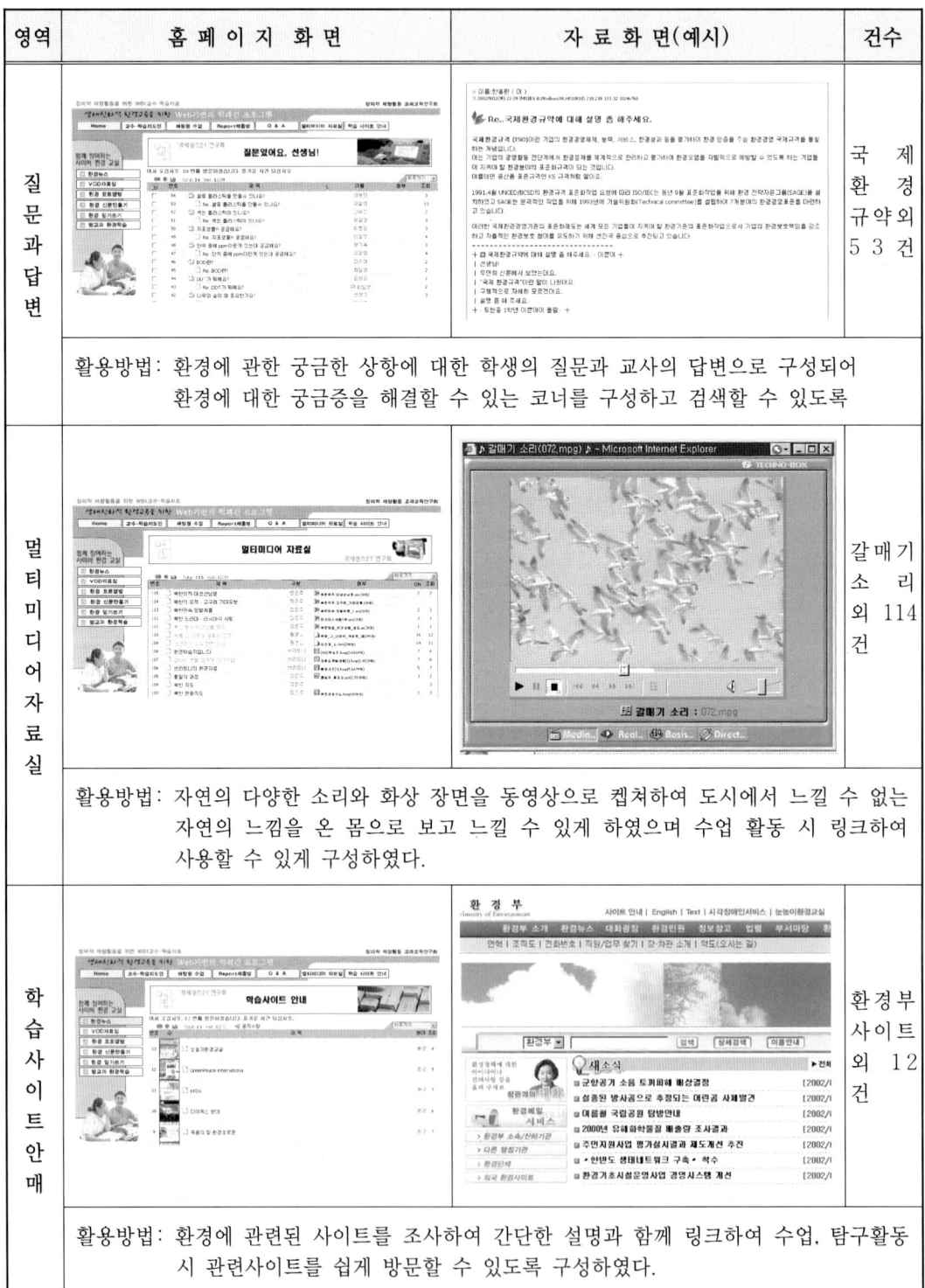

| 영역 | 홈 페 이 지 화 면 | 자 료 화 면(예시) | 건수 |
|---|---|---|---|
| 질문과답변 | | | 국제환경규약 외 53건 |
| | 활용방법: 환경에 관한 궁금한 상항에 대한 학생의 질문과 교사의 답변으로 구성되어 환경에 대한 궁금증을 해결할 수 있는 코너를 구성하고 검색할 수 있도록 | | |
| 멀티미디어자료실 | | | 갈매기소리 외 114건 |
| | 활용방법: 자연의 다양한 소리와 화상 장면을 동영상으로 켑쳐하여 도시에서 느낄 수 없는 자연의 느낌을 온 몸으로 보고 느낄 수 있게 하였으며 수업 활동 시 링크하여 사용할 수 있게 구성하였다. | | |
| 학습사이트안매 | | | 환경부사이트 외 12건 |
| | 활용방법: 환경에 관련된 사이트를 조사하여 간단한 설명과 함께 링크하여 수업, 탐구활동 시 관련사이트를 쉽게 방문할 수 있도록 구성하였다. | | |

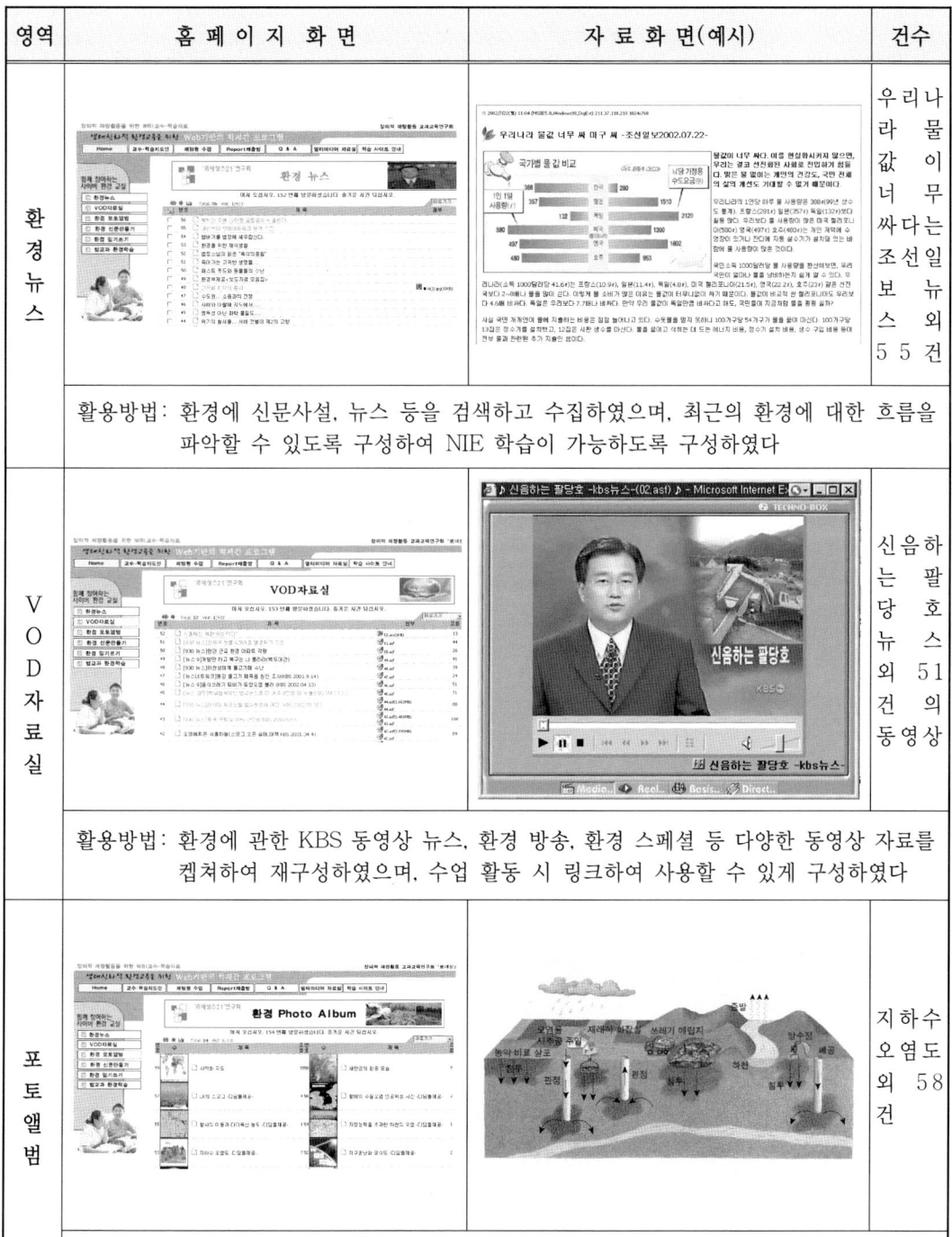

| 영역 | 홈 페 이 지 화 면 | 자 료 화 면(예시) | 건수 |
|---|---|---|---|
| 환경 뉴스 | | | 우리 나라 물값 이 너무 싸다 는 조선 일보 외 55 건 |
| 활용방법: 환경에 신문사설, 뉴스 등을 검색하고 수집하였으며, 최근의 환경에 대한 흐름을 파악할 수 있도록 구성하여 NIE 학습이 가능하도록 구성하였다 |||
| VOD 자료 실 | | | 신음 하 는 팔당 호 뉴 스 51 외 건 동영상 의 |
| 활용방법: 환경에 관한 KBS 동영상 뉴스, 환경 방송, 환경 스페셜 등 다양한 동영상 자료를 캡쳐하여 재구성하였으며, 수업 활동 시 링크하여 사용할 수 있게 구성하였다 |||
| 포 토 앨 범 | | | 지하수 오염도 외 58 건 |
| 활용방법: 환경에 관련된 사진을 수집, 게시하여 수업 시 직접 또는 보조 자료로 활용이 가능하도록 구성하였다. |||

| 영역 | 홈 페 이 지 화 면 | 자 료 화 면(예시) | 건수 |
|---|---|---|---|
| 환경신문만들기 | 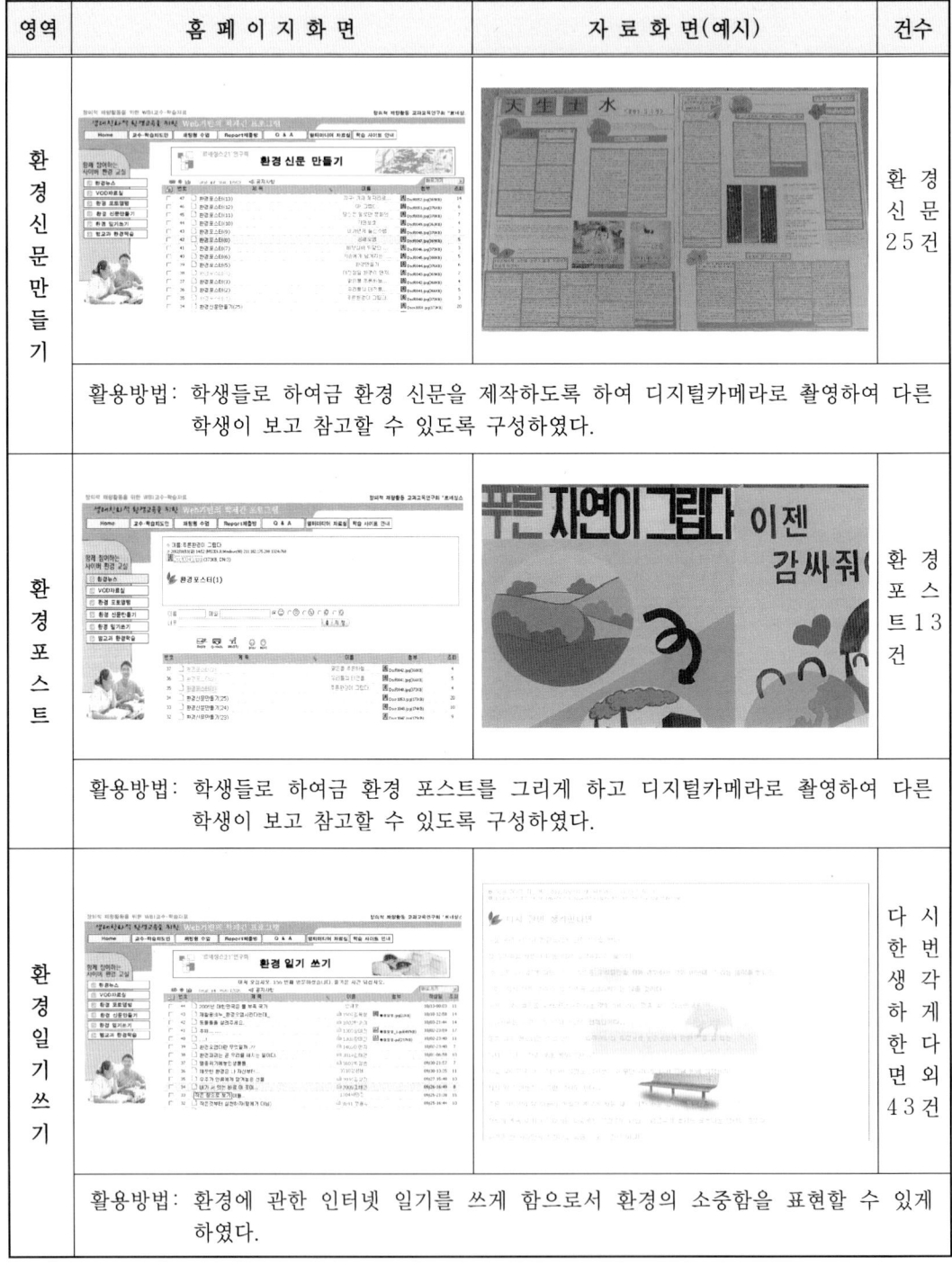 | 환경신문 25건 | |
| | 활용방법: 학생들로 하여금 환경 신문을 제작하도록 하여 디지털카메라로 촬영하여 다른 학생이 보고 참고할 수 있도록 구성하였다. | | |
| 환경포스트 | | 환경포스트 13건 | |
| | 활용방법: 학생들로 하여금 환경 포스트를 그리게 하고 디지털카메라로 촬영하여 다른 학생이 보고 참고할 수 있도록 구성하였다. | | |
| 환경일기쓰기 | | 시번각게다외한면 43건 다한생하한면 | |
| | 활용방법: 환경에 관한 인터넷 일기를 쓰게 함으로서 환경의 소중함을 표현할 수 있게 하였다. | | |

1) 수업 지도안 및 리포트 제출방: 교사들이 창의적 재량활동 범교과 환경수업 시간에 직접적으로 활용할 수 있는 환경에 관한 35차시의 수업지도안과 연간계획표 및 다양한 수업지도안이 한글 문서로 작성되어 있어 누구나 다운로드하여 재구성할 수 있도록 되어 있다. 또한 학생들과 교사들이 만든 환경관련 다양한 형태의 리포트 양식이 개발되어 리포트 제출방에 되어있어서 환경수업과 관련된다.

2) 채팅방 운영: 홈페이지에 채팅 방을 개설하여 다른 학생들과 대화를 통하여 항상 마음대로 글을 남길 수 있는 토론방이 운영되고 있다. 채팅방만으로 운영할 경우에 대화한 내용을 남기기 어렵고 시간이 지나 다시 볼 수 없다는 단점이 있어 게시판 형태의 토론방을 운영한 것이다. 제시된 주제 가운데 선택하여 자신의 견해를 적고 다른 학생의 생각에 댓글을 달아보도록 하였다. 이 같은 토론방 운영을 통해 학생들의 환경 문제에 대한 견해를 잘 파악할 수 있었고, 환경 문제 해결에 대한 다양한 대안을 스스로 생각해 볼 수 있는 기회를 가질 수 있었다.

3) 환경신문, 환경일기, 환경포스트: 학생들로 하여금 환경수업 시간 및 탐구조사활동을 통하여 습득한 내용을 토대로 하여 환경 신문, 환경 포스트, 환경일기를 제작한 후 디지털카메라로 찍어서 홈페이지에 탑재함으로써 다른 학생이 참고할 수 있도록 하였을 뿐만 아니라 상호 모니터링도 할 수 있도록 구성하였다.

4) 질문과 답변 코너 운영: 홈페이지에 Q&A 코너를 설치하여 언제나 마음대로 질문과 답변 형태로 글을 남길 수 있도록 하였다. 채팅 방만으로 운영할 경우에 질의와 답변을 통해 대화한 내용을 남기기 어렵고 시간이 지나 다시 볼 수 없다는 단점이 있어서 게시판 형태의 Q&A코너를 운영한 것이다. 범교과 학습을 통해 배운 내용 가운데 잘 숙지가 안 된 부분에 대해서 자신의 견해를 제시하고 이에 대한 다른 학생과 교사의 답변을 달아보도록 하였다. 이 같은 Q&A 코너 운영을 통해 학생들의 환경 문제에 대한 견해를 잘 파악할 수 있었고, 환경 문제 해결에 대한 다양한 대안을 스스로 생각해 볼 수 있는 기회를 가지게 할 수 있었다.

5) 멀티미디어, VOD 자료실: 자연 생태계의 청아한 소리와 이미지를 동영상이나 이미지로 저장하여 수업시간에 활용함으로써 도시에서 느낄 수 없는 생태계의 아름다움 자체를 눈으로 보고 온몸으로 느끼게 할 수 있었을 뿐만 아니라 생태에 대한 심미적 감성의 자극을 통해 자연 친화적 태도 형성에 유익하게 활용할 수 있도록 했다. 또한 환경에 관한 KBS, YTN, MBC 동영상 뉴스, 환경 방송, 환경 스페셜 등 다양한 동영상 자료를 캡처하여 수업에 사용할 수 있도록 함으로써 환경문제에 대한 학생들의 사회적 인식을 제고시키는 데 유익하도록 구성하였다

6) 학습사이트 안내: 인터넷에서 환경에 관련된 사이트를 조사하여 간단한 설명을 덧붙여 링크시켜 놓음으로써 수업, 탐구활동 시에 관련사이트를 쉽게 방문하여 필요한 자료들을 구할 수 있도록 하였다. 뿐만 아니라 이를 통해 학생들로 하여금 환경에 관한 풍부한 정보를 편리하게 접할 수 있도록 함으로써 환경수업의 밀도를 제고시킬 수 있었다.

7) 범교과 교수/학습 자료실 운영: 환경교육은 사실적 요소와 당위적 요소가 합치된 범교과적 접근이 이루어져야만 통합적 의미의 교육적 효과를 낼 수 있다. 이를 위해 창의적 재량활동 범교과 시간에 쓸 수 있는 학제 간 환경교육 교수·학습 과정 안을 비롯한 다양한 수업자료를 탑재해 두었다. 범교과 교수/학습 자료실을 학제적 관점에서 구성함으로써 통합적 환경교육의 실질적 효과를 배가시킬 수 있었으며, 또한 앞으로 학교 환경교육이 나가야 할 방향 모색에도 유익한 도움이 되었다.

| 영역 | 홈 페 이 지 화 면 | 자 료 화 면(예시) | 건수 |
|---|---|---|---|

### 1. 가정과 환경

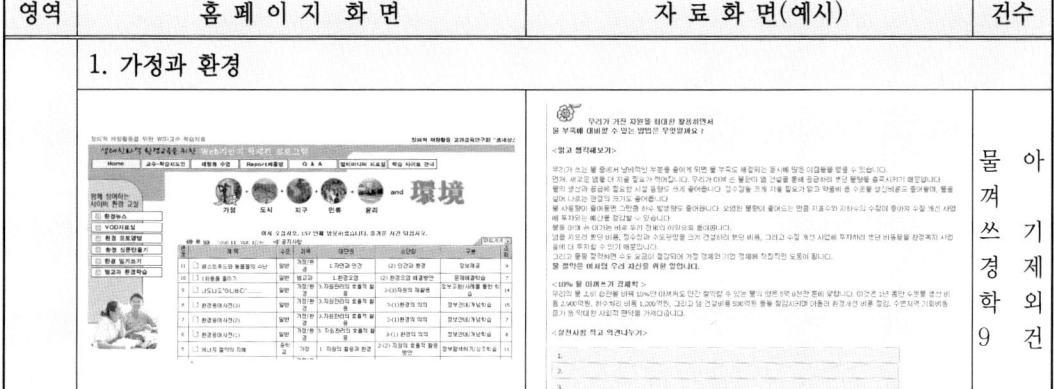

<table>
<tr><td rowspan="3">범<br>교<br>과<br>환<br>경<br>학<br>습</td></tr>
</table>

물껴쓰경학 9 · 아 기제외건

활용방법: 학생들로 하여금 가정에서 보고, 느끼고, 생각할 수 있는 다양한 학습자료를 개발하여 직접 수업에 활용할 수 있도록 WBI 교수-학습 과정안을 개발하였다.

### 2. 도시와 환경

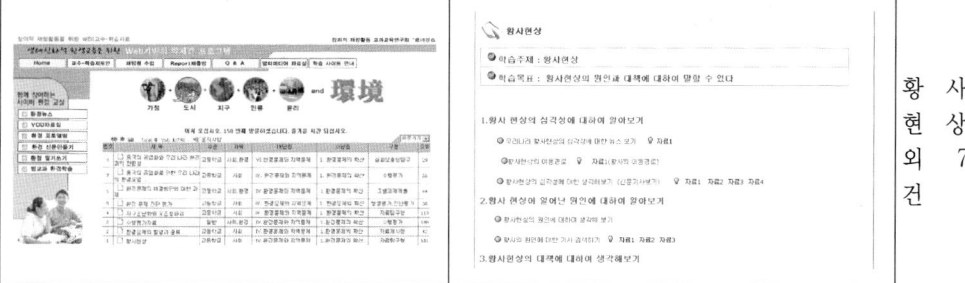

황현외건 · 사 상 7 외건

활용방법: 도시 생활과 관련된 여러 가지 환경문제에 대한 수업 자료, 수행평가자료 등을 이용하여 직접 수업을 진행할 수도 있으며, 가정학습 과제로도 제출할 수 있도록 구성하였다.

### 3. 지구와 환경

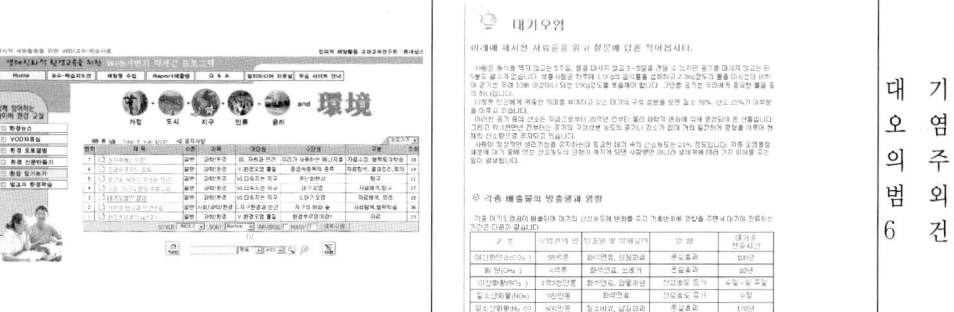

대오의범 6 · 기염주외건

활용방법: 지구적인 문제로서의 환경오염에 관한 수업자료 및 생각해 보기 등의 탐구학습 자료를 구성하였다. 주로 과학적인 접근을 중심으로 하였다

| 영역 | 홈 페 이 지 화 면 | 자 료 화 면(예시) | 건수 |
|---|---|---|---|

## 1. 가정과 환경

| 번호 | 제목 | 수준 | 과목 | 대단원 | 소단원 | 구분 | 조회 |
|---|---|---|---|---|---|---|---|
| 11 | 패스트푸드와 동물들의 수난 | 일반 | 가정/환경 | 1.자연과 인간 | (2) 인간과 환경 | 정보제공 | 79 |
| 10 | 1회용품 줄이기 | 일반 | 범교과 | 1.환경오염 | (2) 환경오염 해결방안 | 문제해결학습 | 88 |
| 9 | 너도나도 "아나바다"……… | 일반 | 가정/환경 | 3.자원관리의 효율적 활용 | 3-(2)자원의 재활용 | 정보교환/사례를 통한 학습 | 83 |
| 8 | 환경용어사전(3) | 일반 | 가정/환경 | 3.자원관리의 효율적 활용 | 3-(1)환경의 의의 | 정보안내/개념학습 | 64 |
| 7 | 환경용어사전(2) | 일반 | 가정/환경 | 3.자원관리의 효율적 활용 | 3-(1)환경의 의의 | 정보안내/개념학습 | 53 |
| 6 | 환경용어사전(1) | 일반 | 가정/환경 | 3. 자원관리의 효율적 활용 | 3-(1) 환경의 의의 | 정보안내/개념학습 | 65 |
| 5 | 에너지 절약의 지혜 | 중학교 | 가정 | 1. 자원의 활용과 환경 | 2-(2) 자원의 효율적 활용방안 | 정보탐색하기/상조학습 | 77 |
| 4 | 쓰레기의 올바른 처리방법은? | 일반 | 가정/환경 | 1.자원의 활용과 환경 | 2-(3) 환경보전방안 | 문제해결학습(실천하기) | 73 |
| 3 | 환경과 모발을 보호하는 샴푸 활용법 5가지? | 일반 | 가정/환경 | 1.자원의 활용과 환경 | 2-(2) 환경자원의 오염 | 실천사례발표 | 72 |
| 2 | 환경마크란? | 중학교 | 가정/환경 | 1. 자원의 활용과 환경 | 2-(3) 자원의 효율적 활용방안 | 정보탐색/정보만들기 | 87 |
| 1 | 물 아껴쓰기 경제학 | 중학교 | 가정/환경 | 1. 자원의 활용과 환경 | 1-(2) 자원의 종류 | 토론하기/정보만들기 | 72 |

메뉴특성: 학생들로 하여금 가정에서 보고, 느끼고, 생각할 수 있는 다양한 학습자료를 개발하여 온·오프라인이 연계된 사이버 가정학습의 가능성을 제공하고 있다.

## 2. 도시와 환경

| 번호 | 제목 | 수준 | 과목 | 대단원 | 소단원 | 구분 | 조회 |
|---|---|---|---|---|---|---|---|
| 8 | 중국의 공업화와 우리 나라 환경과의 관련성 | 고등학교 | 사회.환경 | VI.환경문제와 지역문제 | 1.환경문제의 확산 | 심화보충형탐구 | 114 |
| 7 | 중국의 공업화로 인한 우리 나라의 환경오염 .. | 고등학교 | 사회 | IV.환경문제와 지역문제 | 1.환경문제의 확산 | 수행평가 | 106 |
| 6 | 환경문제의 해결방안에 대한 과제 | 고등학교 | 사회.환경 | IV.환경문제와 지역문제 | 1.환경문제의 확산 | 조별과제제출 | 171 |
| 5 | 환경 문제 진단 평가 | 고등학교 | 사회 | IV.환경문제와 지역문제 | 1.환경문제의 확산 | 형성평가.진단평가 | 117 |
| 4 | 지구온난화와 오존층파괴 | 고등학교 | 사회 | IV.환경문제와 지역문제 | 1.환경문제의 확산 | 자료탐구형 | 201 |
| 3 | 수행평가자료 | 일반 | 사회.환경 | IV.환경문제와 지역문제 | 1.환경문제의 확산 | 수행평가 | 266 |
| 2 | 환경문제의 발생과 종류 | 고등학교 | 사회 | IV.환경문제와 지역문제 | 1.환경문제의 확산 | 자료제시형 | 135 |

메뉴특성: 도시 생활 관련, 환경문제에 대한 수업 자료, 수행평가자료 등의 자료 탑재 사이버 가정학습과 연계, 학생들의 자기주도적 학습능력을 향상시킬 수 있다.

## 3. 지구와 환경

NM M Register r visitors 1/7/2

| 번호 | 제목 | 수준 | 과목 | 대단원 | 소단원 | 구분 | 조회 |
|---|---|---|---|---|---|---|---|
| 7 | 원자력에너지란? | 일반 | 과학/환경 | III. 자원과 인간 | 우리가 사용하는 에너지들 | 자료수집, 협력토의학습 | 93 |
| 6 | 중금속중독의 종류 | 일반 | 과학/환경 | V.환경오염 물질 | 중금속중독의 종류 | 자료탐색, 결과정리.토의 | 87 |
| 5 | 빙산을 녹이는 온난화 현상 | 일반 | 과학/환경 | VI.더워지는 지구 | 온난화현상 | 탐구 | 89 |
| 4 | 오존, 대기오염의 주범으로… | 일반 | 과학/환경 | VI.더워지는 지구 | 대기오염 | 자료해석.탐구 | 94 |
| 3 | 대기오염의 실상 | 일반 | 과학/환경 | VI.더워지는 지구 | 1.대기오염 | 자료해석, 정리 | 89 |
| 2 | 사막화 현상과 인간생활 | 일반 | 사회/과학/환경 | I.지구환경과 인간 | 지구의 허파 숲 | 자료탐색, 협력학습 | 101 |
| 1 | 환경호르몬의 ppt죠?! | 일반 | 과학/환경 | V.환경오염 물질 | 환경호르몬이란? | 자료 | 75 |

STYLE  INDEX ∨  SORT  Normal ∨  REVERSE ☐ MANY 7  새로고침

메뉴특성: 지구환경에 관한 수업자료 및 생각해 보기 등의 탐구학습자료를 구성하였다. 주로 과학적인 접근을 중심으로 학생들의 확산적 사고의 형성에 도움을 줄 수 있다.

범교과환경학습

| 영역 | 홈 페 이 지 화 면 | 자 료 화 면(예시) | 건수 |
|---|---|---|---|

**4. 인류와 환경**

메뉴특성: 우리의 삶과 인류와 환경과의 관계를 생각해 보고, 느낄 수 있는 다양한 학습자
료를 개발하여 제공, 학생, 일반인 모두 학습의 기회를 제공하고 있다.

**5. 윤리와 환경**

| 번호 | 제목 | 수준 | 과목 | 대단원 | 소단원 | 구분 | 조회 |
|---|---|---|---|---|---|---|---|
| 8 | 2030년대의 우리의 생활 | 중학교 | 일반/사회/도덕 | 환경 오염 | 도시문제 | | 74 |
| 7 | 일회용품의 사용과 쓰레기 분리 수거 | 중학교 | 일반/사회/도덕 | 환경 문제 | 쓰레기 문제 | | 63 |
| 6 | 인간과 환경은 공생체(?) | 중학교 | 일반/사회/도덕 | 인간과 환경 | 인간과 환경 | | 63 |
| 5 | 지하수의 오염 | 중학교 | 일반/사회 | 도시문제 | 수질오염 | | 73 |
| 4 | 나 오늘도 소음과 하루를 시작한다.. | 중학교 | 일반/사회 | 도시문제 | 소음문제 | | 63 |
| 3 | 전쟁으로 환경이 파괴되고 있습니다! | 중학교 | 일반/사회 | 전쟁과 환경 | 전쟁과 환경 파괴 | | 80 |
| 2 | DNA 복제... | 중학교 | 일반/도덕 | 생물 | 생명체의 존엄성 | | 55 |
| 1 | 쓰레기 종량제가 최선일까요? | 중학교 | 사회 | 2. 중부 지방의 생활 | 4) 쓰레기 문제 | | 68 |

STYLE INDEX ▼  SORT Normal ▼  REVERSE ☐  MANY 8   새로고침

메뉴특성: 인간의 윤리적인 측면을 강조, 환경문제에 대한 수업 자료, 일반적 자료 등을 탑
재하여 언제, 어디서, 누구든지 가능한 온라인 학습환경을 제공하고 있다.

**6. 기타 환경**

우리 정부가 미국에 끈질기게 요구해 부족하나마 미군 범죄에 대해 처벌할 수 있는 근거를 마련한 것이다. 이전에는 살인, 강간 등 중범죄를 저지른 주한미군들을 처벌할 길이 거의 없었다.

중앙일보 이태종 기자

*** 무엇이 문제인가

한.미 SOFA는 91년 처음 손질한 데 이어 지난해 재개정하며 몇몇 독소 조항은 사라졌다.

법조계에선 그럼에도 한.미 SOFA에는 여전히 불평등한 데가 있다고 한다.

협정은 전문 31조의 본문과 3개 부속문서로 구성되는데, 이 가운데 핵심적 불평등 조항은 형사재판권 관할 문제다.

협정 제22조에 따르면 재판권을 행사할 권리가 경합하는 경우 공무집행 중의 범죄에 대해서는 미국이 1차적 재판권을 갖는다. 우리 정부가 이번 사건의 재판권을 이양해 달라고 요청했지만 미군이 거부한 것도 이 조항에 따른 것이다.

이와 관련 법조계는 살인.강도.강간 등 강력 범죄뿐 아니라 공무중 범죄라도 민간인에게 피해를 준 경우엔 우리나라가 수사권과 재판권을 행사토록 해야 한다고 주장한다. 공무인지 여부의 판단도 일본처럼 우리나라가 해야 한다는 것이다.

이에 대해 미국은 "미국이 맺고 있는 SOFA는 세계적으로 같은 내용이어서 한.미 간에 개정할 것이 없다"는 입장이다.

*** 생각 키우기

메뉴특성: 인간 삶의 총체적 환경에 관한 학습자료 및 생각해 보기 등의 탐구학습자료로 구
성, 과학적인 접근을 중심으로 학생들의 확산적 사고의 형성에 도움을 줄 수 있다.

범
교
과
환
경
학
습

# Ⅳ. 홈페이지를 활용한 교수 · 학습결과 분석 및 논의

창의적 재량활동 범교과 영역 시간에 인터넷 홈페이지를 활용하여 환경수업을 해본 결과를 분석한 후 이를 토대로 효과적인 환경교육의 방향을 논의해 볼 것이다.

## 1. 학습 후의 결과 분석

### 1) 도움이 되었다고 생각하는 교수-학습 방법

학교에서 창의적 재량활동 시간을 통해 환경교육을 받은 이후 가장 도움이 되었다고 여기는 교수-학습 방법에 대한 교차분석 결과는 〈표 8〉과 같다.

〈표 8〉 도움이 되었다고 생각하는 교수-학습 방법 N(%)

| 응답 내용 | | 성 별 | | 전 체 | $x^2$ |
|---|---|---|---|---|---|
| | | 남 | 여 | | |
| 도움이 되는<br>교수-학습방법 | 홈페이지 활용 교사 강의 | 115(43.6) | 138(56.6) | 253(49.8) | 15.83** |
| | On-line을 통한 교사와의<br>질의 및 응답 | 65(24.6) | 47(19.3) | 112(22.0) | |
| | 주제별 토론식 | 24(9.1) | 25(10.2) | 49(9.6) | |
| | 자료조사 및 발표하기 | 23(8.7) | 18(7.4) | 41(8.1) | |
| | 문제해결학습(PBL) | 19(7.2) | 4(1.6) | 23(4.5) | |
| | 기타 | 18(6.8) | 12(4.9) | 30(6.0) | |
| | 합계 | 264(100.0) | 244(100.0) | 508(100.0) | |

** $p < .01$

창의적 재량활동 범교과 영역시간을 통해 환경교육을 받은 이후 유익했다고 답한 학습방법으로 먼저 홈페이지를 이용한 교사의 강의식(49.8%)이 가장 많았으며, 다음으로 인터넷 홈페이지의 On-line을 통한 교사와의 질의응답하기(22.0%), 주제별 토론수업(9.6%), 자료조사 및 발표하기(8.1%), 문제해결학습(4.5%), 기타(6.0%)의 순으로 나타났다. 이러한 조사 결과에서 인터넷 동영상 보기, 선생님의 경험담 들려주기, 직접 실습해 보기 등의 응답도 나왔지만, 학생들이 환경교육을 받고자 할 때는 남녀 모두 웹 기반의 홈페이지를 활용한 교사의 강의식 수업과 On-line을 통한 교사와의 질의응답이 가장 도움이 된다고 생각하는 것으로 나타났다.

2) 도움이 되었다고 생각하는 교수-학습 자료

학교에서 환경교육을 받을 때 가장 도움이 된다고 생각하는 교수-학습 자료에 대한 교차분석 결과는 〈표 9〉과 같다.

〈표 9〉 도움이 되었다고 생각하는 교수-학습 자료 N(%)

| 응답 내용 | | 성 별 | | 전 체 | $x^2$ |
|---|---|---|---|---|---|
| | | 남 | 여 | | |
| 도움이 되는 교수-학습자료 | 교과서 | 23(8.7) | 18(7.4) | 41(8.1) | 9.61 (.142) |
| | 홈페이지·인터넷 정보 | 106(40.3) | 121(49.6) | 227(44.8) | |
| | 비디오, CD, DVD | 94(35.7) | 84(34.4) | 178(35.1) | |
| | PPT 자료 | 13(4.9) | 4(1.6) | 17(3.4) | |
| | 신문, 잡지, 만화 | 8(3.0) | 7(2.9) | 15(3.0) | |
| | OHP, 실물화상기 | 5(1.9) | 4(1.6) | 9(1.8) | |
| | 기타 | 14(5.5) | 6(2.5) | 20(3.9) | |
| | 합계 | 263(100.0) | 244(100.0) | 507(100.0) | |

** p<.01

창의적 재량활동 환경교육 시간에 유익했다고 답한 교수-학습 자료는 인터넷 및 홈페이지 정보(44.8%)가 가장 많았고, 다음으로 비디오·CD·DVD(35.1%), 교과서(8.1%)의 순으로 나타났다. 이러한 사후 조사 결과는 학생들이 교수·학습 매체로서 홈페이지 및 인터넷에 탑재되어 있는 다양한 멀티미디어, 이미지 자료에 이미 익숙해져 있음을 알려주고 있다. 위의 〈표6·7〉에서 나타난 바와 같이 중학생들이 도움이 된다고 생각하는 교수-학습방법과 자료는 교사의 강의식 수업의 진행을 선호하되 학습 자료는 주로 인터넷 자료와 애니메이션 자료, 비디오 등을 활용한 역동적이고 생생한 수업을 요구하고 있다는 것을 알 수 있다.

 3) 환경교육을 받은 뒤의 소감 및 의견 분석

 창의적 재량활동 범교과 시간을 통해 환경교육을 받은 후의 소감이나 의견을 묻는 질문의 결과는 〈표 10〉과 같다.

〈표 10〉 환경교육을 받은 후의 소감이나 의견

| 응답 내용 | | 빈 도 | 백분율(%) |
|---|---|---|---|
| 환경교육을 받은 후의 소감이나 의견 | 환경의식 고양에 도움이 됨 | 223 | 44.0 |
| | 학습내용에 따라 차이가 남 | 164 | 32.3 |
| | 대체적으로 도움이 됨 | 43 | 8.5 |
| | 별로 도움이 되지 않음 | 55 | 10.8 |
| | 기타 | 24 | 4.4 |
| | 합계(%) | 509 | 100.0 |

 홈페이지를 활용한 범교과적 환경교육을 받은 후의 소감이나 의견은 환경의식 고양에 도움이 되었다(44.0%)는 의견이 가장 많았으며, 다음으로는 학습내용에 따라서 차이가 남(32.3%), 대체적으로 도움이 됨(8.5%), 별로 도움이 되지 않음(10.8%)의 순으로 나타났다. 기타(4.4%)라고 응답한 경우는 '지금은 도움이 되지 않지만 나중에는 도움이 될 것이다', '궁금한 것에 대하여 조금은 해결해 주지만 정확히는 알 수가 없는 것 같다'라고 응답하기도 했다. 결국 홈페이지를 활용한 범교과적 환경교육이 학생들이 생각하기에 학습내용에 따라서 달라지긴 하지만, 자신들의 환경문제 인식과 해결에 도움을 준다고 생각하는 견해(52.5%)가 도움을 주지 못한다(10.8%)고 생각하는 경우보다 훨씬 높게 나타나고 있다.

## 2. 논  의

지금까지 먼저 환경 교수·학습 자료 및 교수·학습 방법, 그리고 환경교육의 만족도를 분석의 준거로 삼아 현행 학교 환경교육의 실태를 살펴보았다. 다음으로 창의적 재량활동 시간과 인터넷 홈페이지를 활용한 범교과 수업 이후의 학교 환경교육에 대한 학생들의 반응을 조사해보았다. 여기서는 이러한 자료를 토대로 환경교육의 개선방안을 논의할 것이다.

첫째, 교수-학습 자료의 활용 및 교수-학습 방법의 현 실태에 대한 조사결과를 보면, 실제 학교 환경교육 시간에 주로 활용된 학습 자료는 비디오가 49.8%로 거의 절반을 차지하고 있었고, 교과서, 신문, 만화자료 등의 순으로 나타났으며, 학습방법으로는 교사의 주입식 설명 수업이 74.2%로 현저하게 높았고, 다음으로 질문하고 답하기, 주제별 토론식 수업의 순으로 조사되었다.

그런데 여기서 주목해야 할 부분은 이러한 현행 환경교육의 내용과 방법에 대한 학생들의 만족도가 그렇게 높지 않다는 사실이다. 현재 학교에서 배우고 있는 환경교육의 내용에 대한 만족도는 전체 학생의 64.6%가 보통 수준이라고 답했으며, 매우 만족이라고 응답한 경우는 3.1%에 불과했다. 또한 환경교육 방법에 대한 만족도에서도 전체 학생의 61.7보통 수준이라고 답했으며, 매우 만족이라고 응답한 경우는 2.6% 수준에 그쳤다. 따라서 현행 학교 환경교육의 교수·학습 내용이나 교수·학습 방법의 교육적 효과에 대한 이러한 학생들의 반응은 긍정적이라기보다 부정적으로 평가될 수 있을 것이다. 이러한 조사결과는 현행 중학교 환경교육의 교수·학습 자료의 선택 및 방법의 적용에 있어서 학습자의 다양한 수준을 고려한 구체적이고 실제적인 접근이 요구되고 있음을 알 수 있다. 보다 구체적으로는 교수-학습 자료와 방법 요구의 측면에 있어서 학생들은 디지털 세대답게 Internet 홈페이지에 탑재된 학습 자료와 정보를 제일 선호했으며, 다음으로 CD, DVD 등의 멀티미디어 자료를 꼽았다. 또한 교수·학습 방법에 있어서도 Internet 홈페이지를 활용한 교사의 강의와 on-line을 통한 질의 및 토론을 좋아했다. 이러한 결과는 학교 환경교육의 성과를 제고시키는 데 있어 홈페이지를 통한 온라인 학습이 얼마나 필요하며 효과적인지를 명확히 보여준다.

  이와 같이 환경교육에 대한 학습자의 요구수준 등을 고려해 볼 때, 예전처럼 교사가 단순히 비디오 자료를 보여준 후에 내용설명을 부연해 주는 식의 일방적 전달 방식에 의거해 소기의 환경교육 효과를 바라기에는 한계가 있다. 환경교육 담당 교사들이 환경교육을 할 때 비디오 자료를 단순히 보여주는 것으로 그칠 것이 아니라, 학생들의 요구가 충분히 반영된 체계적이고 실질적인 환경교육이 될 수 있는 방안을 강구해야 할 필요가 있음을 보여주고 있다. 일선 학교 현장에는 교육정보화 추진 덕분에 인터넷 홈페이지 활용 수업과 온라인(on-line) 학습을 수행할 수 있는 환경적인 물리적 기반이 어느 정도 구비되어 있다. 따라서 이러한 교육정보화 인프라를 충분히 활용함으로써 환경교육의 실질적 효과를 끌어내는 데 주력해야 할 것이다.

  둘째, 현행 학교 교육과정에서 환경교육은 재량활동 시간을 포함한 다양한 영역에 걸쳐 이루어지고 있지만 이에 대한 학생들의 반응은 그렇게 만족스럽게 나타나지 않고 있다. 따라서 이 같은 반응을 보이는 이유의 분석과 이를 개선할 수 있는 실질적 방안이 모색되어야 할 것이다. 앞의 조사결과에서 보았던 것처럼 현행 학교 환경교육에 대한 학생 반응을 조사하였을 때 도움을 받는 경우와 그렇지 못한 경우가 있다(44.0%)고 했고, 별로 도움이 되지 않는다(32.3%)와 전혀 도움이 되지 않는다(10.8%)로 반응했다. 이는 현재 학교현장에서 실시되고 있는 환경교육이 학생들의 요구가 적극적으로 반영된 실질적인 교육이 되지 못하고 있음을 반증해준다. 그 주된 이유를 교육과정의 편제에서 찾는다면 환경교육 교육과정 편제가 매우 분산적이어서 환경에 관한 통합적 환경의식을 고양시키는 데 많은 제약이 따르고 있음을 지적할 수 있다. 구체적 실례를 들면, 학생들은 교과관련 수업시간(33.3%), 특별활동 및 재량활동 시간(38.9%), 나머지 학급조회나 종례시간, 아침자율 학습시간 등을 통하여 환경수업을 받는 것으로 조사되었다. 이러한 산발적 환경교육은 환경에 관한 학생들의 통합적 가치 형성을 저해하고 나아가 수업의 만족도를 저하시키는 직접적 원인으로 작용하고 있다. 그러므로 통합적 환경교육 과정의 구성을 통해 학생들의 수업 만족도와 교육적 효과, 그리고 통합적 환경의식의 형성을 동시에 도모할 수 있는 방안이 강구되어야 할 것이다. 이런 점에서 학교현장의 환경교육이 통합적 환경교육의 수행을 목표로 하여 창의적 재량활동 범교과 영역 시간을 통해 내실 있게 이루어질 수만 있다면 상당한 성과를 낼 수 있을 것으로 생각된다.

학교 환경교육은 모든 교과를 불문하고 총론적 교육 목표에 있어서는 일치하지만 이러한 목표를 달성하기 위한 각 교과의 개별적 서술 내용과 접근 방식은 각 교과의 성격에 따라 많이 다르다. 따라서 각 교과의 기반 학문의 독자성과 교과 교육의 목표의 정당성을 개별적으로 인정함과 동시에 학생들에게 환경 교육의 총론적 교육 목표를 달성할 수 있는 효과적인 방안을 모색해야 한다. 즉 환경교육의 통합적 효과와 분산적 효과에 대한 종합적 분석을 통해 각 개별적 교과의 환경관련 영역을 하나의 계열적 연관 구조 속에서 유기적으로 계통화시킬 수 있는 교과 간 통합적 환경 교수·학습 과정안의 설계 및 수업의 진행이 요구되고 있는 것이다. 학교 환경교육 과정 편성과 실제 수업의 실시에 있어서 이러한 점이 적극 고려되어야 할 것이며, 또한 학생들의 요구와 의견을 수시로 조사 및 반영함으로써 환경교육의 내실을 기할 수 있도록 해야 할 것으로 보인다. 이러한 점을 고려하여 현행 7차 교육과정 편제의 범위 안에서 구체적 방안을 찾아본다면 창의적 재량활동 범교과 영역이 한 대안으로 활용될 수 있을 것이다.

## V. 결 론

이제까지 창의적 재량활동 범교과 영역의 교육과정과 홈페이지 활용이라는 방법론의 유기적 조합을 통하여 학교 환경교육의 포괄적 개선방안을 살펴보았다. 그런데 이러한 포괄적 개선방안이 학교 환경교육에서 제대로 안착되기 위해서는 아래와 같은 몇 가지 노력들이 지속적으로 수반되어야 할 것이다.

먼저, 창의적 재량활동 시간을 통한 포괄적 환경교육이 형식적인 전시교육으로 끝나지 않고 실질적인 교육으로 이어지도록 하기 위해서는 학교 단위의 노력만으로는 한계가 많으며 사회적, 국가적인 외부의 적극적 지원이 동시에 수반되어야 한다. 예컨대 포괄적 환경교육은 행정가와 전문가, 교사, 학부모 등의 인적 요소와 전문성 함양 프로그램 개발, 유관기관 및 관련단체 (교육청, 청소년 환경교육상담소, NGO)의 지원과 같은 제도적 요소가 하나의 체제 속에서 유기적으로 엮어질 때 한층 강화된 교육적 효과를 발할 것이다.

다음으로, 학교 환경교육의 교육과정 편제와 구성에 있어서 학생들이 바라는 환경교육 내용이 적극 반영된 교육과정 편성과 교재의 편찬이 있어야 한다. 미래 지향적인 통합적 환경교육 모색의 관점에서 학교 환경교육 문제점을 진단해 보건대 이제까지의 환경교육은 단순한 지식 전달이나 사전 예방 교육에 치중한 측면이 강하다. 하지만 앞으로의 환경교육은 이뿐만 아니라 학생 개개인이 당면한 환경관련 문제해결에 필요한 사후 치료 능력도 동시에 함양시킬 수 있는 포괄적 방향으로 수행되어야 할 것이다. 이러한 과정에서 창의적 재량활동 시간을 활용한 통합적 환경교육이 생산적 기능을 다하기 위해서는 환경교육의 통합적 효과와 분산적 효과에 대한 세밀한 분석을 통해 그 긍정적 결과와 부정적 결과를 추출해 내고, 이를 교육과정의 편성과 교재의 편찬에 적극 반영해야 할 것이다. 또한 학생들의 요구와 의견을 수시로 조사 및 반영함으로써 환경교육의 내실을 기할 수 있도록 해야 할 것으로 보인다.

마지막으로, 교수·학습 방법의 측면에서 학생들의 흥미를 제고시킬 수 있을 뿐만 아니라 관심을 지속적으로 유지 시킬 수 있는 방법론적 접근이 적극 모색되어야 할 것이다.

학생들이 흥미 있어 하는 주된 학습 자료나 수업의 형태는 인터넷, CD, DVD 등을 활용한 정보제공형의 수업이지만, 실제로 도움을 주거나 유익하다고 생각하는 수업의 형태는 선생님의 강의식 수업이라고 인식하고 있음을 보여준다. 이런 조사 결과는 통합적 환경교육 수업에 적극적으로 반영될 필요가 있을 것이다. 기존의 단순하고 평면적인 학습 과정안과 학습 자료에 의거한 수업보다는, 다양하고 입체적인 학습 과정안과 학습 자료를 효과적으로 잘 활용한 수업 프로그램을 제작할 필요성은 충분히 있다. 웹 기반의 홈페이지 활용 교수·학습 방법은 온라인(on-line)과 오프라인(off-line)의 양 공간을 전부 활용할 수 있는 관계로 교수-학습 활동 시에 학생과 교사의 역동적 협력과 학생의 적극적 참여에 의한 교수자와 학습자의 중심의 학습공동체(Learning Community) 형성에 기여할 수 있을 뿐만 아니라 학습에 대한 학생의 역동적 요구를 충족시켜 줄 수 있고, 나아가 자기조절학습 능력을 키워 줄 수 있다는 점에서 교과 간 통합적 환경교육의 효과 제고에 유익할 것으로 생각된다.

# 참고 문헌

김대현 외, 『교과의 통합적 운영』, 문음사, 1997

교육인적자원부, 『중학교 환경 교사용 지도서』, 2002

교육부, 『도덕과 고등학교 교사용 지도서』, 대한교과서주식회사, 2002

교육부, 『고등학교 교육과정 해설서』, 대한교과서주식회사, 1997

나일주 편저, 『웹 기반 교육』, 교육과학사, 1999

밀브래스(이태건 외 역), 『지속가능한 사회』, 인간사랑, 2001.

정인성 외, "열린원격교육과 정보통신공학", 『교육공학연구』, 14호 1권, 1998

최성우 외, 『온라인네트워크를 이용한 교육효과 분석』, 미간행보고서, 한국학술진흥재단

Robin Fogarty(구자억외 옮김), 『교사를 위한 교육과정의 통합』, 원미사, 1998

Jacobs. Heide. Hayes. ed, 『Interdisciplinary Curriculum : Design and Implementa-
    tion』, ASCD Publication, Printed by Edwards Brothers, Inc., 1989.

Arne Naess, "The shallow and The deep, Long-Range Ecology movement: A
    summary," Inquiry 16, 1973.

# 제2부

# 학교 현장 환경교육 적용 결과

## 1. 연구의 개요 및 목적

인류의 문명사적 추이는 제1의 농업혁명으로부터 제2의 산업혁명을 거쳐 제3의 정보화 혁명을 향해 치닫고 있다. 제3의 정보화 혁명은 향후 세계의 모습을 빌게이츠가 말하는 '손가락 끝으로 정보를 요리하는(Information At Your Fingertips) 디지털 신경망 사회(Digital Nervous system)'로 변모시킬 것이다. 앨빈 토플러(Toffler A.)는 디지털 신경망 사회를 지탱할 핵심적 요소로서 지식과 교육을 든다. 그는 '앞으로의 세계는 지식이 모든 생산수단을 지배하게 되며, 이에 대비한 후세 교육이 없이는 어느 나라든지 생존하기 어렵게 될 것이다'라고 예견한다. 우리는 토플러와 빌게이츠의 언급으로부터 다음과 같은 종합적 결론을 얻어 낼 수 있을 것이다.

그들은 21세기 인류의 문명사적 패러다임이 정보 중심의 지식기반사회를 지향함에 따라 교육 패러다임 역시 풍부한 지식과 정보를 창출해 낼 수 있으며, 나아가 그러한 지식과 정보를 유용하게 활용함으로써 인류의 삶의 질 향상에 기여할 수 있는 인간을 길러내는 데 초점을 맞추어야 함을 주장한 것이다. 말하자면 디지털 신경망으로 연결된 지식기반사회 자체에 매몰되지 않고 성찰할 수 있는 사고를 가진 인재, 지식 자체를 수동적으로 받아들이지만 않고 창조적으로 활용할 줄 아는 학생, 지식 정보화 사회와 조화롭게 살아갈 수 있는 인간의 육성을 요구하는 것이다.

교육부가 1997년에 고시한 제7차 교육과정은 지식기반사회로의 진입이라는 문명사적 패러다임 전환을 적극 반영함으로써 21세기 지식 정보화 사회의 요망에 능동적으로 부응할 수 있는 교육대계를 위하여 수립되었다고 할 수 있다. 제6차 교육과정(1992년 고시)이 지식 정보화 사회의 개념이 분명한 실체로 다가오기 이전의 문명사적 패러다임을 토대로 세워진 교육과정이라면, 제7차 교육과정(1997년 고시)은 지식과 정보가 문명의 핵으로 자리잡기 시작하는 단계에서 모색된 것이다. 제6차와 제7차의 교육과정의 핵심적 특성을 상호 비교해 보면 이러한 점을 분명히 확인할 수 있다. 제6차 교육과정이 건강하며, 자주적이고, 창의적이며, 도덕적인 사람의 육성을 목적으로 하고 있었다면, 제7차 교육과정은 21세기의 세계화·정보화 시대를 주도해 나갈 자율적이고 창의적인 한국인 육성에 초점을 맞추고 있다.

교육 인적 자원부에서는 이러한 제7차 교육과정의 근본취지를 살리기 위한 방법론으로 ICT 활용 교수·학습을 제안하고 있으며, 구체적으로는 전 교과에서 10% 이상의 ICT 활용 교수·학습안을 사용하도록 적극 권장하고 있다. 말하자면 나날이 새로워지는 지식과 기술을 익히고 활용하여 보다 고차원의 지식을 창출해 내기 위해서는 학교 현장의 교실 수업에서 ICT 적용 교수·학습 방법의 이용이 불가피하다는 것이다. ICT 교수·학습 모형에 근거한 수업 과정안의 설계는 지식·정보화 사회에 적합한 접근으로 교수·학습 방법은 물론 수업내용의 변화까지도 끌어낼 수 있는 새로운 개념의 혁신적 방안이라는 것이다. 과거처럼 읽기, 쓰기, 암기 위주의 교수·학습 방법으로는 정보화·지식기반화의 경향을 적극 수용할 수 없기 때문에 학습자 스스로가 자율적으로 문제를 해결할 수 있는 자기 주도적 학습 능력 신장의 방향으로 나가야 한다는 것이다. 이를 위해서는 교육의 패러다임 자체가 단순히 수동적인 '받는 형태'(Teaching)로 머물러 있어서는 안 되며, 능동적인 '행하는 형태'(Learning)로 바뀌어야 하고, 그에 따라 교사의 역할 역시 '지식의 전수자'가 아니라 '수업 설계자'(Learning Designer)로 변화해야 한다. 나아가 교육의 장(場)도 교실과 교과서를 넘어 모든 시·공간을 활용할 수 있는 탈 공간화와 탈 시간화의 방향을 지향해야 한다. 인류의 문명사적 패러다임 전환에 따른 이 같은 교육적 요구를 포괄적으로 반영한 접근이 바로 ICT 활용 교수·학습 방법이라는 것이다.

제6차까지의 교육과정은 국가에서 정한 교육과정과 이에 맞추어 제작되는 교과서를 토대로 일률적 교과 시간표에 따라 단위 학교와 지역 교육청 그리고 교사가 충실히 이행·실천만 하면 되었다. 그러나 제7차 교육과정은 종래의 교과활동 영역과 특별활동 영역 이외에 재량활동 영역의 신설을 통해 교육과정 운영의 자율성과 학교수업의 질 향상을 도모하고 있다. 하지만 '창의적 재량활동'은 신설된 영역인 관계로 인해서 학교 현장에서 쓸 수 있는 적당한 수업교재와 학습자료 및 학습 과정안이 제대로 마련되지 않고 있는 실정이다.

따라서 본 연구과제에서는 위에서 살핀 7차 교육과정 입안의 근본정신과 그것은 구현하기 위한 학습방법론이 조화된 '창의적 재량활동 범교과 학습 과정안'을 설계하고자 한다. 하지만 아직도 ICT 활용 교수·학습 방법에 관한 개념적 정의와 이론적 합의가 명확하지 않은 현 실정을 고려할 때 정보통신기술(ICT)을 무비판적으로 적용한 창의적 재량활동 범교과 학습 과정안을 설계하거나 학습자료를 만든다는 것은 어떤 점에서 문제의 소지를 다분히 안고 있다고 볼 수 있다. 이에 본 연구 과제에서는 ICT 개념 적용 범위의 초점을 '웹 기반(Web-Based)의 인터넷 홈페이지 활용 학습 과정안 설계와 학습자료 제작'에 맞춤으로써 창의적 재량활동 범교과 학습 영역이 학교 현장의 교실 수업에서 조기에 안착될 수 있도록 하는 데 연구의 목적을 두고자 한다.

이와 같이 웹 기반(Web-Based)의 인터넷 홈페이지를 활용하여 교수·학습 과정안을 설계하고 학습자료를 제작하려는 이유는 인터넷의 하이퍼텍스트(Hyper-Text) 환경이 나선형 구조의 전통적 수업 과정안 설계와 학습자료 제작의 한계를 극복하고 다차원적인 비선형식(非線型式) 학습 과정안의 설계와 학습자료 제작에 적합하다고 여겨지기 때문이다. 요즘과 같은 디지털 미디어 시대의 학생들은 아날로그 논리의 문자언어에 의거한 정적인 수업보다는 디지털 논리의 영상 이미지를 활용한 동적인 수업에 훨씬 친화성을 느끼기 때문에 평면적인 학습 과정안과 학습자료보다는 입체적인 학습 과정안과 학습자료를 설계·제작할 필요가 있다. 따라서 웹 기반(Web-Based)의 인터넷 홈페이지를 활용한 창의적 재량활동 범교과 학습 수업 과정안 설계와 학습자료 제작은 이러한 학생들의 역동적 요구를 충족시켜 줄 수 있을 것으로 생각된다.

## 2. 연구의 필요성 및 방법

### 가. 연구의 필요성

최근 들어 우리 교육계는 새로운 바람이 불고 있다. 이른바 학교정보화 및 교단선진화와 맥을 같이 하는 ICT 활용 교육이 바로 그것이다. 그런데 ICT 활용 교육과 관련하여 교실 수업 환경 내에서의 한두 가지 염려스러운 점이 있다면, 본질적으로 교실 수업 과정에서의 정보 습득 및 처리 과정이 지식의 학습과정으로 곧바로 연결될 수 없다는 점과 아무리 많은 정보를 신속·정확하게 '접속'하고 '교류'한다고 해도 그것이 학습자의 학습세계로 들어가서 학습활동의 전개를 통하여 통합된 완전한 학습경험으로 승화시키는 일이 쉽지 않다는 점이다.

그렇다면 이러한 염려스러운 면을 극복할 수 있고, 시대적 흐름에 부응하면서도 학습자의 다양한 요구를 최대한 충족시켜 줄 수 있는 몇 가지 방안을 제시해 본다면 ① 정보통신기술을 이용하여 보다 더 생생한 경험과 다양한 정보를 접하게 함으로써, 학습자의 사고과정을 촉진시켜 주고 교실 수업의 물리적 공간을 벗어난 e-learning 형태의 학습, 협력학습, 토론학습의 기회 제공을 해줄 수 있는 교수·학습 방법 모색 ② 학습자의 수준과 개성 그 요구에 맞는 정보의 선택과 활용 가능성, 정보의 공유, 정보의 창출을 유도할 수 있는 질문/비판적 사고/대화와 협동을 촉진시켜 줄 수 있는 커뮤니티 제공 ③ 실생활에서의 '실천'과 살아있는 '체험'과 '경험'을 제공해줄 수 있고 정보탐색과 지식생산의 주체인 학습자가 일련의 역동적 학습과정을 전개(고차원적인 상상력, 창조력, 문제해결 능력 신장)할 수 있는 생생한 교육의 장 마련 등을 들 수 있다.

이러한 정보화·세계화·다양화 시대를 선도할 수 있는 자기 주도적인 능력과 창의성을 지닌 인재육성을 위해서 제 7차 교육과정에서는 중학교 과정의 각 학년에 주당 4시간씩 배정되어 있는 재량활동을 지역실정과 학교의 교육적 특성, 학생의 요구 등에 따라 창의적인 교육 활동 시간으로 활용하거나, 교과의 심화·보충 및 선택교과 학습활동에 활용할 수 있다. 그 중에서도 창의적 재량활동은 지역 및 학교 실정에 적합한 실험, 관찰, 조사, 수집, 노작, 토론, 견학 등의 다양한 교육방법의 활용을 통하여 자기 주도적 학습의 실천이 우선되어야 할 뿐 아니라, 교과 간·영역간의 학습을 통합적으로 운영하는 것이 바람직하다고 한다. 이러한 창의적 교육활동의 효율적인 운영을 위해서는 연간 활동 계획을 수립하며, 학습집단을 조직하고, 교원의 연수, 주제 선정 계획, 실천 등의 체계적인 지도가 뒤따라야 한다고 본다.

## 나. 연구의 방법

연구팀의 구성은 총괄, 웹 디자인, 자료수집 및 실제수업 적용으로 크게 3개의 파트로 나누었다. 각자 파트별 작업을 중점적으로 하면서 토론회, 협의회, 시연회 등을 거쳐 상호 보완해 갔다. 한편으로는 학교 유닉스 웹서버에 새로운 개정을 발급하고 홈페이지를 개설하였다. 홈페이지 작업의 특징은 CGI 언어로 만들어진 board를 구입하여 연구과제의 특성에 맞게 여러 가지 환경설정을 통하여 재구성하였다. 책임 연구원과 공동 연구원이 인터넷으로 서로 자료를 수집하고 업로드하면 각각 다른 회원들은 자신의 작업자료뿐 아니라 다른 회원의 자료에 대한 정보도 인터넷을 통해 실시간으로 볼 수 있고, 이에 대한 의견 교환도 실시간으로 이루어질 수 있었다. 무엇보다 자료의 재구성, 업로드, 다운로드가 어려운 html 언어를 몰라도 쉽게 접근할 수 있었다. 일차적으로 환경과 생태에 대한 광범위한 자료를 수집하여 이를 분류하고, 자료로서의 타당성 조사 및 토론을 거쳐, 각 부분별로 정리하였다. 특히 생태 친화적 환경교육에 초점을 맞추어 다양한 교수-학습 과정안, 수업 자료, 멀티미디어 자료의 개발과 아울러 홈페이지를 개설하여 실제 수업 지도에 활용하였다.

〈표 11〉 연구개발의 절차

| 단 계 | 과 제 | |
|---|---|---|
| 1. 분석<br>(Analysis) | o 요구(교육과정 성격, 편성과 운영)분석<br>o 내용(교육과정)분석<br>o 학습자분석(여론조사)<br>o 기술 및 환경분석(웹서버 구축 및 운영/VOD서버 계정)<br>o 직무 및 과제분석(웹 설계팀/교수학습자료<br>　개발팀/총괄팀) | 피<br>드<br>백<br>/<br>수<br>정 |
| 2. 설계<br>(Design) | o 정보/상호작용/동기/평가 설계(소분과회 결성, 전문가 초빙강의)<br>o 수행목표 명세화<br>o 평가도구 개발<br>o 계열화/수월성 제고<br>o 교수전략 및 매체선정 | |
| 3. 개발<br>(Development) | o 교수자료 개발(환경 교육 영역)<br>o 자체연수(토론회) 및 전문가와 교류하기<br>o 현장 탐방 및 답사<br>o 평가 및 수정<br>o 자료제작 | |
| 4. 실행<br>(Implementation) | o 사용 및 설치<br>o 유지 및 관리(웹사이트/VOD) | |
| 5. 평가<br>(Evaluation) | o 과정평가<br>o 총괄평가<br>o 자체시연회<br>o 종합시연회 | |

## 3. 연구활동 수행일정

| 년/월 | 주 | 활동명 | 연 구 활 동 계 획 (실천내용) |
|---|---|---|---|
| 04'9 ~ 04'11 | | 교육과정 분석 | ○ 제7차 교육과정 재량활동 영역별 교육 과정 분석<br>-성격 분석<br>-편성과 운영 |
| | | 연구<br>계획 수립 | ○ 영역별 연간 추진 계획 수립<br>-교육 과정 운영 계획<br>-자료 수집 및 개발 계획<br>-교수·학습 진행 계획<br>-연수 프로그램 수립<br>  (자체 연수, 세미나 및 토론회, 전문가 강의 수강) |
| | | 소 분과회 결성<br>및 역할 분담을<br>위한 워크숍 | ○ 연구회 내 소 분과회 결성을 위한 워크숍<br>-소 분과회 결성 및 역할 분담<br>① 총괄팀: 연구 과제 운영 방향 수립<br>② 교수학습자료 개발팀: 자료 수집 및 개발<br>③ 웹 설계팀: 웹 디자인 및 아웃라인 설계, 메인화면 디자인 |
| 04'12 | | Contents 개발<br>방향 설정을 위한<br>토론회 | ○ 창의적 재량활동의 환경교육 영역에 대한 Contents 개발 방향<br>  설정 -교과 간 통합접근 방안 |
| 05'1 ~ | | 웹 서버 구축<br>및 운용 준비 | ○ 웹 컨텐츠 메뉴 결정<br>-주메뉴(교수·학습용 컨텐츠), 부 메뉴(게시판, 교수·학습 과정<br>  안 탑재자료실, 멀티미디어 자료실, 채팅형 토론방, Q&A)<br>○ 웹 서버, FTP 서버 구축 및 운용<br>-서버 IP 할당 및 팀원 ID 및 패스워드 부여 |
| | | Contents<br>자료 수집과<br>자체연수(토론회) | ○ 환경교육 자료 수집 착수-<br>-관련 서적, 인터넷 사이트 조사 및 자료 수집(텍스트, 동영상<br>애니메이션, 사진, 모듈, 비디오 테이프, 청각 자료, TV영상 자료<br>○ 자료의 적합성 검토를 위한 토론회 개최<br>-교육적 의미 검토, 교수. 학습 활용 가능성, 웹 기반 자료 구현<br>의 가능성 판단 |

| 월 | 주 | 활동명 | 연 구 활 동 계 획 (실천내용) |
|---|---|---|---|
| 05′5 | 1,2 | 멀티미디어 교수-학습 과정안 작성 | ○ 각 영역별 34주 차시별 멀티미디어 교수-학습 과정안 작성 (웹 기반 학습이 가능한 지도안 작성) **(환경영역 자료의 중점적 개발)** -자료의 질적 개발과 홈페이지 이용의 증대를 위하여 올해 는 환경 분야의 자료를 집중적으로 개발 ○ 환경에 관한 교수-학습 과정안 작성 -가정, 도시, 지구, 인류, 윤리, 환경(일반)의 6개 분야로 세분하여 각각 6차시 분량의 지도안 작성 |
| | 3 | Contents 가공 및 웹 서버 탑재 | ○ 개발된 컨텐츠의 웹 서버 탑재 및 운영 -아래 아 한글 자료의 웹 텍스트화 -멀티미디어 자료의 활용 -자료실 확충 |
| | 4 | 자료 개발,제작을 위한 연수회 | ○ 자료 개발을 위한 연수회 -상호작용형 자료(폰메일) 개발을 위한 연수회 -멀티미디어 자료 개발을 위한 프로그램 사용법(VOD 레코드) -개발된 멀티미디어 자료의 가공법 |
| 05′6 | 1,2 | 공동자료 제작 | ○ 실제 현장 또는 인터넷 등에서 수집된 자료가공 및 탑재 -사진자료: 포토샵, 페인트샵을 이용한 자료 가공 -동영상, 음성자료: VOD 레코드, 프리미어, windows movie maker을 이용한 편집 -웹디자인: 나모를 이용한 디자인 -웹서버 탑재: FTP를 이용하여 서버에 탑재 -직접 게시판을 이용한 원격 탑재 |
| | | 차기 활동 계획 협의 | ○ 연구 활동 결과물 중간평가를 위한 세미나 개최 |
| | | 중간 평가를 위한 세미나 | ○ 중간 평가 결과를 토대로 한 반성 및 연구 활동 계획 협의 -제작된 자료의 실제수업 투입을 위한 계획 -자료의 방향성 협의 -수업 모형 개발을 위한 협의 |
| | 3,4 | 여러 가지 수업 모형 및 관련 자료 개발 | ○ 여러 가지 모형별 교수-학습 과정안 개발 -교육청에서 제시한 멀티미디어형 8가지 유형별 교수 학습과정안 적용, 개발 -독창적인 교수-수업 과정안 개발 ○ 모형별 자료개발 -나모웹에디터를 이용한 자료 편집 -게시판을 활용한 동적인 자료 개발 |

| 월 | 주 | 활동명 | 연 구 활 동 계 획 (실천내용) |
|---|---|---|---|
| 7 | 1,2 | 정보탐색, 분석, 안내형 자료 개발<br><br>협력연구형 자료 개발 | ○ 정보 탐색, 분석, 안내형 교수-학습 과정안 개발<br>-인터넷 검색엔진을 비롯한 웹사이트 탐색형 학습 유형 개발<br>-홈페이지에 수립되어 있는 동영상, 사진, 신문 기사 등을 읽고 분석하고 보고서 작성하기<br>-정보를 가진 사람과의 직접적인 정보 교환(게시판)형 학습 유형<br>-백과사전, 인터넷 신문 등을 활용한 정보 수집, 분류 체계화형 학습 유형<br>-각종 그래프를 분석형 학습 모형 |
| | | | ○ 협력연구형 교수-학습 과정안 개발<br>-그룹형 다중 토론방 활용 학습유형<br>-게임풀이형(퍼즐, 진단문제) 집단학습 방안 활용 학습유형<br>-모둠별 문답형 학습 유형 |
| | 3 | 자체 시연회 및 연수회<br><br>웹 토론, 전문가 교류형 자료 개발 | ○ 자체 시연회 및 연수회<br>-제작된 자료의 시연회를 통한 문제점 발견<br>-가공자료 재편성 및 수정 |
| | | | ○ 웹토론, 전문가 교류형 자료 및 교수-학습 과정안 개발<br>-채팅, 게시판, 전자 우편 활용 학습 유형 및 메신저 활용 유형<br>-CGI 활용 채팅방, 게시판 개설<br>-메신저 활용 가능한 웹페이지 작성 |
| | | 정보 만들기형 자료 개발 | ○ 정보 만들기형 자료 및 교수-학습 과정안 개발<br>-환경일기 쓰기, 환경 신문 만들기<br>-인터넷 방송용 자료제작 학습유형<br>-환경 포스트 만들기, 환경 표어 그리기<br>○ 인터넷에 게시하기<br>-디지털카메라 이용하여 작품사진 올리기<br>-게시판에 직접 작성하기 |
| | 4 | 자체 시연회 및 연수회 | ○ 자체 시연회 및 연수회<br>-제작된 자료의 시연회를 통한 문제점 발견<br>-가공자료 재편성 및 마지막 수정<br>-문제점 토론<br>○ 실제 수업적용 결과를 통한 문제점 토의/평가/환류<br>-자료 수정 및 재편성<br>-문제점 토론 |
| 8 | | 종합평가 | ○실제 수업적용 결과에 종합평가 및 평가반영 계획 |

## 4. 연구활동 실제 운영 자료 예시(홈페이지 화면)

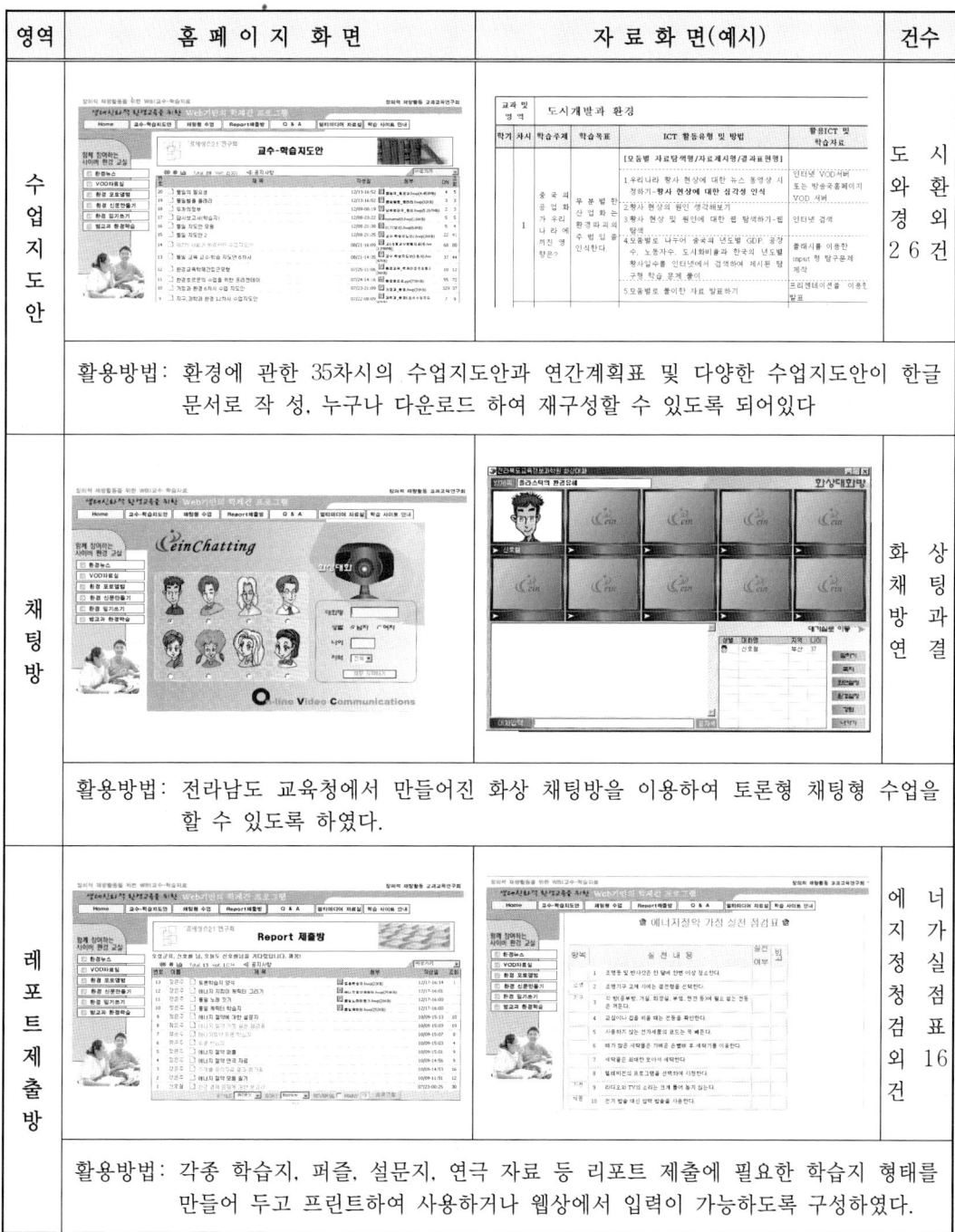

| 영역 | 홈 페 이 지 화 면 | 자 료 화 면(예시) | 건수 |
|---|---|---|---|
| 수업지도안 | | | 도시와환경 26건 |
| | 활용방법: 환경에 관한 35차시의 수업지도안과 연간계획표 및 다양한 수업지도안이 한글 문서로 작 성, 누구나 다운로드 하여 재구성할 수 있도록 되어있다 | | |
| 채팅방 | | | 화상채팅연결과결 |
| | 활용방법: 전라남도 교육청에서 만들어진 화상 채팅방을 이용하여 토론형 채팅형 수업을 할 수 있도록 하였다. | | |
| 레포트제출방 | | | 에너지절약청검외건 너가실점표 16건 |
| | 활용방법: 각종 학습지, 퍼즐, 설문지, 연극 자료 등 리포트 제출에 필요한 학습지 형태를 만들어 두고 프린트하여 사용하거나 웹상에서 입력이 가능하도록 구성하였다. | | |

| 영역 | 홈페이지 화면 | 자료 화면(예시) | 건수 |
|---|---|---|---|
| 질문과 답변 | 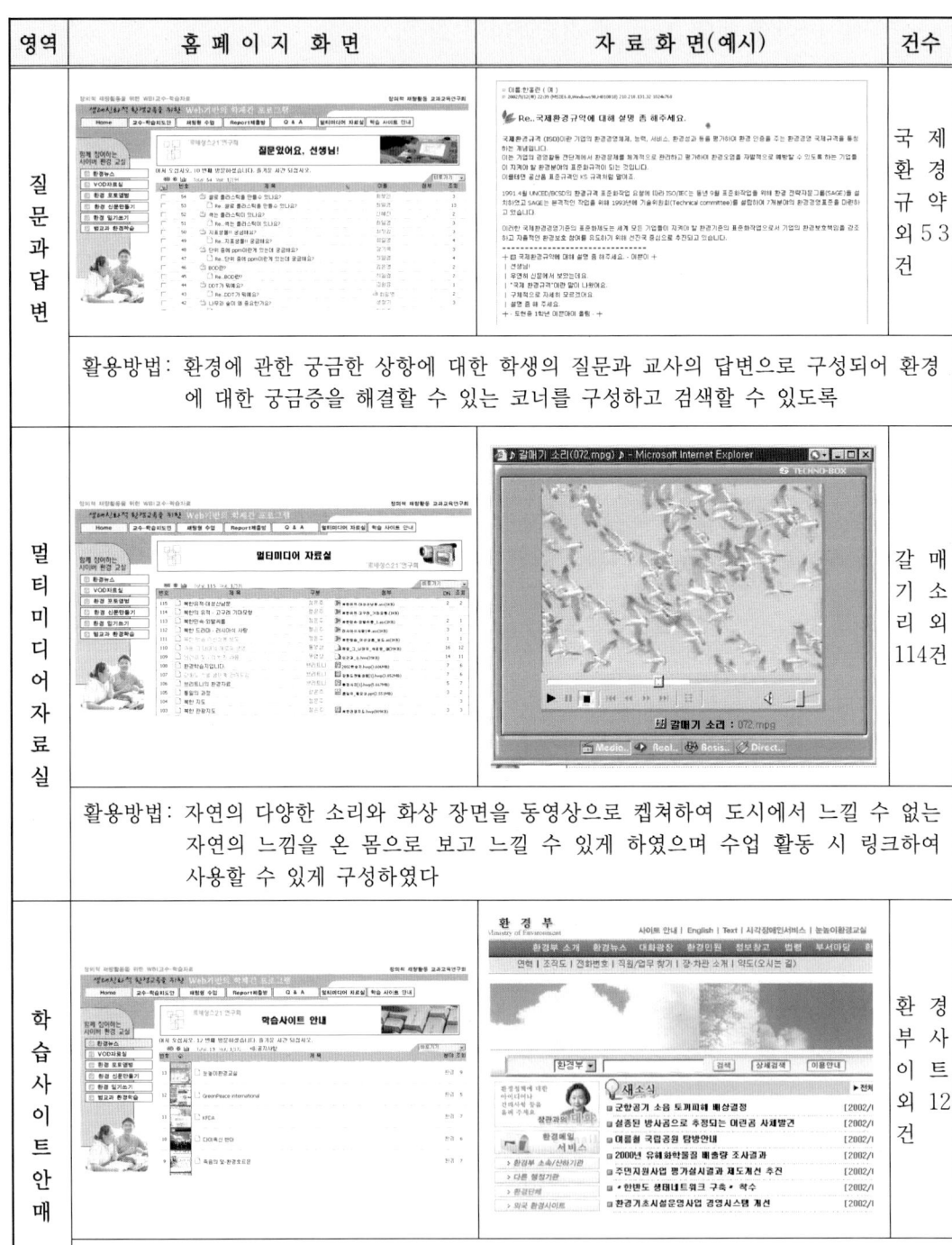 | | 국제환경규약 외 53건 |
| | 활용방법: 환경에 관한 궁금한 상항에 대한 학생의 질문과 교사의 답변으로 구성되어 환경에 대한 궁금증을 해결할 수 있는 코너를 구성하고 검색할 수 있도록 | | |
| 멀티미디어자료실 | | | 갈매기소리 외 114건 |
| | 활용방법: 자연의 다양한 소리와 화상 장면을 동영상으로 캡쳐하여 도시에서 느낄 수 없는 자연의 느낌을 온 몸으로 보고 느낄 수 있게 하였으며 수업 활동 시 링크하여 사용할 수 있게 구성하였다 | | |
| 학습사이트안매 | | | 환경부사이트 외 12건 |
| | 활용방법: 환경에 관련된 사이트를 조사하여 간단한 설명과 함께 링크하여 수업, 탐구활동 시 관련사이트를 쉽게 방문할 수 있도록 구성하였다. | | |

| 영역 | 홈페이지 화면 | 자료화면(예시) | 건수 |
|---|---|---|---|
| 환경뉴스 |  | | 우리나라 물값이 너무 싸다 는 조선일보 뉴스 외 55건 |
| | 활용방법: 환경에 신문사설, 뉴스 등을 검색하고 수집하였으며, 최근의 환경에 대한 흐름을 파악할 수 있도록 구성하여 NIE 학습이 가능하도록 구성하였다 | | |
| VOD자료실 | | | 신음하는 팔당호 뉴스 외 51건의 동영상 |
| | 활용방법: 환경에 관한 KBS 동영상 뉴스, 환경 방송, 환경 스페셜 등 다양한 동영상 자료를 캡처하여 재구성하였으며, 수업 활동 시 링크하여 사용할 수 있게 구성하였다 | | |
| 포토앨범 | | | 지하수 오염도 외 58건 |
| | 활용방법: 환경에 관련된 사진을 수집, 게시하여 수업 시 직접 또는 보조 자료로 활용이 가능하도록 구성하였다. | | |

134

| 영역 | 홈 페 이 지 화 면 | 자 료 화 면(예시) | 건수 |
|---|---|---|---|
| 환경신문만들기 | 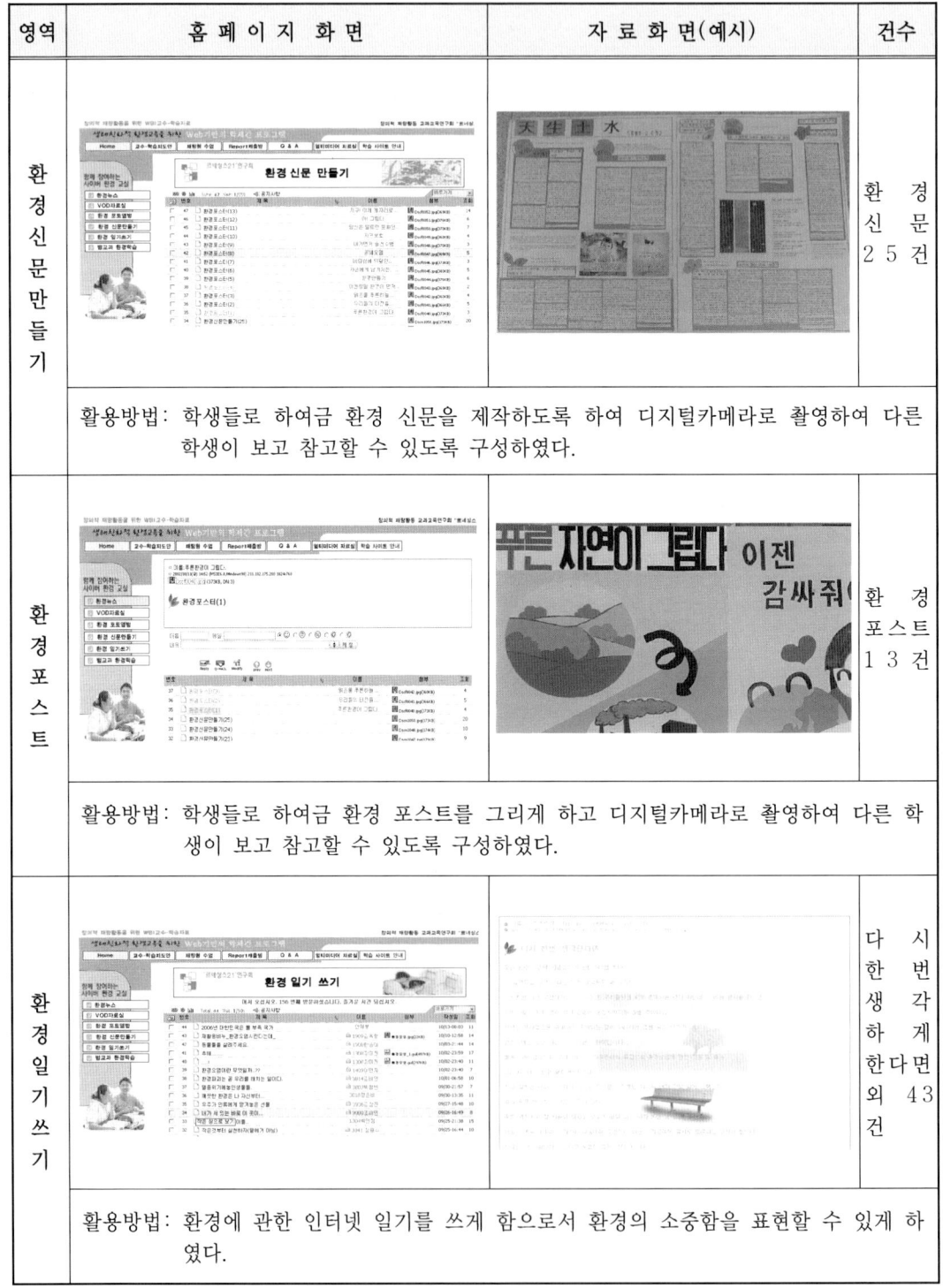 | | 환 경 신 문 2 5 건 |
| | 활용방법: 학생들로 하여금 환경 신문을 제작하도록 하여 디지털카메라로 촬영하여 다른 학생이 보고 참고할 수 있도록 구성하였다. | | |
| 환경포스트 | | | 환 경 포스트 1 3 건 |
| | 활용방법: 학생들로 하여금 환경 포스트를 그리게 하고 디지털카메라로 촬영하여 다른 학생이 보고 참고할 수 있도록 구성하였다. | | |
| 환경일기쓰기 | | | 다한생하한다외건 시번각게다면43 |
| | 활용방법: 환경에 관한 인터넷 일기를 쓰게 함으로서 환경의 소중함을 표현할 수 있게 하였다. | | |

| 영역 | 홈 페 이 지 화 면 | 자 료 화 면(예시) | 건수 |
|---|---|---|---|

**범교과환경학습**

### 1. 가정과 환경

물껴쓰경학 9 / 아기제외건

활용방법: 학생들로 하여금 가정에서 보고, 느끼고, 생각할 수 있는 다양한 학습자료를 개발하여 직접 수업에 활용할 수 있도록 WBI 교수-학습 과정안을 개발하였다.

### 2. 도시와 환경

황현외건 / 사상 7

활용방법: 도시 생활과 관련된 여러 가지 환경문제에 대한 수업 자료, 수행평가자료 등을 이용하여 직접 수업을 진행할 수도 있으며, 가정학습 과제로도 제출할 수 있도록 구성하였다.

### 3. 지구와 환경

대오의범 6 / 기염주외건

활용방법: 지구적인 문제로서의 환경오염에 관한 수업자료 및 생각해 보기 등의 탐구학습 자료를 구성하였다. 주로 과학적인 접근을 중심으로 하였다

| 영역 | 홈 페 이 지 화 면 | 자 료 화 면(예시) | 건수 |
|---|---|---|---|

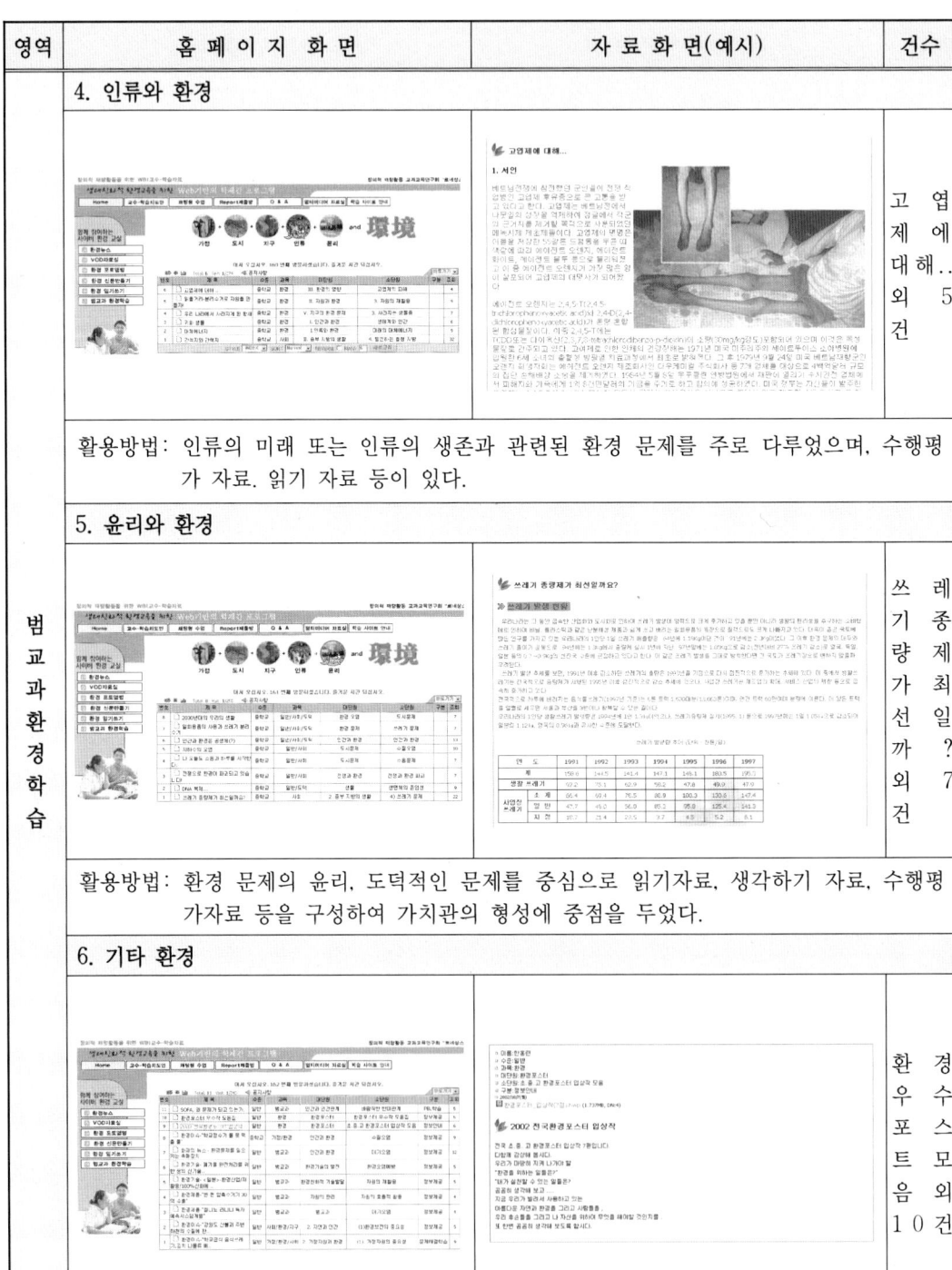

### 4. 인류와 환경

고 엽 제 에 대 해.. 5
외 건

활용방법: 인류의 미래 또는 인류의 생존과 관련된 환경 문제를 주로 다루었으며, 수행평가 자료. 읽기 자료 등이 있다.

### 5. 윤리와 환경

쓰 레 기 량 가 선 까 레 종 제 최 일 ? 7
외 건

활용방법: 환경 문제의 윤리, 도덕적인 문제를 중심으로 읽기자료, 생각하기 자료, 수행평가자료 등을 구성하여 가치관의 형성에 중점을 두었다.

### 6. 기타 환경

환 우 포 트 음 10 경 수 스 모 외 건

활용방법: 기타 환경과 관련된 수업 자료 및 다양한 교수-학습 자료를 제공하고 있다.

(영역 열: 범교과 환경학습)

| 영역 | 홈페이지 화면 | 자료화면(예시) | 건수 |
|---|---|---|---|

### 1. 가정과 환경

| 번호 | 제목 | 수준 | 과목 | 대단원 | 소단원 | 구분 | 조회 |
|---|---|---|---|---|---|---|---|
| 11 | 패스트푸드와 동물들의 수난 | 일반 | 가정/환경 | 1.자연과 인간 | (2) 인간과 환경 | 정보제공 | 79 |
| 10 | 1회용품 줄이기 | 일반 | 범교과 | 1. 환경오염 | (2) 환경오염 해결방안 | 문제해결학습 | 88 |
| 9 | 너도나도"아나바다"…… | 일반 | 가정/환경 | 3.자원관리의 효율적 활용 | 3-(3)자원의 재활용 | 정보교환/사례를 통한 학습 | 83 |
| 8 | 환경용어사전(3) | 일반 | 가정/환경 | 3.자원관리의 효율적 활용 | 3-(1)환경의 의의 | 정보안내/개념학습 | 64 |
| 7 | 환경용어사전(2) | 일반 | 가정/환경 | 3.자원관리의 효율적 활용 | 3-(1)환경의 의의 | 정보안내/개념학습 | 53 |
| 6 | 환경용어사전(1) | 일반 | 가정/환경 | 3. 자원관리의 효율적 활용 | 3-(1) 환경의 의의 | 정보안내/개념학습 | 65 |
| 5 | 에너지 절약의 지혜 | 중학교 | 가정 | 1. 자원의 활용과 환경 | 2-(2) 자원의 효율적 활용방안 | 정보탐색하기/상조학습 | 77 |
| 4 | 쓰레기의 올바른 처리방법은? | 일반 | 가정/환경 | 1.자원의 활용과 환경 | 2-(2) 환경보전방안 | 문제해결학습(실천하기) | 73 |
| 3 | 환경과 모발을 보호하는 샴푸 활용법 5가지? | 일반 | 가정/환경 | 1.자원의 활용과 환경 | 2-(2) 환경자원의 오염 | 실천사례발표 | 72 |
| 2 | 환경마크란? | 중학교 | 가정/환경 | 1. 자원의 활용과 환경 | 2-(3) 자원의 효율적 활용방안 | 정보탐색/정보만들기 | 87 |
| 1 | 물 아껴쓰기 경제학 | 중학교 | 가정/환경 | 1. 자원의 활용과 환경 | 1-(2) 자원의 종류 | 토론하기/정보만들기 | 72 |

**메뉴특성**: 학생들로 하여금 가정에서 보고, 느끼고, 생각할 수 있는 다양한 학습자료를 개발하여 온·오프라인이 연계된 사이버 가정학습의 가능성을 제공하고 있다.

### 2. 도시와 환경

| 번호 | 제목 | 수준 | 과목 | 대단원 | 소단원 | 구분 | 조회 |
|---|---|---|---|---|---|---|---|
| 8 | 중국의 공업화와 우리 나라 환경과의 관련성 | 고등학교 | 사회,환경 | Ⅵ.한경문제와 지역문제 | 1. 환경문제의 확산 | 심화보충형탐구 | 114 |
| 7 | 중국의 공업화로 인한 우리 나라의 환경오염 .. | 고등학교 | 사회 | Ⅳ. 환경문제와 지역문제 | 1. 환경문제의 확산 | 수행평가 | 106 |
| 6 | 환경문제의 해결방안에 대한 과제 | 고등학교 | 사회,환경 | Ⅳ.환경문제와 지역문제 | 1.환경문제의 확산 | 조별과제제출 | 171 |
| 5 | 환경 문제 진단 평가 | 고등학교 | 사회 | Ⅳ. 환경문제와 지역문제 | 1. 환경문제의 확산 | 형성평가,진단평가 | 117 |
| 4 | 지구온난화와 오존층파괴 | 고등학교 | 사회 | Ⅳ. 환경문제와 지역문제 | 1. 환경문제의 확산 | 자료탐구형 | 201 |
| 3 | 수행평가자료 | 일반 | 사회,환경 | Ⅳ.환경문제와 지역문제 | 1.환경문제의 확산 | 수행평가 | 266 |
| 2 | 환경문제의 발생과 종류 | 고등학교 | 사회 | Ⅳ.환경문제와 지역문제 | 1.환경문제의 확산 | 자료제시형 | 135 |

**메뉴특성**: 도시 생활 관련, 환경문제에 대한 수업 자료, 수행평가자료 등의 자료 탑재 사이버 가정학습과 연계. 학생들의 자기주도적 학습능력을 향상시킬 수 있다.

### 3. 지구와 환경

Register / Visitors 1/372

| 번호 | 제목 | 수준 | 과목 | 대단원 | 소단원 | 구분 | 조회 |
|---|---|---|---|---|---|---|---|
| 7 | 원자력에너지란? | 일반 | 과학/환경 | Ⅲ. 자원과 인간 | 우리가 사용하는 에너지들 | 자료수집, 협력토의학습 | 93 |
| 6 | 중금속중독의 종류 | 일반 | 과학/환경 | Ⅴ.환경오염 물질 | 중금속중독의 종류 | 자료탐색, 결과정리,토의 | 87 |
| 5 | 빙산을 녹이는 온난화 현상 | 일반 | 과학/환경 | Ⅵ.더워지는 지구 | 온난화현상 | 탐구 | 89 |
| 4 | 오존, 대기오염의 주범으로... | 일반 | 과학/환경 | Ⅵ.더워지는 지구 | 대기오염 | 자료해석,탐구 | 94 |
| 3 | 대기오염의 실상 | 일반 | 과학/환경 | Ⅵ.더워지는 지구 | 1.대기오염 | 자료해석, 정리 | 89 |
| 2 | 사막화 현상과 인간생활 | 일반 | 사회/과학/환경 | Ⅰ.지구환경과 인간 | 지구의 허파 숲 | 자료탐색,협력학습 | 101 |
| 1 | 환경호르몬의 ppt죠?! | 일반 | 과학/환경 | Ⅴ.환경오염 물질 | 환경호르몬이란? | 자료 | 75 |

STYLE INDEX ∨ SORT Normal ∨ REVERSE □ MANY 7 새로고침

**메뉴특성**: 지구환경에 관한 수업자료 및 생각해 보기 등의 탐구학습자료를 구성하였다. 주로 과학적인 접근을 중심으로 학생들의 확산적 사고의 형성에 도움을 줄 수 있다.

범교과 환경학습

| 영역 | 홈페이지 화면 | 자료화면(예시) | 건수 |
|---|---|---|---|

### 4. 인류와 환경

메뉴특성: 우리의 삶과 인류와 환경과의 관계를 생각해 보고, 느낄 수 있는 다양한 학습자료를 개발하여 제공, 학생, 일반인 모두 학습의 기회를 제공하고 있다.

### 5. 윤리와 환경

| 번호 | 제 목 | 수준 | 과목 | 대단원 | 소단원 | 구분 | 조회 |
|---|---|---|---|---|---|---|---|
| 8 | 2030년대의 우리의 생활 | 중학교 | 일반/사회/도덕 | 환경 오염 | 도시문제 | | 74 |
| 7 | 일회용품의 사용과 쓰레기 분리수거 | 중학교 | 일반/사회/도덕 | 환경 문제 | 쓰레기 문제 | | 63 |
| 6 | 인간과 환경은 공생체(?) | 중학교 | 일반/사회/도덕 | 인간과 환경 | 인간과 환경 | | 63 |
| 5 | 지하수의 오염 | 중학교 | 일반/사회 | 도시문제 | 수질오염 | | 73 |
| 4 | 나 오늘도 소음과 하루를 시작한다.. | 중학교 | 일반/사회 | 도시문제 | 소음문제 | | 63 |
| 3 | 전쟁으로 환경이 파괴되고 있습니다! | 중학교 | 일반/사회 | 전쟁과 환경 | 전쟁과 환경 파괴 | | 80 |
| 2 | DNA 복제... | 중학교 | 일반/도덕 | 생물 | 생명체의 존엄성 | | 55 |
| 1 | 쓰레기 종량제가 최선일까요? | 중학교 | 사회 | 2. 중부 지방의 생활 | 4) 쓰레기 문제 | | 68 |

STYLE INDEX ∨ SORT Normal ∨ REVERSE □ MANY 8 새로고침

메뉴특성: 인간의 윤리적인 측면을 강조, 환경문제에 대한 수업 자료, 일반적 자료 등을 탑재하여 언제, 어디서, 누구든지 가능한 온라인 학습환경을 제공하고 있다.

### 6. 기타 환경

우리 정부가 미국에 끈질기게 요구해 부족하나마 미군 범죄에 대해 처벌할 수 있는 근거를 마련한 것이다. 이전에는 살인, 강간 등 중범죄를 저지른 주한미군들을 처벌할 길이 거의 없었다.

중앙일보 이태종 기자

*** 무엇이 문제인가

한.미 SOFA는 91년 처음 손질한 데 이어 지난해 재개정하며 몇몇 독소 조항은 사라졌다.

법조계에선 그럼에도 한.미 SOFA에는 여전히 불평등한 데가 있다고 한다.

협정은 전문 31조의 본문과 3개 부속서로 구성되는데, 이 가운데 핵심적 불평등 조항은 형사재판권 관할 문제다.

협정 제22조에 따르면 재판권을 행사할 권리가 경합하는 경우 공무집행 중의 범죄에 대해서는 미국이 1차적 재판권을 갖는다. 우리 정부가 이번 사건의 재판권을 이양해 달라고 요청했지만 미군이 거부한 것도 이 조항에 따른 것이다.

이와 관련 법조계는 살인.강도.강간 등 강력 범죄뿐 아니라 공무중 범죄라도 민간인에게 피해를 준 경우엔 우리나라가 수사권과 재판권을 행사토록 해야 한다고 주장한다. 공무인지 여부의 판단도 일본처럼 우리나라가 해야 한다는 것이다.

이에 대해 미국은 "미국이 맺고 있는 SOFA는 세계적으로 같은 내용이어서 한.미 간에 개정할 것이 없다"는 입장이다.

*** 생각 키우기

메뉴특성: 인간 삶의 총체적 환경에 관한 학습자료 및 생각해 보기 등의 탐구학습자료로 구성, 과학적인 접근을 중심으로 학생들의 확산적 사고의 형성에 도움을 줄 수 있다.

범교과 환경학습

| 영역 | 자 료 화 면 (예시) |
|---|---|

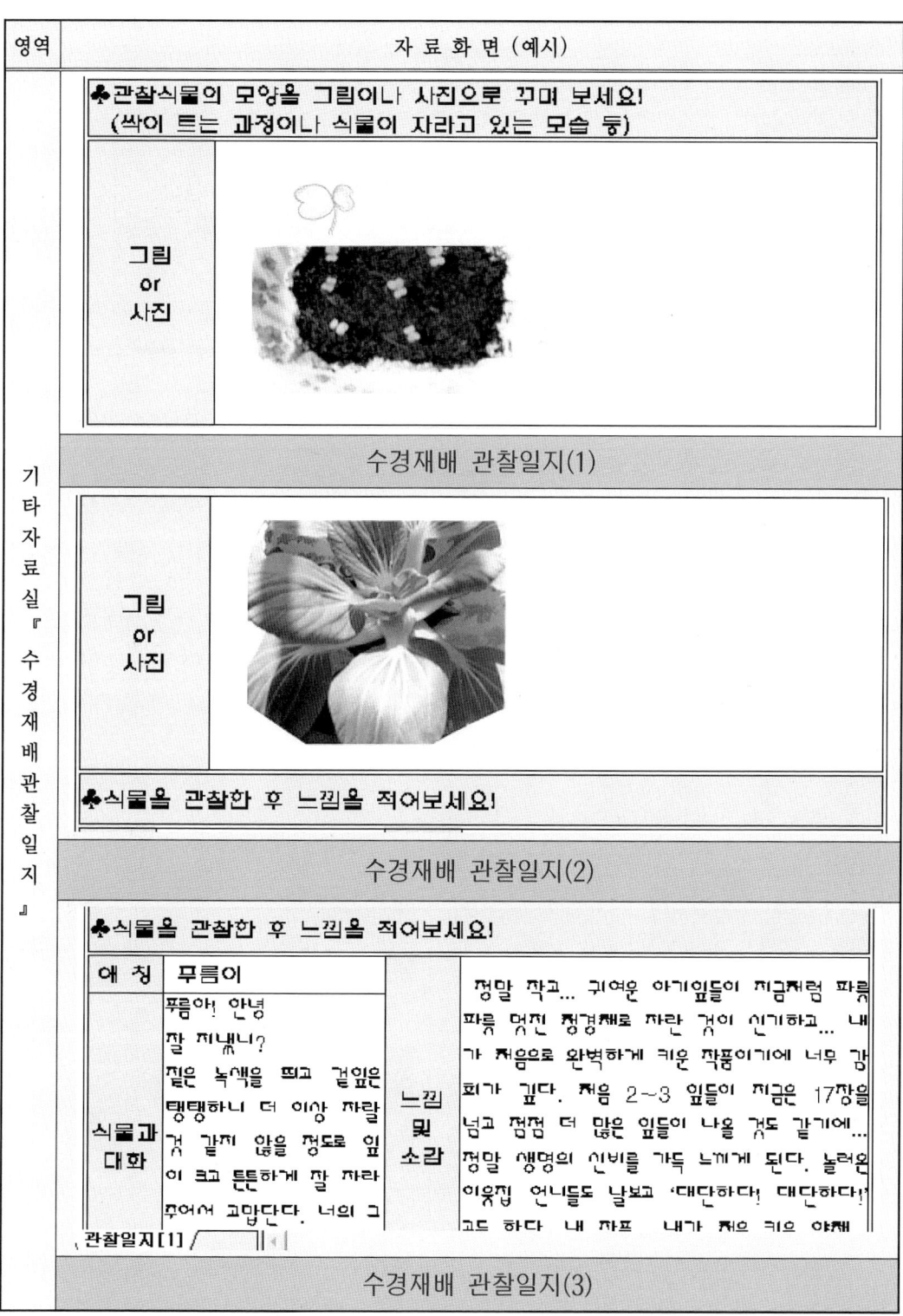

기타자료실 『수경재배관찰일지』

♣관찰식물의 모양을 그림이나 사진으로 꾸며 보세요!
(싹이 트는 과정이나 식물이 자라고 있는 모습 등)

그림 or 사진

수경재배 관찰일지(1)

그림 or 사진

♣식물을 관찰한 후 느낌을 적어보세요!

수경재배 관찰일지(2)

♣식물을 관찰한 후 느낌을 적어보세요!

| 애 칭 | 푸름이 |
|---|---|
| 식물과 대화 | 푸름아! 안녕 잘 지냈니? 짙은 녹색을 띠고 겉잎은 탱탱하니 더 이상 자랄 것 같지 않을 정도로 잎이 크고 튼튼하게 잘 자라주어서 고맙단다. 너의 그 |

느낌 및 소감

정말 작고... 귀여운 아기잎들이 지금처럼 파릇파릇 멋진 청경채로 자란 것이 신기하고... 내가 처음으로 완벽하게 키운 작품이기에 너무 감회가 깊다. 처음 2~3 잎들이 지금은 17장을 넘고 점점 더 많은 잎들이 나올 것도 같기에... 정말 생명의 신비를 가득 느끼게 된다. 놀러온 이웃집 언니들도 날보고 ‘대단하다! 대단하다!' 고도 한다 내 작품 내가 처음 키운 야채

관찰일지[1] /

수경재배 관찰일지(3)

| 영역<br>000 | 자 료 화 면(예시) |
|---|---|

**윤리**

- 자연 친화적 가치의 실천화
- 생명 존중 가치의 내면화
- 생태 중심적 감성의 활성화

⇧

## 학제 간 환경교육 접근모형

### 창의적 재량활동 연간학습계획표

| 영 역 | 환경 | | | | |
|---|---|---|---|---|---|
| 학기 | 차시 | 학습주제 | 학습목표 | ICT 활동유형 | 활용ICT 및 학습자료 |
| | 1 | 일회용품의 죽음 | 일회용품의 종류와 해릭시 분해되는 시간을 조사하여 일회용품의 폐해를 안다. | 탐구, 결과교류 | 인터넷,ppt,실물화상기 |
| | 2 | 지고의 허파 숲 | 숲의 대기정확작용을 과학적원리로 접근하여 이해한다. | 자료제시, 의사소통 | 인터넷, ppt,실물화상기 |
| | 3 | 자연의 정화 장치 갯벌 | 갯벌속에 사는 여러 가지 생물들을 조사해보고 바다와 육지의 여러 가지 영양염들을 분해하는 과정을 조사한다. | 탐구 | 인터넷,ppt |
| | 4 | 하천속의 물고기 | 하천의 수질에 따라 서식하는 물고기들의 종류를 조사해본다. | 탐구, 의사소통 | 인터넷,ppt |

## 학제 간 환경교육 연간계획표

| 펄털콩게 | 엽낭게 | 바위게 | 풀게 |
|---|---|---|---|

| 큰구슬우렁이 | 갯우렁이 | 왕좁쌀무늬고둥 | 서해비단고둥 |
|---|---|---|---|

## 강화도 갯벌 생태계 간이도감

기타자료실

| 영역 | 자료화면(예시) | | | | |
|---|---|---|---|---|---|

**도시개발과 환경**

| 교과 및 영역 | | | | | |
|---|---|---|---|---|---|
| 학기 | 차시 | 학습주제 | 학습목표 | ICT 활동유형 및 방법 | 활용ICT 및 학습자료 |
| | 1 | 중국의 공업화가 우리나라에 끼친 영향은? | 무분별한 산업화는 환경파괴의 주범임을 인식한다. | [모둠별 자료탐색형/자료제시형/결과표현형]<br>1. 우리나라 황사 현상에 대한 뉴스 동영상 시청하기-황사 현상에 대한 심각성 인식<br>2. 황사 현상의 원인 생각해보기<br>3. 황사 현상 및 원인에 대한 웹 탐색하기-웹 탐색<br>4. 모둠별로 나누어 중국의 년도별 GDP, 공장 수, 노동자수, 도시화비율과 한국의 년도별 황사일수를 인터넷에서 검색하여 제시된 탐구형 학습 문제 풀이<br>5. 모둠별로 풀이한 자료 발표하기 | 인터넷 VOD서버 또는 방송국홈페이지 VOD 서버<br>인터넷 검색<br>플래시를 이용한 input 형 탐구문제 제작<br>후리젠테이션을 이용한 발표 |
| | | | | [모둠별 자료탐색형/자료제시형/결과표현형] | |

**도시와 환경 교수학습 설계안(총 6차시)**

**국어 · 문학과 환경 교육**

| 교과 및 영역 | | | | | |
|---|---|---|---|---|---|
| 학기 | 차시 | 학습주제 | 학습목표 | ICT활동유형 및 방법 | 활용 ICT 및 학습자료 |
| | 1 | [말하기]환경 오염 실태에 대한 정보 탐색과 활용 | 상황, 목적, 전달 효과를 고려하되, 내용 조직의 일반적 원리를 활용해 말할 수 있다.<br>- 환경 오염의 실태에 관한 다양한 정보를 찾고 이를 조직하여 말로 표현할 수 있다. | 모둠별 자료탐색형, 의사소통형, 교실 온-라인과 오프-라인 수업형 병행<br>□ 방법<br>1. 모둠별 과제 분담하기<br>(토양·대기·수질·지구 오염 등 영역별 오염 현상과 원인 찾기)<br>2. 인터넷 웹 검색을 통한 자료 검색하기<br>3. 모둠별로 정리한 자료를 웹(Web) 과제방에 탑재하기<br>4. 말하기 개요 자료 만들기<br>5. [오프-라인]정보조직하여 말하기<br>(영역별 환경 오염의 실태와 원인 찾아 말하기)<br>[수행평가] 환경신문 발행하기(워드프로세서, A4 2페이지 내외, 다단 편집, 신문 제호 달기)<br>의사소통형, 온라인 토론형(모둠별 채팅수 | 인터넷네트워크, ppt자료, 워드프로세서 |

**국어교육과 환경 교수학습 설계안(총 6차시)**

| 차시 | 학습주제 | 학습목표 | ICT활동유형 | 활용 ICT 및 학습자료 |
|---|---|---|---|---|
| 1 | ·하나님이 천지를 창조한 목적은 무엇이었을까? | ·하나님의 친자생각 파악하기<br>·생태적 위기 발생의근본원인에대한 가치론적 탐색<br>·인간 중심적 세계관과 자연관의 | <자료제시·설명형/의사소통형/결과생산형/결과표현형>의 조합적 수업모형 구현<br>1. 자료제시형: 교사는 자료제시- 천지창조와 관련된 성경구절에 대해서 생태적 위기의 관점에서 해석한 다양한 학자들의 견해를 프리젠테이션을 통해 보여줌과 동시에 설명함.<br>2. 의사소통형: 그룹별로 자료된 제시를 두고 각자가 하나님의 입장에서 생태적 위기와 관련하여 해석하기<br>3. 결과 생산형: 개인별 자기해석 발표와 모둠별 토의에 의하여 제안된 다양한 자료를 가공·정리하여 최종적 Contents를 제작함.<br>4. 결과 표현형: <온-라인>홈페이지 게시판에 올리거나 교사와 각 모둠에게 E-mail로 발송함으로써 공유함. | 인터넷 네트워크, 프리젠 테이션 자료, 기타 문자 텍스트 자료 |
| | | | <전문가교류형/정보만들기형/결과생산형/결과표 | |

**윤리와 환경교수학습 설계안(총 6차시)**

| 영역 | 자 료 화 면(예시) |
|---|---|

<table>
<tr><td rowspan="2">교과<br>및<br>영역</td><td colspan="4">과학과 환경</td><td rowspan="2">활용 ICT 및<br>학습자료</td></tr>
<tr><td>학습주제</td><td>학습목표</td><td colspan="2">ICT 활동유형 및 방법</td></tr>
</table>

교과 및 영역: 과학과 환경

| 차시 | 학습주제 | 학습목표 | ICT 활동유형 및 방법 | 활용 ICT 및 학습자료 |
|---|---|---|---|---|
| 4 | ▶중금속 중독의 종류 | ○ 중금속이 미치는 인체중독현상들의 종류를 안다. | **자료검색, 탐구, 의사소통, 결과표현**<br>1. 자료검색 : 중금속의 이해와 인체에 유해한 영향을 미치는 중금속의 종류를 인터넷을 이용하여 조사한다.<br>2. 탐구 및 의사소통 : 우리 생활 주변에서 찾을 수 있는 중금속에 의한 토양오염, 수질오염, 대기오염의 예를 학습한다.<br>3. 결과표현 : 자신이 중금속 중독인 환자라고 가정하고 가족과 친구, 혹은 이웃에게 편지를 쓴다. | 멀티미디어 백과사전<br>웹자료<br>개인용PC<br>프리젠테이션 |
|  |  |  | <기대효과><br>중금속의 과학적 탐구를 거쳐 중금속중독의 위험성을 인지하고 환경오염의 피해를 웹기반자료를 활용하여 조사한후 자신에게 위험성을 이입하여 문제의 심각성을 깨닫게 할 수 있다. | |

### 지구과학과 환경 교수학습 설계안(총 12차시)

| 교과 및 영역 | | 가정과 환경(생활속의 환경 – 실천사례 중심) | | | |
|---|---|---|---|---|---|
| 학기 | 차시 | 학습주제 | 학습목표 | ICT 활동유형 및 방법 | 활용 ICT 및 학습자료 |
|  | 1 | ▶생활 속의 환경에서 실천할 수 있는 환경보전활동은?<br>[지식 · 정보교환]<br>- 내가......<br>- 집에서......<br>- 학교에서......<br>- 우리마을에서...... | ○ 소비생활과 환경문제와의 관련성을 알아 낼 수 있다. | **[자료제시형/의사소통형]**<br>1. 교사의 자료제시<br> - 환경보전 다양한 실천사례들 제시(온라인/오프라인)<br>2. 모둠별 의사소통하기<br> - 환경보전 실천사례들을 동시, 비동시 의사소통 도구를 이용하여 모둠원간에 의견 및 자료를 실시간 또는 비실시간으로 교환한다.<br>3. 정리하기<br> - 구분(나/집/학교/우리마을) | 사례모음<br>(디지털카메라편집자료 제시)<br>인터넷 환경 |

### 가정과 환경 교수학습 설계안(총 12차시)

| 심화학습 참고자료 |
|---|

| 중단원명 | 1. 환경문제의 확산 |
|---|---|

₩ 중국의 공업화와 우리 나라 환경과의 관련성

▶ 다음 자료를 통해 중국의 공업화가 우리 나라 환경에 미치는 영향에 대해 알아보자.

**❶ 세계 최대 공단 거느린 중국 공업 중심지 '선전'**

　20년 전 인구 3만의 작은 어촌 마을은 이제 인구 400만에 기업체 2만 여 개가 밀접한 거대 공업도시로 변모했다. 선전 방문자를 놀라게 하는 첫 장면은 시속 200Km로 달리는 광저우발 선전행 고속열차 안에서 본 창밖의 풍경이다.

　시 중심으로 들어오는 철로 주변은 5~6층 짜리 공장들이 끝없이 이어져 있다. 선전의 생산력은 이미 일개 도시 수준을 넘어선 상태이다. 컨테이너와 자전거는 세계 시장 점유율 1위이다. 시계 생산은 세계 시장의 30%, 컬러 TV 생산량은 연간 900만대(98년), 한국과 거의 동시에 완전 평면 TV를 만드는 콩가, TCL, 도시바 등 국내외 강자들이 잔뜩 버티고 있다.　　　　　-2001년 7월 9일, oo일보-

　● 중국의 공업화 관련 사이트 - 【http://www.me.go.kr/education/officer/2_2.htm】

### 사회과 환경교수학습 설계안 및 수준별 학습자료(총6/40점)

## 5. WBI 교수-학습 활동

가. 일시: 2005.3.1~2005.07.19

나. 대상: 화신중학교/연일중학교 2학년학생

| | |
|---|---|
| 정보안내형 수업 | 모둠별 문제해결학습 |
| 모둠토의 장면 | 환경 학습, 정보만들기형 학습 |
| 환경 학습, 정보만들기형 학습 | 국어과(문학) '환경테마' 글쓰기 |

## 6. 운영 성과 및 기대

| 영역 | 운영 성 과 및 기대 |
|---|---|
| 학생 측면 | ① 웹 기반의 홈페이지를 활용한 정보 검색 및 의견 교환을 통해 학습 계획을 수립하고 모든 학습 과정에서 학습자의 주도적인 역할을 뒷받침함으로써 자율적인 학습을 할 수 있는 환경을 조성하였다.<br>② 환경 신문 만들기, 환경 포스트, 환경일기 쓰기 등을 통해 정보 검색 및 수집, 분석, 종합 등 새로운 정보를 만들어 내는 과정에 직접 참여시킴으로써 창의력과 문제 해결 능력이 향상되었다.<br>③ 다양한 학습지를 통하여 문제해결 학습, 프로젝트 학습, 상황 학습, 협동 학습 등의 실천을 하고 이를 통해 교실 수업의 변화를 가져왔다고 생각한다.<br>④ 웹 기반의 홈페이지 활용 교육을 통해 교실과 교과서라는 공간과 자료의 한계를 극복하고 시간과 공간을 초월하여 사고의 폭을 넓히는 데 기여했다.<br>⑤ 학습자의 능력에 맞는 수준별 수업을 통해 지식·정보화 시대를 살아가는 세계인으로의 성장에 기여하였다. |
| 교사 측면 | ① 창의적 재량활동 영역에 대한 교사들의 인식 전환을 유도하였다. 21세기 지식 정보화 시대에 창의적으로 적응하고 참여할 수 있는 인간을 길러내는 데 필요한 영역이라는 인식의 전환을 꾀할 수 있을 것이다.<br>② 기술적으로 창의적 재량활동 영역 수업준비에 대한 부담감을 줄여 수업에 적극적으로 임하게 함으로써 질적 내실을 기할 수 있고, 나아가 7차 교육과정의 창의적 재량활동 영역을 조기에 안착시키는 데 도움이 되었다.<br>③ 창의적 재량활동 영역은 범교과 학습을 통한 학제 간 접근을 시도하기 때문에 교사들로 하여금 지식 정보화 사회에 필요한 교육 패러다임에 대한 통합적 시각을 가지게 하였다. |
| 교수· 학습 측면 | ① 학교 여건에 적합한 ICT 활용 창의적 재량활동 교수학습 과정안을 보급할 수 있을 것 같다.<br>② 창의적 재량활동 영역의 특성을 고려하여 교과 시간의 통합 혹은 연속적인 편성이 가능하며 아울러 무학년제 운영도 가능하다.<br>③ 정보통신기술의 도구적 특성과 학교여건을 고려하여 단계별, 수준별 창의적 재량 활동 학습 내용을 선정, 보급할 수 있다.<br>④ 컴퓨터실, 교실, 특별실, 멀티미디어실, 교과 교실 등 어디에서나 최소한의 인터넷 환경에서도 가능한 실천중심의 새로운 환경교육 학습환경조성에 기여할 수 있다. |
| 기술적 측면의 일반화 | ① 실용성: 열린 교과 학습 자료로서 얼마든지 교사가 웹 에디터를 이용하여 환경교육 컨텐츠를 추가하거나 자료 내용을 수정, 보완해 쓸 수 있다는 장점이 있다.<br>② 보급성: 본 환경교육 학제 간 프로그램은 WBI용 프로그램으로서 네트워크 온라인 시설만 구비되어 있다면, 어디서든지 교수-학습활동에 활용할 수 있다.<br>③ 편의성: 하드웨어적으로 윈도98 이상의 OS체제에서 쉽게 자료를 활용할 수 있고, 웹 브라우저인 마이크로소프트 익스플로러(넷스케이프 가능)를 이용하여 쉽게 검색할 수 있다. |

## 7. 연구활동자료 견본목록

| 일련<br>번호 | 개발,<br>보급일자 | 교수학습 자료명 | 내용(요약) 및 보급량 | 활용<br>대상 |
|---|---|---|---|---|
| 1 | 04'12월 | 학제관 환경교육 WBI 프로그램 접근 모형 | 모형도 -1장 | 중고생 |
| 2 | 05'6월<br>-08월 | 지구와 환경 교수-학습 과정안 | **컵라면 속에 호르몬이?**외 6차시-2장 | " |
| 3 | 6월-08월 | 국어·문학과 환경교육 교수-학습 과정안 | **말하기 자료** 외 6차시-2장 | " |
| 4 | 6월-08월 | 도시개발과 환경 교수-학습 과정안 | 중국의 공업화가 우리나라에 끼친 영향은? 외 6차시-2장 | " |
| 5 | 6월-08월 | 윤리와 환경 교수-학습 과정안 | **하나님이 천지를 창조한 목적은 무엇이었을까?** 외 6차시-2장 | " |
| 6 | 6월-08월 | 가정과 환경 교수-학습 과정안 | **생활 속의 환경보전 실천** 외 6차시-2장 | " |
| 7 | 6월-08월 | 과학과 환경 교수-학습 과정안 | **얼음이 녹는다구?** 외 6차시-2장 | " |
| 8 | 6월-08월 | WBI교수-학습모형<br>문제해결학습(PBL) | 환경이슈-학교급식 음식쓰레기 외 10점-1장 | " |
| 9 | 4월-08월 | WBI교수-학습모형<br>온라인 환경일기쓰기 | 동물들을 살려주세요 외 54점-1장 | " |
| 10 | 4월-08월 | WBI교수-학습모형<br>WBI환경신문만들기 | 푸른환경이 그립다 외 49점-1장 | " |
| 11 | 4월-08월 | WBI교수-학습모형<br>정보탐색형 | 강화도 갯벌탐구 외 108점 제공-1장 | " |
| 12 | 4월-08월 | WBI교수-학습모형<br>정보안내형 | 인간과 환경 외 50사이트 제공-1장 | " |
| 13 | 4월-08월 | WBI교수-학습모형<br>PC형 화상카메라 활용 | 대재앙의 예고 폐광석 댐 외 53점-1장 | " |
| 14 | 3월-08월 | WBI교수-학습모형<br>전문가 교류형 및 웹토론형 | 쌀로 플라스틱을 만들 수 있나요? 외 53점-1장 | " |
| 15 | 3월-08월 | WBI교수-학습모형<br>정보제공형 | 환경용어사전 외 50점 -1장 | " |
| 16 | 3월-08월 | WBI교수-학습모형<br>그외 제공자료모음 소개 | 영역별WBI 학제 간 교수-학습지도안 등 7개 항목 소개-1장 | " |
| 17 | 3월-08월 | WBI교수-학습 공통자료 소개 (생성언어자료) | 환경포스터/신문/일기쓰기 소개 -2장 | " |
| 18 | 3월-08월 | WBI교수-학습 공통자료 소개 (대상언어자료) | 학습사이트안내/환경뉴스/VOD자료실/포토앨범-2장 | " |
| 19 | 6월 | 환경포스터 | 환경포스터작품소개4점-1장 | " |
| 20 | 7월 | 환경신문 | 환경신문작품소개 6점-3장 | " |

| 일련<br>번호 | 개발 및<br>보급일자 | 자료명 | 내용(요약) 및 보급량 | 활용<br>대상 |
|---|---|---|---|---|
| 21 | 9월-12월 | 환경일기 | 환경일기 작품들 2점 -2장 | 중,고생 |
| 22 | 4월-11월 | 범교과 WBI탑재 자료<br>가정 | 환경마크 외 4점 -4장 | 〃 |
| 23 | 4월-11월 | 범교과 WBI탑재 자료도시 | 황사현상 2점 -2장 | 〃 |
| 24 | 9월-12월 | 범교과 WBI탑재 수행평가 자료(학<br>생탑재자료) 도시 | 황사현상 2점-1장 | 〃 |
| 25 | 9월-12월 | 범교과 WBI탑재 자료도시 | 지구온난화와 오존층파괴 2점 -2장 | 〃 |
| 26 | 9월-12월 | 범교과 WBI탑재 수행평가 자료(학<br>생탑재자료) 도시 | 지구온난화와 오존층파괴 2점 -1장 | 〃 |
| 27 | 9월-12월 | 범교과 WBI탑재 자료도시 | 동물원 sos 2점 -2장 | 〃 |
| 28 | 9월-12월 | 범교과 WBI탑재 수행평가 자료(학<br>생탑재자료) 도시 | 동물원 sos 2점 -1장 | 〃 |
| 29 | 12월 | 범교과 WBI탑재 진단평가 | | 〃 |
| 30 | 9월-11월 | 범교과 WBI탑재 자료지구 | 원자력에너지란? 외 2점-2장 | 〃 |
| 31 | 9월-11월 | 범교과 WBI탑재 자료인류 | 고엽제 외 5점-5장 | 〃 |
| 32 | 9월-11월 | 범교과 WBI탑재 자료윤리 | 나오늘도 소음과 하루를 시작 외 6<br>점-6장 | 〃 |
| 33 | 5월-12월 | 학습사이트안내 | 눈높이 환경교실 외 16점-8장 | 〃 |
| 34 | 5월-12월 | 환경뉴스 | 햄버그 법정에 세우랍신다 외 3점<br>-4장 | 〃 |
| 35 | 5월-12월 | VOD자료실 | 스모그현상 외12점-2장 | 〃 |
| 36 | 5월-12월 | 환경포토앨범 | 황해의 수질오염 인공위성 사진 외<br>20점 -4장 | 〃 |
| 37 | 3월-12월 | WBI교수-학습 활동 표정 | 정보통신학습 활동사진 외12점-6장 | 〃 |
| 38 | 3월-12월 | 교과교육연구회 자체 연수 | WBI 교수-학습용 프로그램 제작<br>자체 연수 외 4점 -2장 | 〃 |

(1) 생산언어 자료(학습자)

148

## 환경포스터 작품들

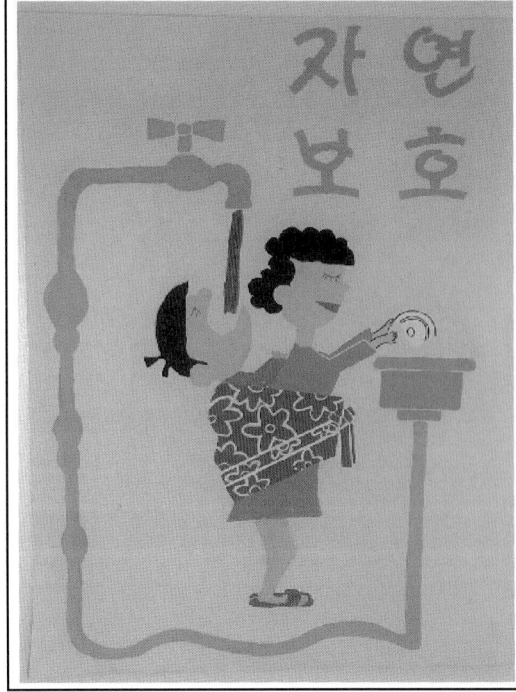

# 환경신문 작품들

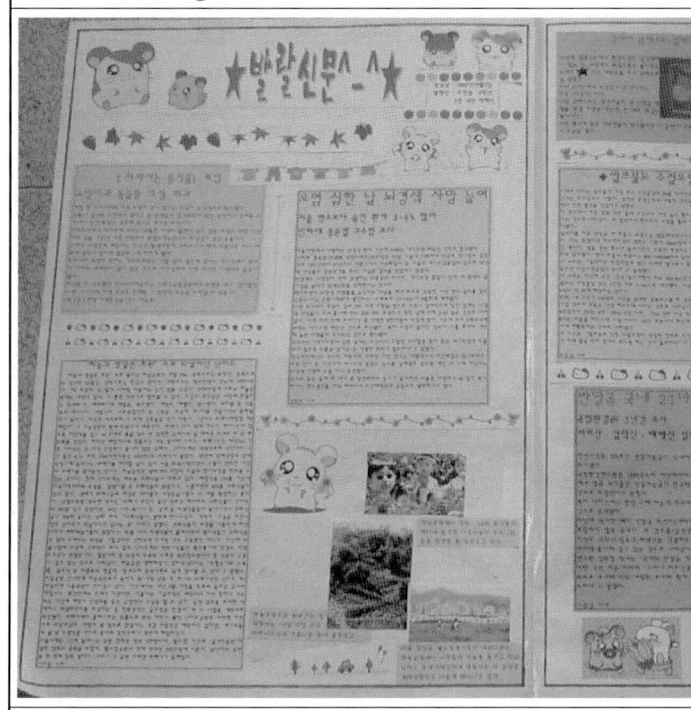
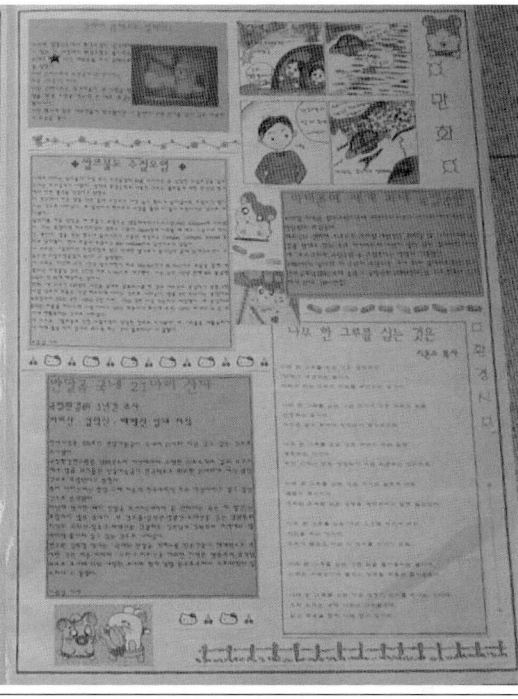

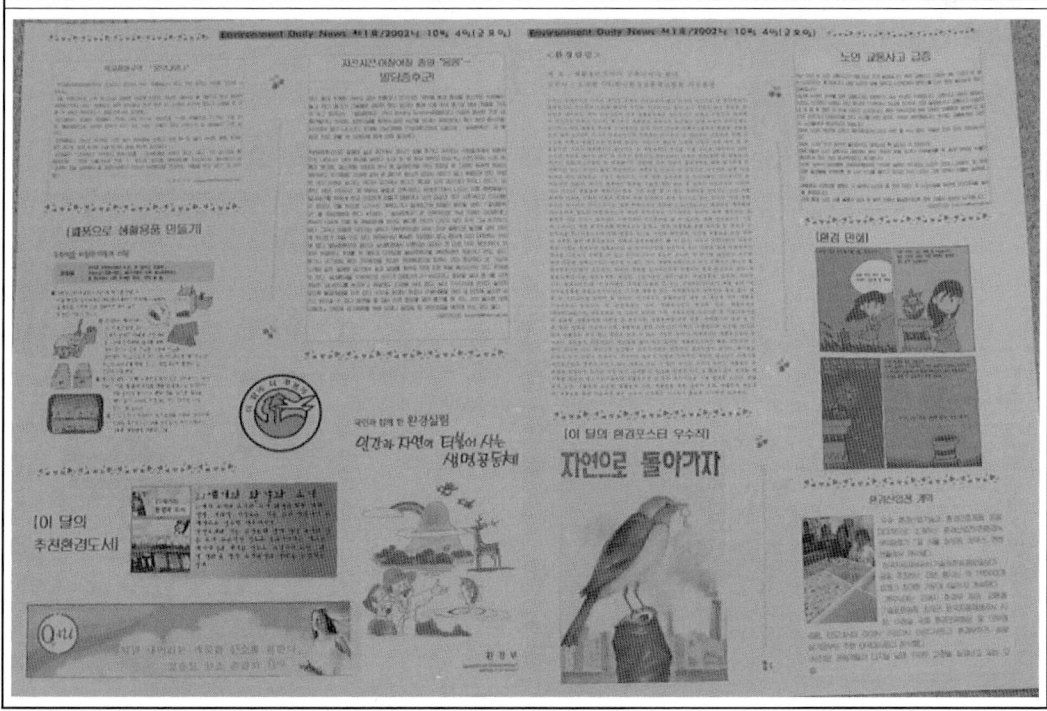

## 🌿 환경신문 작품들

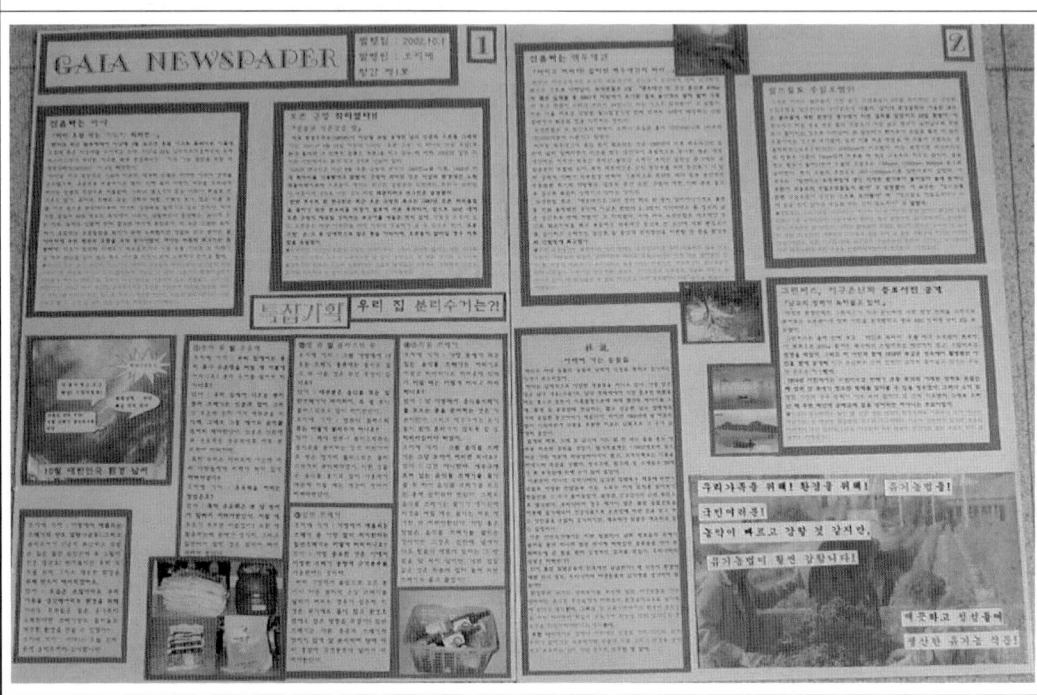

## 🍃 환경신문 작품들

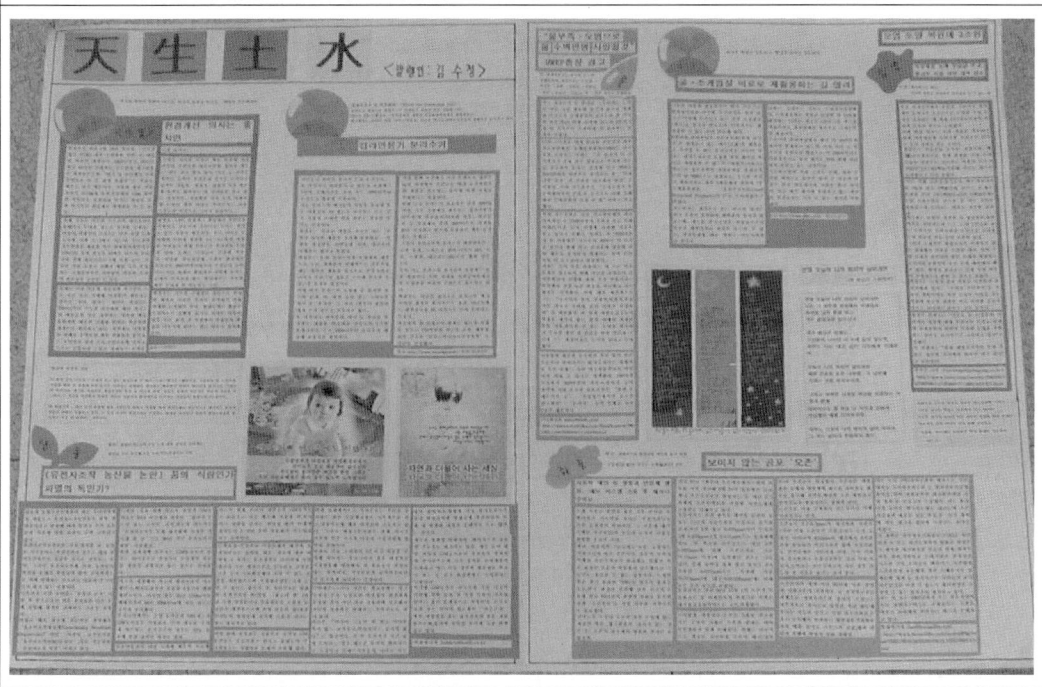

#  환경일기(1)

이름:3935서정훈 (sfchild1@hotmail.com) ( 남 )
홈페이지:http://www.wishsoft.net
2005.6.15(수) 21:59 (MSIE6.0,WindowsNT5.1) 211.38.173.42 1024x768

......................................................
가스실에 들어앉은 우리지구
......................................................

나는 이번 환경일기의 제목을 '가스실에 들어앉은 우리지구' 라고 하고 싶다.
무슨 말도 안 되는 이야기냐고 하는 사람도 있겠지만 나는 이것이 정말 심각한 문제라
고 생각한다.
왜냐하면 지구는 지금 가스실에 들어앉아서 생명이 위독하기 때문이다.
위독한 프레온 가스가 펑펑 새어나오는 가스실 한복판에서 언제 쓰러질지 모르는 생명을 안타
깝게 유지하고 있는 우리 삶의 터전 지구…….
지구를 그렇게 만든 우리는 모두 '히틀러' 다. 무차별 생체실험으로 유태인들을 가스실에 집어
넣은 히틀러, 그에 반면에 지구는 '유태인' 이라고 하겠다. 아무것도 모르고 그저 억울하게 피해
만 입는 유태인, 그렇다. 지구가 이렇게 위험한 것은 모두가 우리들. 아니, 바로 나 때문인 것이
다. 자기 멋을 부리기 위해서 모기 잡을 때처럼 머리에 뿌리는 무스. 하루에도 수십 번씩 여닫
는 냉장고 문... 이 모든 것이 지구가 있는 가스실의 가스밸브를 힘차게 여는 행동이란 것이다.

그리고 통계청의 조사에 따르면, 모든 인류가 가진 냉장고의 문을 하루에 한번씩만 여닫는 걸
줄여도 지구가 이렇게 까지는 오지 않았을 것이라고 한다.
우리들, 바로 나 하나의 그 무관심한 행동, '이런 것 한번 멋 내려고 뿌리는 것쯤이야, 뭐 프레
온가스가 나오기나 하겠어?'라는 생각, '냉장고문 이거 한번 여닫는 다고 지구가 죽나?' 이런 생
각들을 가지고 있었다.
그 사소한 행동 하나 하나가 모여 지구를 얼마나 위태롭게 했는지는 생각도 하지 않고
서 말이다.

하지만 이제부터라도 늦지 않았다. 지구는 아직 죽지 않았다. 언제라도 가스실 밸브를 잠그고
가스실에서 꺼내줄 수 있는 것이다.
지구를 살리자니, '내가 뭘 하겠나?' 라는 생각을 쉽게 가지게 되지만..
환경보전이란 그렇게 대단한 것이 아니라고 생각한다.
하루에 무스 뿌리는 것 반만 자제하고, 냉장고 문 앞에 내용물 적은 종이를 한 장 붙인다면, 그
리고 지구를 하루에 한번이라도 심각하게 생각해 준다면, 그게 바로 지구를 사랑하는 길이요,
지구를 가스실에서 꺼내줄 수 있는 길이다.
나 하나의 사소한 행동이 전 인류의 터전인 지구에게 고통 주는 가스밸브를 더 열고 있지는 않
은지, 깊이 생각해 봐야겠다.

# 환경일기(2)

이름:3904 이지은 (baby-eugene-__-v@hanmail.net) ( 여 )
2005/6/23(화) 22:29 (MSIE6.0,Windows98) 211.106.246.203 1024x768

············지구야, 오래 살아라················

조금은 나른한 오후 수업시간.
우리와 함께 학습지를 하나하나 채워 나가시던 선생님께서 다소 충격적인 이야기를 하셨다.
산소 캔.
산소를 액화시켜 넣어서 파는 산소 통조림에 관한 이야기였다.
지금 이렇게 마음껏 마시고 (100% 맑은 공기는 아니지만) 호흡할 수 있는 산소가 모자라게 되어 돈을 내고 산소 통조림을 사 마시지 않으면 안 된다는 상황이 무척 상상하기 힘들었고, 또 당황스러웠다. 우리나라에서도 만들어지고 있다는 말은 도저히 믿을 수가 없어 코웃음 치고 넘겼지만, 해인이가 환경 책에서 발견한 우리나라의 산소 캔을 보고는 적잖은 충격을 받아 머리가 멍했다. 넘어지면 코앞에 닿을 거리에도 자동차를 타고 다니면서도 입으로만 환경보호 외치며 '아차' 하는 사이에 우리 인류는 오지 않아야 할 선까지 왔다.
잠시 편해지려고 했던 무감각한 행동이 그만 가장 중요한 것을 놓치게 만들어 버린 것이다. 선생님의 말씀처럼 각 가정마다 깨끗한 산소 공급기를 다는 상황까지 가지 않도록 하기 위해서는, 모든 사람들의 의식 속에 잠깐 무감각해지는 순간이 바로 인류의 생명과 직결된다는 생각이 심어져야 할 것이다.

아~지구야. 나는 죽기 싫어. 오래 살아라.

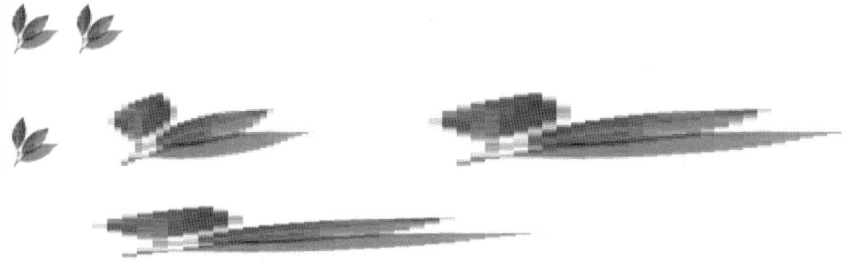

#  환경일기(3)

이름: 1909김옥청 ( <u>westside1346@hanmail.net</u> ) ( 여 )

📷환경오염.jpg(22KB, DN:11)

재활용 비누 환경오염시킨다던데……

　"폐식용유로 만든 재활용 비누가 잘 분해되지 않아 하천을 오염시킨다는데 어떻게 해야 되나요." 녹색연합이나 쓰레기 문제 해결을 위한 시민운동협의회, 한국불교환경교육원 등 환경 NGO의 담당 간사들이 일반 주부들로부터 자주 받는 질문이라고 한다. 이 질문에 대해 결론을 말하자면 재활용 비누가 일반 화학 비누에 비해 분해는 잘 안 되지만 폐식용유를 자연 생태계로 무단 유출하는 것보다는 오염이 덜 되기 때문에 만들어 쓰는 것이 바람직하다. 국립환경연구원 수질화학과 한기봉 박사는 "재활용 비누는 일반 비누보다 물에 풀리는 시간이 더 걸리는 것이 사실이지만 많은 양의 폐식용유를 재활용한다는 측면에서 봤을 때 재활용 비누를 각 가정에서 사용하는 것이 그렇지 않았을 때보다 하천의 오염을 줄이는 데 더 도움이 될 것"이라고 제안했다. 환경부의 정책 역시 현재로서는 폐식용유를 활용한 재활용 비누를 만들어 쓰는 것이 환경 보존에 도움이 된다는 쪽에 무게를 두고 있다.

　마구잡이식 재활용 비누 사용을 억제하고 재활용 비누의 분해 정도를 높이기 위한 노력도 기울여야 한다는 의견도 적지 않다. 대자연보전환경협회 윤록경 부회장은 "각 가정에서 폐식용유 비누를 무분별하게 제작해 사용하는 것은 오히려 환경오염을 일으킬 수 있는 요인이 되고 있다"고 지적하면서 "쌀겨로 만든 질 높은 재활용 비누를 사용하는 것이 하천 환경에 더 바람직하다"고 조언했다. 현재로서는 전문 공장에서 제작한 재활용 비누의 사용이 가장 좋은 방법이기는 하나 전국 각지에서 배출되는 폐식용유를 한 곳에 모으는 것도 어려울 뿐만 아니라 운반에 따른 에너지 소모 등 또 다른 오염의 원인이 되기 때문에 현실성이 떨어진다.

∑느낀점_oo

요즘 환경오염으로 인해 많은 생태계가 죽어 가고 있다_ 이를 조금이나마 방지하기 위해서 재활용 비누를 만들어 사용하는데 이것도 자세히 따져 보자면 환경오염을 시키는 원인이 될 수 있겠다는 생각이 들었다. 그래서 요즘에는 환경오염을 막기 위한 환경보호 아이디어를 내는 사람들이 많다. 다른 나라를 예로 들자면 자동차의 연료로 석유를 사용하지 않고 전기자동차를 위해 나라의 곳곳에 건전지 충전소를 설치해 놓았다고 한다. 한번 건전지를 충전하면 무려 9시간은 마음 놓고 돌아다닐 수 있고, 또 다시 충전하여 운행을 할 수 있다고 한다. 석유 한 방울 나지 않는 우리나라의 경우를 생각해 보면 알 수 있다. 석유를 연료로 할 때 나오는 자동차 배기가스도 줄일 수 있고 유한 에너지인 석유도 아낄 수 있는 좋은 방법이고 환경오염도 줄일 수 있는 정말 좋은 아이디어라고 생각한다. 이처럼 우리나라에서도 몇몇 환경 단체에서는 환경을 살리기 위해 노력하고 있다 . 우리 국민들도 모두 환경오염에 대해 더 심각하게 생각하고 환경을 조금이나마 지키도록 노력하자!

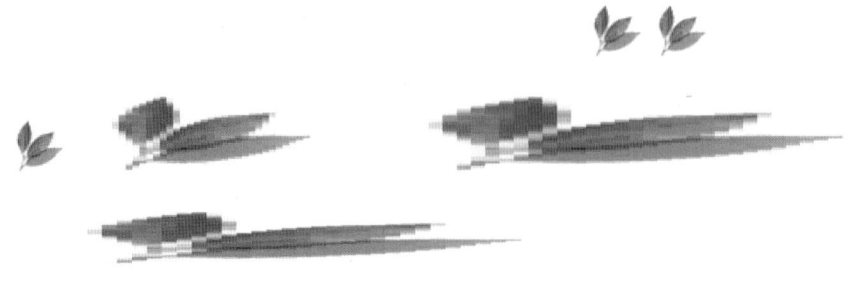

(1) 대상언어 자료(교사)

〔환경운동연합 외 다수 링크〕

#  햄버거를 법정에 세우랍신다. (1)

햄버거를 법정에 세우랍신다!

**미국 변호사, '비만의 주범'으로 패스트푸드 업계 겨냥 소송 뜻 밝혀 …
최대 쟁점 부상, 새 개념의 '제조물책임법' 공방 예고**

7월15일 미국 CBS 방송 아침 정보프로그램 '얼리 쇼'(Early Show)에서 '패스트푸드 법정논쟁'을 예고하는 작은 말싸움이 있었다. 이날 말싸움의 두 주인공은 조지 워싱턴대 법학교수이자 공익전문 변호사인 존 밴자프(John Banzhaf)와 미국 내 전국 레스토랑 연합체인 소비자자유센터(CFC·The Center for Consumer Freedom)의 공동대표이자 대변인인 존 도일(John Doyle). 담배회사를 상대로 소송을 벌여온 밴자프가 이번에는 햄버거와 피자 등을 제조 판매하는 패스트푸드 업계를 겨냥, "미국인들의 식품관련 비만으로 인한 사망에 대해 이들 업체들이 최소한 부분적인 책임을 져야 한다"고 주장하며 소송 제기의사를 밝힌 것이 이날 싸움의 발단이었다.

### '지방·칼로리 양 정확히 공개 안 해 건강한 선택 방해'

팽팽히 맞선 양쪽의 입장을 살펴보자. 밴자프는 "주요 패스트푸드 체인들이 판매식품의 지방과 칼로리 함량 등 주요 정보를 메뉴와 포장지 등에 분명하고 정확하게 밝히지 않고 있는 데다 슈퍼, 더블 사이즈 등 양이 많은 메뉴를 적정 가격보다 싼값에 내놓으면서 영양정보를 제공하지 않아 소비자들이 건강한 선택을 하기 힘들게 만들고 있다"고 했다. 그는 "비만과 관련해 사회적 제반 비용이 한 해 1170억 달러(약 140조원, 2000년 기준)에 이른다. 소송을 통해 비만과 무관한 사람들까지도 높은 세금과 의료보험료를 내야 하는 현실을 개선해야 한다"며 강한 '전투 의지'를 드러냈다.

▼관련기사▼

"인스턴트 식품이 아이들 폭력성 키운다"

왜 10대 '치매환자' 나올까

이에 패스트푸드 업계가 크게 반발한 것은 물론이다. 미국 식당업계 대변인이란 자막과 함께 등장한 도일은 "비만은 소비자 스스로 식습관을 판단하고 조절할 책임이 있는 것이지 우리가 비난받을 일이 절대 아니다"고 했다. 그는 또 "밴자프의 소송 의도가 불순하다"고 공격했다. "정확한 근거도 없이 단지 비만이 사회적 관심사로 떠오르니까 이를 기회 삼아 개인적 이익을 챙기려고 괜히 소송을 거론하며 요란스럽게 떠드는 것(ambulance chasing)에 불과하다. 여론을 호도하는 어리석은 짓이다."

그러나 밴자프는 "슈퍼마켓에서 물건을 살 때 영양정보를 확인할 수 있듯이 패스트푸드도 쉽게 정보를 알고 사 먹을 수 있어야 하는 것 아니냐"며 맞섰다. 소송의 근거에 대해 "누가 봐도 명백한 잘못과 함께 소비자들을 속이는 것과 마찬가지로 음식물에 대한 제대로 된 정보를 밝히지 않는 것도 소비자보호법과 현대적인 PL(Product Liability)법 - 제조물책임법 - 을 위반하는 행위로 봐야 한다"고 밝혔다.

이에 맞서 도일은 "미국 내 모든 패스트푸드 식당에서는 이미 고객에게 식품의 영양정보를 제공하도록 의무화돼 있다"면서 "모든 식당에서는 벽에 영양정보를 게시하거나 소비자의 요구에 따라 팜플렛 등의 형태로 정보를 제공하고 있다"고 설명했다.

뜨거운 공방전에 사회자가 밴자프에게 던진 질문 한 가지. "소비자가 샐러드를 주문하지 않고 빅맥을 사 먹은 책임을 왜 맥도날드가 져야 하는가?" "물론 비만의 원인으로는 과식과 운동부족 등 여러 가지가 있다"고 전제한 밴자프는 "맥도날드 같은 패스트푸드 업체가 끊임없이 광고를 통해 정확한 영양정보를 빼고 맛있다는 메시지만 전하는 점과, 청소년들에게 장난감을 끼워주는 '해피밀' 등으로 유혹해 비만어른으로 이끌고 있는 게 현실인 만큼 담배회사에 못지않게 소비자 건강을 해친 부분적 책임을 피하기 어렵다"고 말했다.

# 햄버거를 법정에 세우랍신다. (2)

### '패스트푸드와 비만 관련 사망' 인과관계 규명 힘들듯

이날 두 사람의 논쟁은 짧게 끝났지만 만약 밴자프 변호사의 소송계획이 현실로 될 경우 미국인들의 이목을 한꺼번에 집중시키며 '햄버거 대전쟁'으로 비화할 것은 자명하다. 논쟁에서도 거론된 맥도날드와 피자헛 등 대형 패스트푸드 체인들이 미국인들에게 높은 대중적인 인기를 누리고 있는 것은 주지의 사실. 일반적인 미국인은 적어도 이틀에 한 번 이상 햄버거와 프렌치프라이(감자튀김)를 먹는다는 조사 결과도 있다. 또 미국에서 건강과 관련한 가장 큰 이슈가 바로 '다이어트'일 정도로 대다수 성인들에게 비만은 절실한 문제다. 패스트푸드를 둘러싼 비만논쟁이 벌어질 경우 폭발적 관심이 쏟아질 것은 불을 보듯 뻔하다.

이 같은 현실은 미국 정부의 자료에서도 잘 나타난다. 미 공중위생국의 보고서(1999년 기준)에 따르면 성인 남녀의 61%, 어린이(6~11세)의 13%, 그리고 청소년(12~19세)의 14%가 과체중 혹은 비만으로 조사됐다. 이는 20년 사이 세 배 가량 증가한 수치며, 비만 관련 사망자는 한 해 30만명에 이른다.

때마침 미국의 사회적 분위기도 마치 '햄버거 소송'을 기다렸다는 듯 '비만 논쟁'으로 달아올랐다. 지난 7월7일 '뉴욕타임스'가 주말판 잡지 커버스토리로 '이제껏 잘못된 다이어트 상식에 속아왔다'는 주제의 기사를 다루면서 연일 인터넷 토론방에 독자 의견이 빗발치고 있다. 이 가운데에는 패스트푸드의 유해성을 지적하는 글이 상당수다.

ID가 mes082000이라고 밝힌 한 독자는 "만약 담배회사들이 담배 때문에 생긴 질병에 대한 의료비용을 배상한다면, 패스트푸드 업계에 비만과 지방 및 당분 함량이 높은 음식으로 인해 발생한 의료비용을 물게 하면 어떨까?"라는 의견을 내놓을 정도다. NBC, CBS, FOX 등 주요 공중파 방송들도 뉴스와 정보 프로그램을 통해 이 기사내용을 비중 있게 다루며 비만논쟁 확산에 일조했다.

그러나 비만 관련 사망을 패스트푸드 음식과 결부시켜 그 인과관계를 밝혀낸다는 것은 흡연 피해에 대한 소송보다 훨씬 어려운 게 현실이다. 전문가들은 흡연이 폐암을 일으킨다는 사실을 입증하는 것과 비교할 때, 비만이 심장마비 사망에 어떤 역할을 하느냐를 입증하는 것은 훨씬 어렵다고 말한다. 따라서 소송이 실제로 이뤄지지 않을 가능성을 점치는 이도 있다.

### 학교엔 운동기구 기부·법률팀 가동 등 '업계 초비상'

밴자프도 "니코틴은 중독성 물질이므로 흡연자는 자기 행동에 전적으로 책임이 없다는 식의 주장은 음식에 대해서는 통하지 않는다"고 소송의 어려움을 시인했다. 하지만 그는 "소송의 궁극적 목적은 패스트푸드 업체들이 판매식품의 영양소 구성비를 자세히 밝히는 동시에 소비자들이 쉽게 알 수 있도록 정확하고 분명하게 표기하게 함으로써 소비자들의 경각심을 높이는 데 있다"며 강행 의지를 밝혔다.

이 같은 과정에서 가장 몸이 단 곳은 패스트푸드 업계. '소송사태'가 빚어질 경우 결과와 무관하게 엄청난 경제적 손실이 예상되기 때문. 자연히 필사적인 대응을 강구하고 나섰다. 이미 소비자자유센터(CFC)를 통해 '패스트푸드가 건강에 해롭다'는 주장에 맞서 여론을 환기시킬 목적으로 신문에 전면광고를 게재하는 등 다양한 대응책을 내놓고 있다. 일부 식품가공회사들은 자사 제품을 과다하게 섭취하지 말 것을 소비자들에게 경고하는 문구를 상품에 표기하는 방법을 강구중이다. 일부 패스트푸드 체인은 각급 학교에 운동기구를 기부하고 있으며 집단소송에 대비해 법률팀을 가동, 대책 마련에 부심하고 있다.

'뉴욕타임스' 기사에 이어 CBS 방송을 통해 패스트푸드의 유해성 논란이 소개된 다음날(7월16일), 소비자자유센터는 홈페이지(www.consumerfreedom.com)에 '고기를 먹어야 하는 새로운 이유'라는 글을 실었다. 여기서 스웨덴 학자와 영국 캠브리지대 교수의 연구결과 등을 근거로 △채식주의자들은 비타민 B12와 D, 칼슘과 셀레니움 등의 필수 비타민과 미네랄이 결핍된다 △채식주의자인 엄마에게서 태어난 자녀는 그렇지 않은 경우에 비해 기형아가 될 확률이 5배나 더 높다 등의 위험성을 경고하며 육식을 권장하고 나섰다. 때가 때인 만큼 패스트푸드에 대한 은근한 지원 사격의 의미를 감지할 수 있다. 앞으로 '햄버거 소송'을 둘러싼 양쪽의 움직임이 어떻게 이어질지, 미국인들의 반응이 어떻게 나타날지 귀추가 주목된다.

# 죽어가는 고귀한 생명들……

저토록 행복하고 아름다와 보이는 모습들...
하지만 위와같은 모습은 산업화가 덜된 극히 일부 농촌지역 또는
특별히 마련된 극소수의 동물안식처에서만일 뿐... 절대다수의 동물들은
아래처럼 좁은 우리에서 고통 속에 살다 고통 속에 죽어갑니다... 한 명 한 명의
사소해보이는 식습관이 연간 수백억의 생명들을 집단적인 고통과 죽음으
로 몰아갑니다...

종자용 암돼지들은 따로 아주 작은 철창에서 길러진다고하네요...
몸을 돌릴 수도 없다고 하네요... 얼마나 몸을 돌리고플까요...
좁은 버스에서 몇 십분만 몸을 돌리기 힘든 상황이되어도 무지
고통스러웠던 기억을 떠올려봅니다... 평생 저런 철창에서...

좁은 철창안에서 ... 아... 깃털이 많이 빠진 모습...
이 생명들은 더 이상 생명이 아니라 계란이라는 상품을 생산하는
생산기계입니다...
어릴 적 제 시골집마당을 종일 신나게 뛰어놀던 그 닭친구들이
새삼 간절히 보고파집니다...

## 🌿 환경 포토 앨범(1)

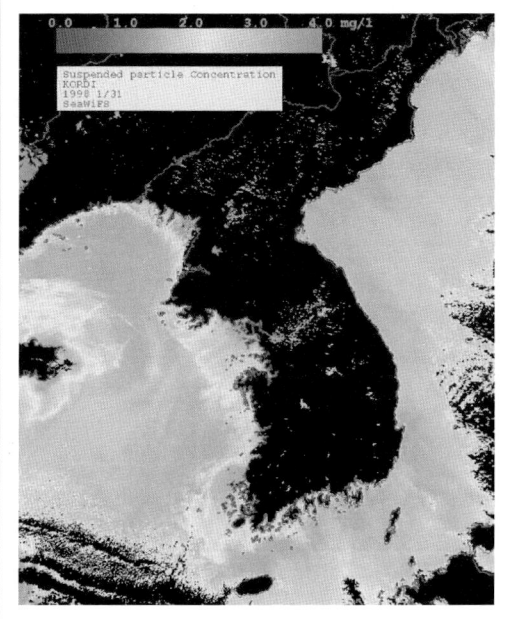

황해의 수질오염 인공위성 사진

무분별한 개발에 따른 환경 파괴

그리스의 스모그

도시의 쓰레기 문제

# 🌿 환경 포토 앨범(2)

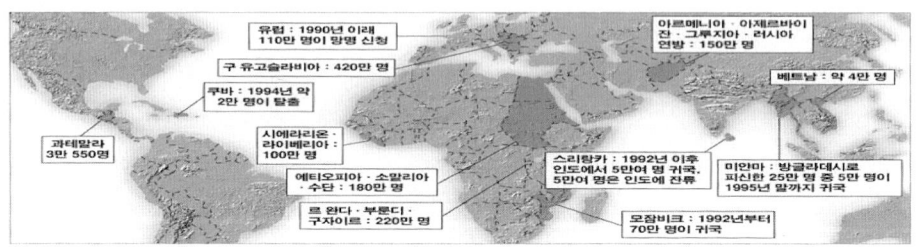

세계의 난민들

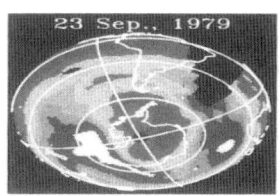 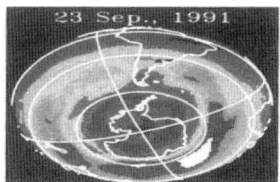 

산성비의 피해

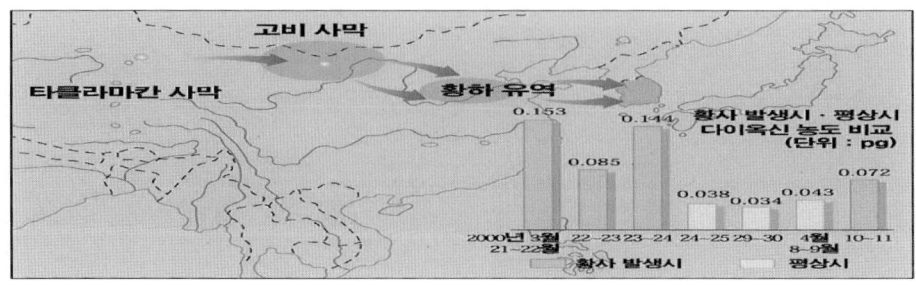

황사의 이동 경로와 다이옥신 농도

# VOD 자료실

| 오염물질로 뒤덮인 하늘, 스모그 현상 | 음식쓰레기 퇴비가 토양오염 불러 |

| 하천생태계 물고기떼 수난 | 지구온난화 실제현상 |

| 아마로 르포(2) 밀림 황폐화 | 러시아 체르노빌 방사능피해 여전 |

# VOD 자료실

프레온 대체 수소 냉매 개발

중국 국토의 30% 산성비

지구온난화로 녹고있는 빙하

과도한 일광욕, 피부암.백내장 유발

오존층 파괴로 개구리 멸종위기

전국에 황사주의보

**범교과자료/지구**

# 원자력 에너지란?

### 방사능과 방사선

원자핵은 보통 안정된 상태로 존재하지만 그 중에는 불안정한 상태에 있는 것도 있습니다. 이와 같이 불안정한 상태에 있는 것이 안정한 상태로 변화할 때 보이지 않는 광선을 방출하게 되는데 이것을 '방사선`이라 하며 이렇게 방사선을 방출하는 능력을 '방사능`이라 합니다. 방사선의 종류에는 여러 가지가 있는데 보통 알파선(α), 베타선 (β), 감마선(γ) 등을 총칭해서 방사선이라 부릅니다.

### 자연방사선과 인공방사선

방사능의 강도 및 방사선 물질의 양을 나타내는 단위로 큐리(Ci)를 사용합니다. 1큐리는 라듐1g이 갖고 있는 방사능과 거의 같다고 하며 인체가 방사선을 받았을 때의 영향을 나타내는 단위로는 램 (rem)은 1큐리의 방사능 세기로부터 1m 떨어진 거리에서 1시간 동안 받은 방사선의 양을 말합니다. 우리 인간이 받고있는 방사선은 자연방사선과 인공방사선으로 나눌 수 있는데 자연방사선은 우주에서뿐만 아니라 땅, 건물 및 쌀, 야채 등 음식물에서도 나오며 인간은 방사선을 보통 1년에 체내·외를 통하여 약 240밀리램 받고 있습니다. 인공방 사선은 x-ray촬영 및 암치료 등 인위적으로 받게되는 방사선을 말합니다.

### 원자력 발전의 위력

지구상에 한정되어 있는 석유와 석탄으로 에너지원을 충당한다는 것은 한계에 이르고 있습니다. 또한 석유와 석탄을 에너지로 사용할 때 나오는 오염물질은 환경에 심각한 영향을 미치고 있습니다. 이에 반해 적은 양으로 다량의 에너지를 만들 수 있고, 안정적으로 공급할 수 있으며 산성비나 지구온난화를 일으키는 탄산가스를 배출하지도 않는 에너지원으로 원자력이 각광을 받고 있습니다. 원자력 발전의 연료로 쓰이는 우라늄-235 1g을 다른 에너지원과 열량만 비교해 보면 석유 9드럼, 석탄 3톤과 같은 발열량을 가집니다.

 **탐구자료**

1. 원자력에너지의 발생원리를 모식도로로 나타내어보자.

2. 원자력에너지 발생장치를 조사해보고 , 원자력에너지를 전기에너지로 변환시키는 원리를 알아보자.

3. 우리나라 각지에 분포되어있는 원자력발전소를 조사해보자.

# 범교과자료/지구

## 중금속 중독의 종류

### 중금속 등에 의한 장해

| 구 분 | 건 강 장 해 | 작 물 피 해 현 상 |
|---|---|---|
| 카드뮴(Cd) | 급성 : 구토, 설사, 위염, 호흡곤란<br>만성 : 인후염, 비염, 골격변화 | 잎의 황백화, 벼 가지치기 억제<br>뿌리신장의 저해 |
| 수은(Hg) | 급성 : 단백뇨, 신염, 구내염<br>만성 : 구내염, 치내염, 기억력 손실 | 뿌리신장의 저해 |
| 비소(As) | 급성 : 구토, 설사, 탈수증<br>만성 : 시각장애, 간경변 | 뿌리 썩음, 새 뿌리 발생억제<br>잎의 황화 고사 |
| 납(Pb) | 급성 : 복통, 구토, 설사, 배뇨이상<br>만성 : 시각장애, 변비, 빈혈 | 잎의 황백화 |
| 구리(Cu) | 급성 : 점막자극, 설사, 배뇨이상<br>만성 : 소화관 자극, 건강장애 | 뿌리신장 저해, 작은 뿌리 발생 억제<br>철 결핍 유발, 잎의 황백화 |
| 아연(Zn) | 급성 : 피부변질, 탈모, 구토<br>만성 : 조사자료 없음 | 새잎의 황백화, 잎의 적갈색 반점 |

### 대표적인 수질오염사례

 **이따이이따이병**

이따이이따이병은 1950년대 말 일본의 광산촌 주변 주민에게 처음으로 나타나 학계에 보고된 이래 공해병의 대명사가 되었습니다.

일본 부산현 신통천 유역 상류에 위치한 동방아연 신강광업소에서 폐기한 폐광석에서 카드뮴이 하천에 용출되어 이 하천수를 농업 용수로 사용한 농토에 카드뮴이 축적되고 이 농토에서 수확한 쌀에 카드뮴이 흡수 오염되어 이것을 장기간(약 30년) 먹고 있는 주민 중 중년여성 258명(약 20년간)이 카드뮴 중독증을 일으키고 그 중 128명이 사망하였습니다. 중독증상은 심한 요통·고관절통을 일으키고 점차 보행곤란(오리걸음, 보행불능, 사지와 늑골의 병적 골절, 전신위축, 폐기종 등을 일으켜 합병증으로 사망합니다.

### 탐구과제

1. 인체에 해로운 중금속의 종류는?


2. 자신이 중금속에 중독된 마을에 산다고 생각하며 이야기를 꾸며보자.


3. 제시된 자료외에 중금속에 관련된 기사 혹은 자료를 찾아보자.

## 범교과자료/도시

### ☞ 황사현상에 대한 과제 제출

- 제작년도 ▶ 2002년 8월
- 이름     ▶ [           ]
- 학교     ▶ [                   ]
- 학과,학번▶ [       ]

1.중국의 대기오염(황사)를 일으키는 요인이 무엇인지 간단하게 적어보자

- 1번내용 ▶
  ```
  여기에 적어 주세요
  ```

2.황사현상을 줄이기 위한 실시한 중국과 우리나라의 공동 노력을 조사해 적어보자

- 2번내용 ▶
  ```
  여기에 적어 주세요
  ```

3.황사현상을 효과적으로 줄이기 위한 각자의 방안을 적어보자

- 3번의견 ▶
  ```
  여기에 적어 주세요
  ```

( 전송하기 )

확인 과제에 대한평가보기

## 법교과자료/도시

 환경문제의 해결방안에 대한 과제

◈ 환경문제 해결 방안 조사 ◈

인간에 의하여 나타난 환경문제는 또 다시 인간에게 영향을 주며 문제의 해결은 결국 우리 인간의 몫이라는 것을 인식하고, 이의 해결을 위해 노력해야 할 것이다.

【수행과제】
**1.** 다음의 환경문제를 해결하기 위해 개인, 사회, 정부는 어떤 일들을 해야 하는지 모둠별로 조사하여 보자.(자료실,관련 인테넷 사이트,신문자료)를 활용한다.

□관련 인터넷 사이트 □
지구사랑 - **http://www.earth.or.kr**
지구의 날 - **http://www.earthday.or.kr**
녹색연합 - **http://www.greenkorea.org**
환경운동연합 - **http://www.ktem.or.kr**
환경과 공해 연구회 - **http://www.peacenet.or.kr**

✍ 과제 양식 및 제출할 곳(클릭하세요)

**범교과자료/도시**

 환경 문제 진단 평가

○학 교　　▶ _____
○학 과,학 번　　▶ _____
○이 름　　▶ _____

1. 대기 오염 현상을 줄이기 위한 방안으로 옳지 않은 것은?
○1번정답　　▶ ____

　① 석유 대신 천연가스를 연료로 사용한다.
　② 화력발전소를 대신 원자력 발전소를 건설한다.
　③ 자동차 연료가 완전 연소되도록 엔진을 개량한다.
　④ 이산화탄소의 발생을 규제하는 협약을 만들어실시한다.
　⑤ 사람들의 활동이 적은 새벽에 대기오염 물질을 배출한다.

2.아래보기는 대기오염중 무엇을 설명하는지 쓰시오
　< 보 기 > 기체상태의 오염물질로는 탄소함유기체, 황합유기체, 질소함유기체 등이 있는데
　　대기중에 아주적은 양이 있더라도 건강을 해치고 불쾌하게 만든다.
○2번정답　　▶ _____

3. 다음은 수질오염에 관한 내용이다. 이 현상을 무엇이라 하는지 쓰시오.
　< 보 기 > 자연상태의 강,호수 등에 유기물이 유입되고 수중 생물이 차츰 증식됨에 따라
　　영양염류가 과다하게 많아지는 현상을 말한다.
○3번정답　　▶ _____

4다음 대기오염 중에서 제2차적 오염 현상에 속하는 것은?
○4번정답　　▶ ____

　① 황산화물($SO_x$)
　② 일산화탄소($CO$)
　③ 이산화탄소($CO_2$ )
　④ 질소산화물($NO_x$)
　⑤ 광화학스모그($Smog$)

168

 # 범교과자료/윤리

 ## 전쟁으로 환경이 파괴되고 있습니다!

### 전쟁과 환경 파괴

베트남에는 전쟁 중이던 1960년대 말부터 1970년대 초까지 에이전트 오렌지라는 고엽제가 대량으로 뿌려졌다. 그 결과, 울창하던 밀림이 파괴되어 황무지가 되었다. 또, 이 고엽제 때문에 당시 이 전쟁에 참여했던 사람들 중의 일부는 신경 마비와 같은 증상에 시달리며 고생하고 있다.

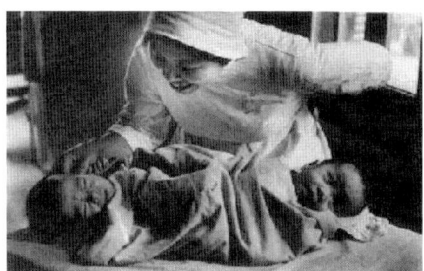

< 고엽제의 피해들 >

1991년 봄에 일어난 걸프 전쟁은 엄청난 인명과 재산의 피해를 주었다. 그뿐만 아니라, 퇴각하는 이라크군이 유전을 폭파하며 심각한 대기 오염을 일으켰고, 원유가 유출되어 페르시아 만이 크게 오염되었다. 불타는 유정에서 발생한 연기와 검댕은 그 지역의 하늘을 완전히 뒤덮어 낮에도 밤과 같이 어두웠으며, 수천 km 떨어진 히말라야 산맥에 검은 눈이 내렸을 정도였다.

그러나 이보다 더 큰 피해는 고의로 유출한 약 400만 톤의 원유 때문에 일어났다. 바다로 흘러들어간 원유는 넓은 기름막을 이루어 공기를 차단하여 그 밑에 있는 생물을 죽게 하였다. 일부는 바다 밑에 가라앉아 쉽게 분해되지 않고 여러해 동안 바다 밑의 생물들에게 많은 피해를 주었다. 또, 원유가 해류에 밀려 바닷가에 오래 되어 바닷가 전체를 검은 기름막으로 덮어 여러 해 동안 아무런 생물도 살 수 없게 하였다.

걸프 전쟁이 끝난 지 8개월 후에 400km에 걸친 해안선을 조사한 결과, 원유에 오염되지 않은 곳에는 1km당 7000마리 이상의 도요새, 물떼새, 가마우지 등의 바다새가 살고 있었으나, 오염된 곳에는 4마리의 바다새만이 살고 있었다.

< 참고 사이트 >

베트남 전쟁과 고엽제 http://dioxin.peacenet.or.kr/agent/war/gamawoo.htm

고엽제의 피해 dioxin.peacenet.or.kr/agent/ war/photo/photo.htm

💡 전쟁이 인간의 의한 재앙 중 한가지 입니다.
세계에는 지금도 전쟁으로 인하여 고통을 받고 있는 사람들이 많습니다.
전쟁으로 인하여 어떠한 고통을 겪고 있는지 이야기해보자.

💡 전쟁이 환경에 끼치는 영향에 대해서 이야기해보자.

# 범교과자료/윤리

 ## 쓰레기 종량제가 최선일까요?

### ≫ 쓰레기 발생 현황

우리나라는 그 동안 급속한 산업화와 도시화로 인하여 쓰레기 발생이 양적으로 크게 증가하고 있을 뿐만 아니라 생활의 편리성을 추구하는 소비형태로 인하여 비닐, 플라스틱과 같은 난분해성 제품과 쉽게 쓰고 버리는 일회용품의 등장으로 질적으로도 크게 나빠지고 있다. 더욱이 좁은 국토에 많은 인구를 가지고 있는 우리나라의 1인당 1일 쓰레기 배출량은 `64년에 1.18Kg이던 것이 `91년에는 2.3Kg이었다. 그 이후 환경 문제의 대두와 쓰레기 줄이기 운동으로 `94년에는 1.3Kg에서 종량제 실시 1년이 지난 `97년말에는 1.05Kg으로 감소(전년대비 27% 쓰레기 감소)로 영국, 독일, 일본 등의 0.7~0.9Kg의 선진국 수준에 근접하고 있다고 한다. 이 같은 쓰레기 발생을 그대로 방치한다면 전 국토가 쓰레기장으로 변하지 않을까 우려된다.

쓰레기 발생 추세를 보면, 1991년 이후 감소하던 쓰레기의 총량은 1993년을 기점으로 다시 점진적으로 증가하는 추세에 있다. 이 중에서 생활쓰레기는 전국적으로 종량제가 시행된 1995년 이후 점진적으로 감소 추세에 있으나, 사업장 쓰레기는 제조업의 확대, 서비스 산업의 팽창 등으로 급속히 증가하고 있다.

전국적으로 하루에 버려지는 음식물쓰레기(1997년 기준)는 8톤 트럭 1,630대분(13,063톤)이며, 연간 트럭 60만여대 분량에 이른다. 이 양은 트럭을 일렬로 세우면 서울과 부산을 8번이나 왕복할 수 있는 길이다.

우리나라의 1인당 생활쓰레기 발생량은 1994년에 1인 1.3kg이었으나, 쓰레기종량제 실시(1995. 1) 등으로 1997년에는 1일 1.05kg으로 감소되어 일본의 1.12kg, 영국의 0.96kg과 유사한 수준에 도달했다.

쓰레기 발생량 추이 (단위 : 천톤/일)

| 연    도 | 1991 | 1992 | 1993 | 1994 | 1995 | 1996 | 1997 |
|---|---|---|---|---|---|---|---|
| 계 | 158.6 | 144.5 | 141.4 | 147.1 | 148.1 | 180.5 | 195.3 |
| 생활 쓰레기 | 92.2 | 75.1 | 62.9 | 58.2 | 47.8 | 49.9 | 47.9 |
| 사업장 쓰레기 소 계 | 66.4 | 69.4 | 78.5 | 88.9 | 100.3 | 130.6 | 147.4 |
| 일 반 | 47.7 | 48.0 | 56.0 | 85.2 | 95.8 | 125.4 | 141.3 |
| 지 정 | 18.7 | 21.4 | 23.5 | 3.7 | 4.5 | 5.2 | 6.1 |

쓰레기처리 구조를 보면 매립처리 비율이 크게 낮아지고 재활용이 크게 확대되는 한편, 소각처리율도 점진적으로 증가하는 추세에 있다.

### ≫ 쓰레기 종량제

쓰레기 처리비용을 쓰레기 배출량에 따라 배출자에게 처리비용을 부과함으로써 배 출자 각자가 스스로 배출량을 줄이고 재활용품을 최대한 분리 배출토록 유도하는 제도로서 우리나라는 `94년 30개 시·군을 대상으로 시범 운영한 결과를 중심으로 `95년 1월부터 전국적으로 시행하고 있는 제도이다.

종량제 시행 결과의 분석

| 구  분 | 쓰레기 감량률(%) | 재활용 증가율(%) | 1인당 발생률(%) |
|---|---|---|---|
| 평    균 | 29.4 | 28.5 | 1.01 |
| 특별·광역시 | 24.9 | 33.2 | 1.10 |
| 도 | 35.6 | 22.6 | 0.90 |

# 범교과자료/윤리

## 나 오늘도 소음과 하루를 시작한다..

나 오늘도 소음과 하루를 시작한다...

소음이란, 생리적 장애를 일이키는 소리, 음색이 불쾌한 소리, 음성 등의 청취를 방해하는 소리, 학습 및 사무 능률를 낮추는 소리, 휴식과 잠을 방해하는 소리 등을 말한다.

소음은 주로 교통 시설, 산업 시설, 건설 현장, 가전 제품 등에서 발생된다. 그 중에서 특히 소음을 많이 일으키는 것은 자동차이다. 소음은 그 세기나 높이 및 지속 시간에 따라서 일의 능률이나 일상 생활에 영향을 준다. 오랜 기간 동안 반복되는 소음 속에서 생활하게 되면 심신 상태에 영향을 받게 된다. 소음의 정도가 심할 경우에는 사람과 가축, 심지어 농작물에까지 심각한 영향을 끼친다. 오랫동안 소음을 들으면 혈압이 올라가며, 그 곳을 벗어난 뒤에도 상당한 시간이 지난 후에야 정상으로 돌아온다. 또 소음은 심장병을 비롯한 여러 가지 질병의 원인이 되며, 체중 감소, 현기증, 불면증, 구토 증세까지 일으킨다.

---

## [사례 1] '소음과의 전쟁' 성북구 민원 해마다 급증

서울에서 소음민원이 가장 많은 곳 중 하나인 성북구가 '소음과의 전쟁'을 선포했다.

서찬교(徐贊敎) 성북구청장은 25일 "재개발과 자동차, 상업지역 확대 등으로 갈수록 심해지는 소음공해를 줄이기 위해 '소음없는 성북' 프로젝트를 추진중"이라고 밝혔다.

성북구의 소음관련 민원은 2000년 172건, 지난해 290건, 올해는 상반기에만 408건으로 급증하는 추세.

이에 따라 구는 주간 55㏈, 야간 45㏈ 등 소음 목표치를 설정하고 공사장의 경우 착공 전에 반드시 소음 저감대책을 제출, 심사받도록 하고 발파공사를 할 때는 사전예고제를 실시하기로 했다. 또 상가와 소규모 공장, 이동행상 등에게도 확성기사용 억제와 방음시설 설치 등을 강제할 계획이다.

성북구는 우선 소음 발생원에 대해 자율적으로 협조해줄 것을 요청하는 한편 연내 관련조례를 만들어 규제를 강화할 방침이다.

---

## [사례 2] 나이트클럽 소음진동 피해배상 첫 결정

나이트클럽의 소음이나 진동으로 인근 주민이 피해를 봤다면 배상해야 한다는 결정이 내려졌다.

중앙환경분쟁조정위원회는 2일 경기 부천시 중동 조이억타운 건물 1층에서 음식점을 운영하는 조모씨(35)와 종업원 등 15명이 지하 나이트클럽에서 발생하는 소음과 진동으로 영업손실 및 정신적 피해를 보았다며 9억7000만원의 배상을 요구한 데 대해 "나이트클럽측은 1260만원을 배상하고 건물 1층 바닥의 진동도가 65㏈ 이하가 되도록 진동방지 대책을 이행하라"고 결정했다.

조정위는 지하 나이트클럽의 영업 시간에 1층 음식점에서 진동도를 측정한 결과 평균 74~85㏈, 최대 79~88㏈로 소음진동규제법의 생활진동 규제기준인 65㏈과 정신적 피해를 인정하는 기준인 67㏈를 모두 초과했다고 밝혔다.

구동와 공사장의 소음이나 진동으로 인한 정신적 피해에 대한 배상 사례는 있었으나 나이트클럽의 음향진동으로 인한 정신적 피해를 인정한 것은 처음으로 앞으로 유사한 배상 신청 사건이 잇따를 전망이다.

---

### [ 사례 3 ] 수도권 주민 63% 소음 시달린다…신도림동 81% '최악'

## 범교과자료/윤리

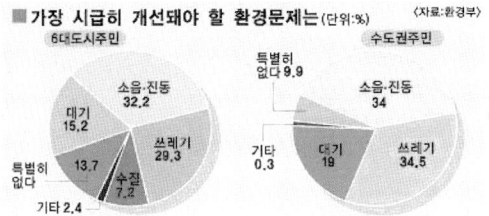

■ 가장 시급히 개선돼야 할 환경문제는 (단위:%)  〈자료:환경부〉

6대도시주민

- 소음·진동 32.2
- 대기 15.2
- 특별히 없다 13.7
- 수질 7.2
- 기타 2.4
- 쓰레기 29.3

수도권주민

- 특별히 없다 9.9
- 소음·진동 34
- 기타 0.3
- 대기 19
- 쓰레기 34.5

수도권 주민의 **63%**와 지방도시 주민 **49%**가 심각한 소음공해에 시달리는 것으로 나타났다.

환경부는 **16**일 한국갤럽과 소비자문제를 연구하는 시민의모임 등에 의뢰, 서울과 인천 수원 등 수도권 **3**개 도시와 부산 대구 광주 대전 울산 포항 등 지방 **6**개 도시 주민 **4315**명을 대상으로 조사한 소음인식도 결과를 발표했다.

조사결과에 따르면 수도권 주민의 **62.6%**가 소음이 심하다고 느끼고 있으며 특히 서울 시도림동 주민은 **81%**가 심각한 소음에 시달리는 것으로 나타났다. 주민의 **48.8%**가 소음이 심하다고 대답한 지방의 **6**개 도시에서 주민의 소음인식 정도가 가장 심한 곳은 광주 우산동(**79%**)이었다. 부산과 대전 광주의 경우 주민의 **90%** 이상이 이사할 때 소음문제를 심각하게 고려한다고 대답했으며 수도권 주민의 **88%**와 지방의 **84%**는 거주지역의 소음도가 **5**년 후에도 지금과 비슷하거나 오히려 악화될 것으로 생각했다.

생활환경에 대한 만족도 조사에서 수도권 주민의 **34%**와 지방의 **51%**가 불만을 표시한 가운데 만족도가 가장 낮은 곳은 수도권의 경우 신도림동(**24%**), 지방 **6**개 도시에서는 대구 동성동(**22%**)이었다. 반면 만족도가 가장 높은 곳은 수도권은 서울 압구정동(**92%**), 지방에서는 대전 대흥2동(**86%**)인 것으로 조사됐다.

환경부는 앞으로 소음규제 기준을 **5**dB(데시벨) 정도 강화하고 건설기계 등엔 록대한 소음표시제를 도입하는 등 모든 국민이 조용한 환경에서 생활할 수 있도록 다각적인 대책을 수립키로 했다.

[사례 1~3]을 읽고 다음 물음에 답하시오.

1. 우리 주변에서 가장 크게 영향을 주는 소음의 종류가 무엇인지 이야기해보자.

2. 소음을 줄이는 방법에 대해서 이야기해보자.

3. 내가 만들고 있는 소음에는 어떤 것이 있는지 이야기해보자.

172

같이 생각해봅시다.

≫ 일회용품 사용의 좋은 점과 나쁜 점에 대해서 이야기해보자.

≫ 쓰레기 분리 수거의 필요성에 대해서 이야기해보자.

**2030년**대의 우리의 생활

2030년대의 우리의 생활

우리는 가끔 빨래비전을 통해 100년 전 서울의 모습을 보게 된다. 나즈막한 초가집과 한복을 입고 삿갓을 들어 올린 사람들, 가마와 수레가 지나다니는 조그만 포장이 안된 길, 커다란 궁궐과 장터의 모습 등. 그러나 100년이라는 그리 길지 않은 시간 동안에 서울의 모습은 완전히 달라졌다. 사람들이 살아가는 모습도 비슷한 점이 거의 없는 것처럼 보인다. 다음에 나오는 사진들을 보면 그 놀라운 변화의 속도를 느낄 수 있다.

그러나 오늘날 우리 주변에는 복잡한 교통, 비좁은 생활 공간, 더러워진 물과 공기, 자원의 낭비 등 많은 문제들이 쌓이게 되었다. 이제 우리는 앞서 저질렀던 잘못을 되풀이하지 않도록 미래의 우리 생활 모습을 신중하게 선택해야 한다.

각자 서울의 변해 온 모습들과 세계 여러 곳의 미래 설계도를 참고해 자신이 꿈꾸는 2030년대의 모습을 현재와 비교하여 작성해 보자.

# 범교과자료/가정

## 읽을거리-분리수거로 자원을 만들자!

우리가 무심코 버리는 쓰레기 중에는 소중한 자원이 들어있습니다. 종이, 유리, 알루미늄, 플라스틱류 등을 잘 분리·수거하여 재활용하면 자원절약은 물론 쓰레기의 감소, 환경오염까지 줄이는 일입니다. 이제 말로만 하지 말고 조그만 것부터 하나씩 실천해 보아야 합니다.

### 놀라운 환경상식

▦ 한 사람이 하루에 200g씩만 재활용 분리수거에 참여한다면 1년에 300만 톤의 쓰레기가 자원으로 쓰여지며 돈으로는 2천 5백억원이 절약되고 쓰레기 처리비는 4백억원이 절약됩니다.

▦ 다시 태어나는 재활용 쓰레기

| 종 이 류 | → | 복사지, 백상지, 전산용지, 신문, 잡지, 골판지 상자 | → | 복사지, 전산용지, 광고전단지, 신문용지, 상품포장상자, 앨범, 그림책표지, 포장상자, 골판지 상자, 두꺼운 표지 |
|---|---|---|---|---|
| 의 류 | → | 면섬유, 기타섬유 | → | 공업용 걸레, 자동차 내장재, 보온덮개, 방음, 방수, 방벽헨트 |
| 유리병류 | → | 유리병, 유리그릇 | → | 유리병, 꽃병, 유리그릇, 기타 |
| 캔 류 | → | 알루미늄캔, 철제캔 | → | 각종공구, 생활용품 |

### 작은 실천

### ▣ 재활용품 분류 / 보관 요령

◎ 종 이 류 - 신문지, 종이쇼핑백, 광고용지, 달력, 헌책, 잡지, 공책 등은 종류별로 가지런히 묶고
 - 종이상자류는 완전히 펼쳐서 작은 부피로 여러 장을 포개어 묶고 스티로폼, 테이프 등은 반드시 제거하며
 - 우유팩은 속을 깨끗이 씻어 말린 후 납작하게 펼쳐 여러 장씩 포개어 끈으로 묶어서 보관합니다.
◎ 의 류 - 입을 수 있는 옷은 깨끗이 세탁해서 알뜰시장 등을 이용하여 교환하거나 판매하고
 안 입은 옷은 30㎝ 정도의 높이로 가지런히 묶어서 보관 합니다.
◎ 유리병류 - 술병, 각종 음료수병, 화장품병, 드링크병 등 유리병류의 금속 뚜껑은 버리고
 병 속을 깨끗이 씻어낸 다음 종류별로 색깔별로 잘 보관합니다.
◎ 캔 류 - 음료수캔, 맥주캔, 통조림캔, 분유통 등은 속을 완전히 비우고 물로 깨끗이 씻어 낸 다음
 캔을 납작하게 구부려서 알루미늄과 철제 캔을 구분하여 보관합니다.
◎ 고 철 류 - 철의자, 냄비, 양은, 스텐 등 고철은 가지런히 정리하여 보관합니다.
◎ 플라스틱류 - 장난감은 이웃과 바꿔쓰거나 간장통, 식용유통, 샴푸병, 세제용기, 바가지, 막걸리통, 요구르트병, 장판, 비닐 등을 함께 모으고 더러운 통은 깨끗이 씻어 말린 후 보관합니다.
◎ 집안에서는 - 가지런히 정리하여 빈 공간에 알뜰히 보관하다가
◎ 일반주택 지역에서는 - 매주 정해진 날짜에 반별로 수집장소에 종류별로 내어 놓아 주시고
◎ 아파트단지에서는 -언제든지 종류별로 재활용품 보관용기에 넣어주시면 됩니다.
◎ 사무실, 학교, 단체, 기업체에서는 - 재활용품을 한 트럭분 이상을 모아 자원재생공사나 수집업체 등에 연락하면 유상으로 수집해 갑니다.

# 범교과자료/인류

《새만금 간척지의 환경변 조감도》

 ## 간석지와 간척지

◎ 새만금 간척사업이 환경문제가 제기되면서 간척에 대한 찬반 양론이 팽팽하게 전개되고 있다. 다음 자료를 기초로 간척사업에 대해 찬성, 반대하는 의견을 제시하고 그 이유를 논하시오.

[자료 1] 새만금 간척사업을 반대하는 입장(환경운동연합)

첫째, 생명이 살아가기 위해서는 반드시 물이 필요한데, 물의 공급처가 바로 갯벌 등의 습지다. 그러나 그 중요성을 무시한 채 이루어진
무분별한 개발은 결국 물 부족이라는 현상을 동반하게 되었다.
둘째, 습지는 지구상에서 생물의 종류의 다양성이 가장 뛰어날 뿐만 아니라 생산력도 가장 뛰어나며 뿐만 아니
라 정화기능의 가치, 태풍과 홍수조절 등의 가치 등 이루 헤아릴 수 없다. 해마다 봄, 가을로 우리나라를 찾아 갯벌
생물을 먹이로 하고있는 도요 물떼새들 중 50%인 10만 마리 이상이 새만금 갯벌을 거쳐가고 있다. 갯벌은 쓸모
없는 땅이 아니라 살아 숨쉬는 생명들이 조화롭게 살아가는 살아있는 땅이자, 우리 국토의 일부인 것이다.
셋째, 해양생태계의 파괴, 수산자원의 고갈을 가져온다. 갯벌은 육지와 바다를 이어주는 완충지대일 뿐 아니라 바다 전체 생태계의 30%를
떠받치고 있기 때문에 갯벌 파괴는 곧바로 해양생태계의 파괴와 어장의 감소로 이어진다. 일례로 우리 나라 최대의 간척사업인 새만금 간
척공사의 경우 현재 공정률 30%에 못 미치는 공사가 진행중인 가운데 조류시간이 2시간이상 늦어지고 있으며, 서해안 일대는 갯벌 매립으
로 인해 89년 조개류의 생산량이 96년에 84.5%가 감소되었으며, 이후 새만금 외곽공사가 마무리되면 패류, 해조류 갯지렁이 등 100% 소멸
될 것이라 보여지고 있어 수산자원의 고갈이 예상되고 있다.
넷째, 새만금 간척사업은 갯벌 등 해양생태계 파괴는 물론 육상생태계도 파괴한다.
새만금 간척사업이 세계 최대의 생태계 파괴라고 비난받는 이유가 있다. 그것은 갯벌을 포함한 해양생태계를 완전히 없애는 사업일 뿐만
아니라 방조제 공사와 매립지(쌓아 올린 땅) 조성을 위하여 엄청난 규모의 토석(흙과 돌)이 필요하기 때문이다. 지난 85년 이후부터 추진된
20개 간척사업으로 인하여 사라진 산이 150개, 88,691,736㎥의 토석이 채취되었다. 게다가 토석 구하기 위하여 국립공원 안에 있는 산까지
서슴없이 파괴하는 행위는 이제 더 이상 용납될 수 없다.
다섯째, 어민들의 생존의 터전이 사라지게 된다. 바다를 의지하여 어업에 종사해 오던 어민들은 간척사업으로 단기적인 보상에 따른 부를
얻을 수 있으나 후손에게 이어줄 어업의 장을 잃어버림으로써 그들은 낯설은 생활공간을 찾아 이동하게 되며 도시 빈민가의 한 축을 형성
하는 결과를 가져왔다.

[자료2] 새만금 간척사업을 찬성하는 입장 (농림부, 농어촌 진흥공사의 입장)

첫째, 새만금 간척사업으로 여의도 땅의 140배에 해당되는 국토가 생기게 되어 21세기의 새로운 산업용지를 새롭게 만들 수 있게 된다.
첨단 산업기지 및 중국과의 무역기지에 만드는데 유리하고 신 국제 무역항을 만들어 10만톤급 선박의 자유 입출할 가능한 서해안 중심 항
구로 가장 적합한 곳이라 할 수 있다.
둘째, 농어촌 용수, 생활용수, 공업용수 등으로 한해 10억톤의 물 자원을 확보할 수 있게 된다.
셋째, 국제 휴양 관광 단지를 개발하는데 최상의 조건을 가진 곳이며 관광자원 및 자연학습공간 제공하게 된다. 간척
지는 주위 환경이 쾌적하고 주변 경관이 수려하여 국민관광지로 지정된 곳이 많아 관광자원과 자연학습 공간으로서의
기능을 수행하고 있다. 새만금 지역은 훌륭한 자연경관을 갖춘 고군산군도가 육지와 연결되고 주변의 국립공원 및 해
수욕장 등과 연계되어 쾌적한 관광자원으로 국민에게 편안한 휴양공간을 제공하게 될 것이다.
넷째, 첨단 농업 시범단지를 만들어 국제 경쟁력을 키울 수 있다. 우리나라는 국토의 65%가 산지로 이루어져 있어 토
지자원이 매우 부족한 실정이다. 우리나라의 식량자급률은 30%수준에 불과하다. FAO에서는 2000년대 세계 식량위기
를 경고하고 있으며, 기상이변 등으로 식량사정은 더욱 악화될 전망이다. 새만금 사업은 28,300㏊의 새로운 토지를 조
성하며 9만4천톤의 곡물을 생산하고, 토지의 절대면적이 부족한 우리나라의 원활한 토지수급에 이바지하게 될 것입니
다. 다가오는 남북한 통일시대를 대비하기 위해서는 지금부터 농지 확보를 위한 노력이 요구된다.

## 범교과자료/인류

 ### 귀화 생물

▶황소개구리 : 우리 나라 고유 개구리인 참개구리에 비하여 약 2배이고, 청개구리에 비하여 크기가 10배 이상인 대형 개구리로 큰 체구개구리목 개구리과에 속하는 양서류이다.
올챙이일 때 크기는 12~13cm가량 된다. 어린 개구리는 머리부터 등에 걸쳐 녹색을 띠고 있고 성장에 따라 흑색으로 바뀐다. 어린 개구리의 성장속도는 매우 빨라 부화된 지 2년 후에는 어른 개구리로 자라며 몸의 크기는 12~20cm 전후, 평균체중 200~400g이다. 3년 정도면 몸통길이 약 15cm, 뒷다리길이 약 25cm, 몸을 완전히 편 길이 40cm정도나 된다.
▶원산지 : 미국 남캐롤라이나주

▶유입경로 : 73년에 농가 소득의 증가와 식용을 위한 목적으로 일본에서 식용 개구리 2백 마리를 들여왔으나, 2년간 31만여마리로 증식해 이를 전국 28개 저수지 등에 분양했다. 사육 부주의와 홍수 그리고 수지타산이 맞지 않고 뚜렷한 소비처가 없다는 이유로 사육농가들이 이를 무단 방류하며 양식장에서 빠져나가 전국적으로 확산되었다.

▶피해 실태 : 한번에 1만-2만5천 개의 알을 낳으며, 높은 부화율로 그 번식속도가 매우 빠른 특징을 갖고 있어 서식밀도는 점차 높아지고 있다.
또한 특히 놀라운 포식성과 육식성 어류인 쏘가리의 소화력에 버금가는 강한 소화력으로 움직이는 모든 것은 다 먹는 황소개구리는 각종 어류, 곤충류, 천적인 뱀, 심지어 같은 종인 올챙이는 물론 작은 황소개구리까지 먹는다. 특히 물고기들의 알, 어린 물고기, 작은 어류와 개구리, 도룡뇽 등 양서류를 잡아먹어 우리 나라 고유의 생물들을 감소시키고, 양식장의 피해는 물론 곡물피해까지 야기시키고 있다.
국내 생태계 내에서 먹이사슬의 상위수준에 있는 파충류까지 먹이로 삼는 점을 고려할 때, 기하급수적으로 개체 수를 불려나감으로써 먹이사슬 체계를 뿌리째 뒤흔드는 최악의 사태를 맞고 있다.

# 탐구자료

**1. 황소개구리는 어떻게 생태계를 파괴하는지를 조사해보자.**

**2. 황소개구리가 우리나라에 수입된 목적에 대해 조사하여 보자.**

## 범교과자료/인류

 ### 대체에너지

지난 4월 1일 정유회사들은 국제 원유가격 변동에 맞춰 휘발유, 경유, 벙커C유의 리터당 가격을 13원에서 17원씩 인상해 판매한다고 밝혔다. 이번 가격인상으로 휘발유 가격은 사상 최고치를 기록하게 되었다. 최근 이러한 고유가 때문에 전 세계적으로 화석에너지 고갈에 대비한 대체에너지 연구개발이 다시 주목받고 있다. 우리나라도 1988년부터 시작된 4년 단위의 대체에너지 기술개발 및 이용보급촉진 계획에 따라 태양에너지·바이오매스(폐기물 포함)·풍력·파력·연료전지·지열·수소에너지·조력 등 11개 대체에너지 사업을 활성화해 2006년까지 대체에너지 공급 비중을 전체 에너지의 2% 수준까지 단계별로 높이는 것을 목표로 하고 있다.

우리의 대체에너지 연구는 70년대 2차례의 석유파동 이래 오랫동안 진행되어 왔다. 한국에너지기술연구소 대체에너지부 박순철 부장은 "현재 가장 활발히 진행되고 있는 에너지원으로는 태양에너지와 풍력에너지, 바이오매스가 꼽힌다."고 말했다. 이 에너지들의 특성은 무엇이며 현재 사업은 어떻게 진행되고 있는지 살펴보자.

세계적으로 가장 널리 연구되고 있는 대체 에너지원은 태양이다. 태양에너지를 이용한 발전은 크게 태양열발전과 태양광발전으로 나눌 수 있다. 현재까지 태양열 발전에 관한 연구는 주택의 난방 및 급탕 시스템, 농·수산물 건조기 등이 주류를 이루고 있으며, 고온 획득 방법과 고온 재료 개발 등이 주 해결과제로 남아 있다. 태양광발전은 태양광을 받으면 전기를 발생하는 반도체소자, 즉 태양전지를 이용하는 방식으로 태양전지는 태양광에너지를 직접 전기로 변환시킨다. 태양에너지로부터 얻은 전기 에너지는 응용범위가 다양해 손목시계에서부터 자동차나 무인항공기, 인공위성까지 널리 이용된다. 우리학교내에도 현재 30kW 태양광 발전시설이 설치되어 있다.

다음으로 세계적으로 가장 빠른 속도로 개발되고 있는 에너지원이자 우리나라가 국가적 차원에서 가장 주력하고 있는 풍력에너지가 있다. 풍력발전은 공기의 유동 운동에너지를 공기역학적 특성을 이용한 회전자를 회전시켜 기계적 에너지로 변환시키고 이 기계적 에너지로 전기를 얻는 방법이다. 비용면에 있어서는 현재 외국의 경우 발전단가가 4~5¢/kWh로 핵발전의 발전단가와 같은 수준에 와 있으며, 원자력발전의 폐기물 비용을 감안한다면 보다 경제적인 에너지라고 볼 수 있다. 현재 해저 케이블을 이용해 에너지를 끌어쓰는 도서지역을 중심으로 적극적으로 실용화되고 있다. 산자부는 2003년까지 750kW급 풍력 발전시스템을 개발, 발전단가를 현재의 100원/kWh 에서 70원/kWh 이하로 낮추고 앞으로 선진제품과 경쟁할 수 있는 1MW급 이상의 대형발전기도 개발할 계획이라고 밝혔다.

마지막으로, 현재 우리나라 전체 대체 에너지의 90%이상을 차지하고 있는 바이오매스이다. 바이오매스란 나무나 풀, 가축 분뇨, 음식쓰레기 등이 에너지원으로 쓰이는 것을 말하며, 일반적으로 산업계에서는 유기 폐기물도 바이오매스에 포함시키고 있다. 여러 종류의 바이오매스를 에너지로 변환하는 방법으로 발효가 있는데 주위에서 흔히 보는 농작물, 가축분뇨, 종이 등은 미생물로 분해한 후 발효시키면 알코올 또는 메탄가스를 생산해 낸다. 그밖에도 식물체나 동물체를 직접 태우거나 공기가 없는 곳에서 썩혀 바이오 연료로 변환하는 방법이 있다. 바이오매스사업 중에서도 폐기물을 이용하는 방법은 에너지 마련 차원 뿐 아니라 폐기물처리 문제까지 해결해주는 일석이조의 효과를 가지고 있어 매우 활발히 실용화하고 있다.

## 탐구자료

### 1. 미래의 대체 에너지 자원의 종류를 조사하여 보자.

### 2. 대체에너지의 장단점을 조사하여 보자.

**범교과자료/인류**

 고엽제에 대해...

### 1. 서언

베트남전쟁에 참전했던 군인
들이 전쟁 직업병인 고엽제 후
유증으로 큰 고통을 받고 있다
고 한다. 고엽제는 베트남전에
서 나뭇잎의 성장을 억제하여
정글에서 적군의 근거지를 제
거할 목적으로 사용되었던 폐
녹시제 제초제들이다. 고엽제
의 명명은 이들을 저장한 55갈
론 드럼통을 두른 띠 색깔에
따라 에이전트 오렌지, 에이전
트 화이트, 에이전트 블루 등
으로 불리워졌고 이 중 에이전
트 오렌지가 가장 많은 양이
살포되어 고엽제의 대명사가
되어왔다.

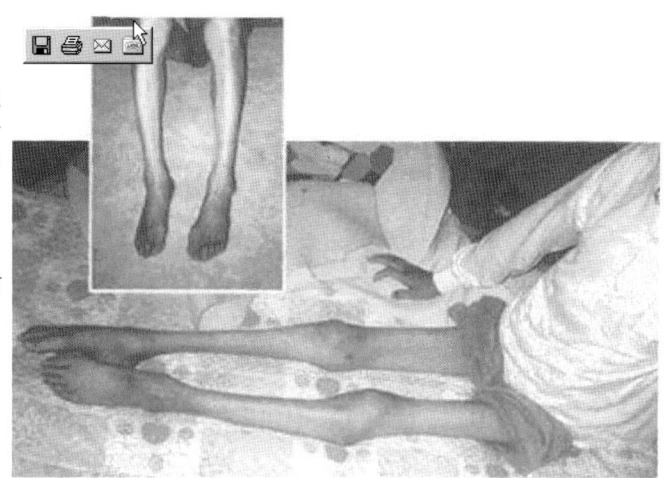

### 2. 베트남에서 고엽제 사용 현황

베트남에서는 1962년 1월부터 1971년 9월까지 15종류의 고엽제가 사용되었다. 이 중 에
이전트 오렌지의 사용이 가장 많았고 이것은 1965년 1월부터 4월까지 살포되었다. 1965
년 이전까지는 극히 제한된 지역에 사용총량의 7%이하가 살포되었다. 1962년부터 1967
년까지 살포량이 증가하고 1967년에 최대량이 살포되었고 그 후는 약간씩 감소되어 1970
년 급격히 살포량 감소 후 1971년 10월 31일부터는 공식적인 살포가 전면 금지되었다.

[표1] 베트남에서 사용된 고엽제의 종류별 살포량과 살포기간

| 고엽제명 | 주성분 | 살포량($\ell$) | 살포기간 |
|---|---|---|---|
| 오렌지 | 2,4-D : 2,4,5-T | 40,299,005 | 1965-1970 |
| 화이트 | 2,4-D : 피크로람 | 21,322,790 | 1965-1971 |
| 블루 | 카코딜 산 | 4,353,005 | 1965-1971 |
| 퍼플 | 2,4-D : 2,4,5-T | 548,833 | 1962-1965 |
| 핑크 | 2,4,5-T | 468,820 | 1962-1965 |
| 그린 | 2,4,5-T | 31,070 | 1962-1965 |

 베트남 전쟁으로 인해 우리 인류가 얻은 것은 무엇이며, 잃은 것이 무엇인지 구체적
으로 조사해보고 어느쪽이 더 큰 지 비교해 보자.

고엽제와 관련된 내용을 A4지 한 장 분량으로 스크랩을 해보자.

178

---

 # 범교과자료/가정과 나

 ## 환경마크란?

### 1. 환경마크의 상징알기

과제1) 아래 이미지는 환경마크를 상징한다. 상징하는 의미를 조사하여 적어보자.

과제2)

환경 마크 제도는 우선, 환경 마크를 인증받을 수 있는 대상 제품을 제안 등을 통해 선정하고 각 대상 제품에 대한 부여 기준을 세부적으로 마련하여, 대상 제품에 해당하는 제품을 생산하는 업체가 환경 마크 인증을 신청하면, 부여 기준에 적합한지의 여부를 검토하여 인증하고 있다. 환경 마크 제도의 운영은 각 나라의 문화·경제·사회여건에 따라 정부(캐나다), 민간 단체(미국, 스웨덴) 또는 정부와 민간단체 합동(독일, 일본) 등 다양한 형태로 운영되고 있다고 한다. 우리나라의 경우 환경마크제도를 운영하고 있는 기관은 어디인지 조사해 보고 그 기관에서 수행하고 있는 일들도 조사하여 적어보자.

과제3)

우리의 생활주변(공산품, 식품등)에서 환경마크가 부착되어 있는 상품을 조사해 보자.

# 범교과자료/가정과 나

 ## 환경과 모발을 보호하는 샴푸 활용법 5가지?

환경과 모발을 보호하는 샴푸 활용법 5가지

### < 생각하며 읽어보기 >

샴푸는 머릿결에 낀 오염물질을 제거하는 장점이 있습니다. 그렇지만 샴푸의 주된 성분인 계면활성제는 머리카락을 거칠게 만들고 자연지방을 씻어내기 때문에 모발을 엉키게 하거나 정전기를 발생시키는 단점이 있습니다.
또한 환경적인 측면에서 보면 린스와 샴푸는 물에 잘 분해가 되지 않는 데다가 그 거품이 강물을 뒤덮게 되면 산소 가 공급되지 않아 하천의 물이 썩게 됩니다. 따라서 샴푸를 꼭 사용해야 한다면 가장 효과적인 방법으로 정량만 쓰도록 습관을 들여야 합니다.

### < 놀라운 환경상식 >

░░░ 일본에서 샴푸만 사용하던 여성이 9개월간 비누만 사용한 결과 가늘고 붉은 머리의 30%가 굵고 검은머리로 변한   사례가 있었습니다.

### < 작은 실천 >

☞ 샴푸는 단백질이 풍부한 것을 쓰되 산성 샴푸를 쓰는 것이 모발에 좋습니다.

☞ 샴푸가 없으면 비누로 감고 헤어크림을 발라 줍니다.

☞ 비누로 감을 땐 머릿결을 부드럽게 하기 위해 식초를 몇 방울 떨어뜨려 헹굽니다.

☞ 거품이 잘 나는 샴푸는 쓰지 않는 것이 좋습니다.

☞ 샴푸의 양을 지금보다 5분의 1정도 줄여서 씁니다.

### <심화적용 과제>

환경일기 작성 후 Report 제출방에 제출하기
- 실제 가정생활에서 자신 또는 가족들이 설거지, 세탁, 샤워나 머리를 샴푸할때 실천하고 있는 사례중심으로 환경일기를 적어보자.(수행평가 성적에 반영예정)

180

## 범교과자료/가정과 나

 에너지 절약의 지혜

### < 에너지 절약의 지혜 모으기 >

<1단계 - WEB 검색을 통한 문제풀기 >

1. 조명의 밝기를 표현하는 단위로 럭스(lux)라는 단위를 쓴다. 1lus의 개념을 설명하고, 공부방에 알맞은 조명기기의 알맞은 조도는 어느정도인지 알아보자. (가정생활주거공간 조도 비교해보기)

2. 텔레비전을 볼때 화면의 밝기를 지나치게 밝게 하거나 소리를 크게 하면 전력소모가 더 많아질까 ?

3. 여름철의 적정실내 온도는 어느 정도가 적당할까? 그리고 에어컨을 켜는 경우 실내와 실외의 알맞은 온도차이는 어느정도가 건강에 좋을까?

4. 냉장고 안에 넣는 음식물의 양은 어느정도가 알맞을까? 그리고 지혜롭게 사용하는 방법은?

5. 세탁기로 세탁을 하는 경우 탈수하기에 알맞은 시간은? 전체 세탁시간은 ?

6. 여름철과 겨울철에 알맞은 실내온도는 ?


<2단계(2인조) - 협력하기>

1. 각 가정에서 에너지 절약을 할 수 있는 실천방안을 다섯 가지 정도 제안하기

2. 자기 집에서 실천하고 있는 실천사례 모아 정보나누기

3. 발표하기


<3단계- 정보공유하기>

1. 발표한 내용 정보공유하기

2. 새로운 방안모색하기

<4단계- 생활속에서 실천하기>

1. 미담사례 찾아보기

2. 가족들에게 홍보하여 실천히기

# 범교과자료/가정과 나

 ## 너도나도"아나바다".......

<자료1>

■ 아나바다운동은 자원절약을 통해 나눔의 공동체를 만들어 가는 녹색 소비자 운동으로써 환경을 보전하면서 가계의 경제적부담을 줄이자는 2가지 목표를 가지고 있다.

■ 1990년대 들어 국내 최초로 아나바다(아껴쓰고, 나눠쓰고, 바꿔쓰고, 다시쓰자)운동을 시작하면서 바른 결혼문화 정착운동, 저질문화 추방을 위한 모니터 교육, 녹색휴가보내기 캠페인, 우유팩.종이컵 수거운동, 쓰레기줄이기운동, 포장쓰레기줄이기 캠페인, 우리농산물 애용운동 등 바른 환경운동을 전개하였다.

■ 이러한 아나바다운동의 실천인은 너와나 바로 우리 모두이다.

■ 아껴쓰고 나눠쓰고 바꿔쓰고 다시쓰기를 통한 재활용 및 자원절약 운동, 합리적인 소비습관은 우리 모두에게 필요한 것이며 생활속에서 실천해야 할 사항이다.
하고 있습니다.

<자료2>

■ 리사이클링(recycling)이란 폐기물에 포함된 자원로부터 물질이나 에너지를 뽑아내어 다시  자원화하는 방법을 말한다. 일상생활에서 활용되지 못하는 것 가운데서 사용할 수 있는 것을 찾아내어 재활용하는 방법, 즉 고쳐서 다시 사용하는 방법이다. 알뜰시장을 개최하여 자기 이외의 사람이 계속해서 사용하게 하는 방법이 될 수 있다.

■ 리필(refill)상품이란 소비자다 상품의 용기를 보관하여 상품의 내용물만을 교환해서 쓰는 제품으로, 유리병이나 기타 재사용할 수 있는 포장용기를 한 번 사용한 후에 다시 사용하는 것을 말한다.

<수행과제>

1. 일상생활에서 자원을 재활용하는 구체적인 방법에 대하여 생각해 보자.

   1)

   2)

   3)

2. 자원을 재활용했을때 얻을 수 있는 좋은 점에 대하여 토론해 보자.

3. <가정학습과제>요즘은 환경에 대한 소비자들의 관심이 높아지면서 환경 상품의 구매가 늘어나고 있다. 시중에서 판매되고 있는 환경상품의 판매처를 조사해 오기.

범교과자료/가정과 나

 물 아껴쓰기 경제학

 우리가 가진 자원을 최대한 활용하면서
물 부족에 대비할 수 있는 방법은 무엇일까요 ?

<읽고 생각해보기>

우리가 쓰는 물 중에서 낭비적인 부분을 줄이게 되면 물 부족도 해결되는 동시에 많은 이점들을 얻을 수 있습니다.
먼저, 새로운 댐을 더 지을 필요가 적어집니다. 우리가 아껴 쓴 물량이 댐 건설을 통해 공급하려 했던 물량을 충족시키기 때문입니다.
물의 생산과 공급에 필요한 시설 용량도 크게 줄어듭니다. 정수장을 크게 지을 필요가 없고 약품비 등 수돗물 생산비용도 줄어들며, 물을 실어 나르는 관경의 크기도 줄어듭니다.
물 사용량이 줄어들면 그만큼 하수 발생량도 줄어듭니다. 오염된 물량이 줄어드는 만큼 지표수와 지하수의 수질이 좋아져 수질 개선 사업에 투자되는 예산을 절감할 수 있습니다.
물을 아껴 쓴 대가는 바로 우리 전체의 이익으로 돌아옵니다.
댐을 지으려 했던 비용, 정수장과 수도관망을 크게 건설하려 했던 비용, 그리고 수질 개선 사업에 투자하려 했던 비용들을 환경복지 사업들에 더 투자할 수 있기 때문입니다.
그리고 물을 절약하면 수도 요금이 절감되어 가정 경제와 기업 경제에 직접적인 도움이 됩니다.
**물 절약은 이처럼 우리 자신을 위한 일입니다.**

< 10% 물 아껴쓰기 경제학 >
우리의 물 소비 습관을 바꿔 10%만 아껴써도 연간 절약할 수 있는 물의 양은 5억 8천만 톤에 달합니다.
이것은 1년 동안 수돗물 생산 비용 2,900억원, 하수처리 비용 1,208억원, 그리고 댐 건설비용 588억원 등을 절감시키며 아울러 환경개선 비용 절감, 수변지역 기회비용 증가 등 막대한 사회적 편익을 가져다줍니다.

<실천사항 적고 의견나누기>

| |
|---|
| 1. |
| 2. |
| 3. |
| 4. |
| 5. |

자신이 생활속에서(가정,학교) 물절약을 위해 실천하고 있는 사례를 다섯 가지 정도 정리해 보고 급우들과 의견도 나누어 봅시다.

## ◆ 교수학습과정 세안 (지구/도시/윤리/인류/가정)

| 영역 | 지구와 환경 | | | |
|---|---|---|---|---|
| 차시 | 학습주제 | 학습목표 | ICT 활동유형 및 방법 | 활용ICT 및 학습자료 |
| 1 | ▶ 컵 라 면 속에 호르몬 이?? | ○환경호르몬의 종류와 인체에 미치는 영향에 대해 안다. | **[정보탐색형, 탐구형, 결과표현, 의사소통]**<br>1. 정보탐색: 환경호르몬을 유발하는 물질의 종류와 환경호르몬이 있을 것이라 추측되는 생활용품들의 종류와 이들이 인체에 미치는 영향을 조사한다.<br>2. 결과표현: 환경호르몬의 피해를 최소화하기 위한 우리 인류의 노력의 방법을 구체적으로 찾아 학생들이 경고성 광고문을 제작한다.<br>3. 의사소통: 학생들이 주어진 문제 해결에 필요한 자료를 다양한 자원을 통해 탐색, 조사, 관찰하고, 결과를 토의한다. | 홈페이지, 멀티미디어 백과사전<br>(학생준비자료<br>(광고문제작) |
| | | 〈기대효과〉<br>호르몬의 인체에서의 기작과 환경호르몬에 대한 구체적 자료탐색을 통해 인류가 생산해낸 화학물질들의 위해성을 인지한다. | | |
| 2 | ▶나그네 비둘기의 멸종 | ○멸종해 가는 여러 생물들을 조사하여 인류의 미래를 예측한다. | **[자료제시, 정보탐색, 결과표현, 탐구형]**<br>1. 자료제시: '나그네 비둘기의 멸종'이라는 글을 멀티미디어자료로 낭독하여 제시한다.<br>2. 정보탐색: 멸종해 가는 여러 동물들에 대해서 학생들이 조사한다.<br>3. 결과표현 및 의사소통: 우리 주변의 환경변화가 생태계에 미치는 영향에 대하여 학생들이 토의과정을 거쳐 결론을 도출해 낸다.<br>('나그네 비둘기의 멸종'이란 글은 학생들 중에서 낭독자를 정하여 학생들이 직접 멀티미디어자료의 제작에 참여하게 함으로써 교수-학습에의 흥미도를 높인다.) | 웹 자료, 프리젠테이션자료<br><br>인터넷검색을 위한 개인 PC<br><br>디지털카메라 |
| | | 〈기대효과〉<br>사라져가는 생명종들을 조사, 탐색함으로써 인간이 자연에 가한 인공적 환경 변화가 생태계에 미치는 영향을 학생들이 인지하며 인간의 활동을 친환경적으로 수정할 수 있다. | | |
| 3 | ▶왜 굶어죽는 사람이 생길까? | ○사막화현상을 조사하고 그 원인과 대책을 토의한다. | **[탐구형, 결과표현, 결과생산 및 평가]**<br>1. 자료탐색: 지구에 현존하는 사막과 사막화가 가속되고 있는 지역을 웹페이지와 멀티미디어자료를 이용하여 조사한다.<br>2. 협력연구: 사막화현상의 원인과 이것이 인류에게 미치는 영향에 대해 조별로 자료를 공유하여 상호 학습한다.<br>3. 결과생산 및 평가: 학생들이 스스로 자료를 찾아 정리하고 결과물을 도출하여 게시판에 올려 전시회를 열고 상호 평가 및 교사평가도 겸한다. | 웹자료, 프리젠테이션<br><br>개인 P<br><br>교사홈페이지의 자료실 |
| | | 〈기대효과〉<br>환경변화가 인류의 생존에 미치는 영향을 자기주도적으로 자료를 제작하여 게시함으로써 학습결과물을 학생상호간에 공유하여 환경문제의 인식확대를 꾀할 수 있다. | | |

| 영역 | 지구와 환경 | | | |
|---|---|---|---|---|
| 차시 | 학습주제 | 학습목표 | ICT 활동유형 및 방법 | 활용ICT 및 학습자료 |
| 4 | ▶ 내가 설계한 미래의 도시의 모습 | ○ 환경친화적인 미래의 도시 모습을 설계한다. | **[자료제작, 결과표현, 평가]**<br>1. 자료제작: 내가 미래에 살고 싶은 환경 친화적인 도시의 모습을 글과 그림, 모형물 등으로 표현하고 이러한 환경을 만들기 위한 미래지향적인 우리의 노력을 생각해본다.<br>2. 결과 표현: 학생들이 제작한 글, 그림 모형물 등을 디지털카메라로 찍어서 교사의 환경 홈페이지에 게시<br>3. 평가: 학생들이 게시물을 볼 수 있도록 하고 상호평가하여 '미래형 환경도시 설계의 권위자'를 뽑으면 학생들의 환경의식에 강화를 줄 수 있다. | 프리젠테이션 디지털카메라, 교사의 홈페이지 상호평가를 위한 PC, 교사의 홈페이지 자료실 |
| | | | 〈기대효과〉<br>학생들의 환경에 대한 구체적 인지를 바탕으로 미래 환경 모델을 창의적으로 제작할 수 있으며 상호평가 시 우수한 학생에게 상을 줌으로써 환경의식을 확산시킬 수 있다. | |
| 5 | ▶환경보호의 파수꾼 | ○ 환경단체들의 종류들과 그 역할을 안다. | **[탐구, 결과생산]**<br>1. 자료탐색: 환경단체들을 인터넷을 통해 검색하여 각 단체에서 하는 일들을 조사한다.<br>2. 자료제작을 통한 결과생산: '내가 만든 환경단체'에 대한 홈페이지 메인화면 그리고 하는 일들을 소개하는 글을 적는다. | 인터넷 검색용 개인PC<br>프리젠테이션 |
| | | | 〈기대효과〉<br>환경보호를 위한 활동을 하는 모임들을 검색함으로써 환경보호를 위한 의식전환을 꾀하고 홈페이지 메인화면을 모의로 그려서 실천의지를 구체화 할 수 있다. | |
| 6 | ▶공룡의 멸종에서 얻는 더불어 사는 지혜 | ○ 공룡이 멸종한 원인을 조사해봄으로써 인류의 미래를 조망한다. | **[자료제시, 자료탐구, 결과표현]**<br>1. 자료제시: 공룡이 멸망하게 된 원인에 대한 속설을 ppt와 웹페이지를 이용하여 교사가 제시한다.<br>2. 자료탐색 및 결과표현: 인류에게 일어날 수 있는 다양한 환경적 불안요인들을 극복할 수 방법들을 모색하고 인류의 생존을 위해 현재 우리가 해야 될 일들을 찾는다.<br>(인터넷을 이용한 다양한 자료를 프리젠테이션 해줌으로써 학생들이 도입부에 흥미를 느끼도록 유도하고 결과처리를 위해 교사는 수업의 좋은 안내자가 되어야 할 것이다.) | 프리젠테이션, 웹자료<br>인터넷 검색용 개인 PC<br>동영상 |
| | | | 〈기대효과〉<br>공룡의 멸종이라는 과학적 사실을 탐구함으로써 인류에게 발생할 수 있는 불안요소들의 파악과 이를 극복하기 위한 노력을 학생들이 연계하여 제고할 수 있다. | |

| 영역 | 가정과 환경(생활 속의 환경 -실천사례 중심) | | | | |
|---|---|---|---|---|---|
| 차시 | 학습주제 | 학습목표 | ICT 활동유형 및 방법 | | 활용ICT 및 학습자료 |
| 1 | [지식ㆍ정보 교환] ▶생활 속의 환경에서 실천할 수 있는 환경보전활동은? - 내가/우리집에서/학교에서/우리 동네에서 | ○소비생활과 환경문제와의 관련성을 알아낼 수 있다. | [자료제시형/의사소통형] 1. 교사의 자료제시 - 환경보전 다양한 실천사례를 제시(온라인/오프라인) 2. 모둠별 의사소통하기 - 환경보전 실천사례들을 동시, 비동시 의사소통 도구를 이용하여 모둠원간에 의견 및 자료를 실시간 또는 비실시간으로 교환한다. 3. 정리하기 -구분(나/집/학교/우리 마을) | | ·멀티미디어 자료 (웹페이지 .CD-ROM) ·오디오/비디오 ·디지털 카메라 편집자료 ·온라인 의사소통 도구(동시/비동시) |
| | | 〈기대효과〉 자원의 중요성을 알고 가정 내의 소비생활 태도가 환경문제와 밀접한 관련이 있음을 인식할 수 있다. | | | |
| 2 | [읽을ㆍ볼ㆍ 생각ㆍ탐색 할 거리] -합성세제 꼭 필요한 양만 사용하고 있나? -우리 집에서도 독성화합물이 나온다. -인스턴트식품의 해? -일회용? | ○의식주 생활과 환경문제와의 관련성에 대하여 토론하여 정리할 수 있다. | [탐구형/의사소통형/결과생산형] 1. 교사의 탐구과제 제시 -생각해볼ㆍ탐색할 과제 제시 (합성세제/가정에서 배출되는 오염원/인스턴트식품/일회용품사용/식품의 과대포장 등) 2. 의사소통하기 -실시간/비실시간 3. 모둠별로 탐구과제 선정 4. 결과표현하기 -모둠별로 작성한 결과물 작성 | | ·멀티미디어 자료 (CD-ROM) ·오디오/비디오테이프 ·검색엔진 ·웹자료 ·PC통신 자료실 ·온라인 의사소통 도구 |
| | | 〈기대효과〉 환경문제를 인식할 수 있고 의식주 생활을 통해 실천하려는 태도를 가진다. | | | |
| 3 | - 내가ㆍ우리가 쓰다버린 물건은 어디로 가나? -에너지 절약을 위해 우리가 가정에서 할 수 있는 일은? | ○의식주 생활과 환경문제와의 관련성에 대하여 토론하여 정리하여 발표할 수 있다. | [탐구형/의사소통형/결과표현형] 1. 교사의 탐구과제 제시 -표현할 과제제시 (학용품/음식물/폐지/의류/물/낭비되는 에너지) 2. 결과표현하기 -프리젠테이션/보고서작성 /웹출판하기(학교.개인홈페이지) | | ·검색엔진 ·원격접속도구 (Telnet, FTP) ·웹자료 ·교과전용 소프트웨어 ·웹저작도구 ·프리젠테이션 기기 |
| | | 〈기대효과〉 가정자원을 효율적으로 사용할 수 있고, 그것이 환경보전에 기여할 수 있다는 사실을 인지하고 실천할 수 있다. | | | |

| 영역 | 가정과 환경(생활속의 환경 -실천사례 중심) | | | | |
|---|---|---|---|---|---|
| 차시 | 학습주제 | 학습목표 | ICT 활동유형 및 방법 | | 활용ICT 및 학습자료 |
| 4 | [적용·활동·실천하기]<br>- 분리수거로 새로운 자원을 만들자. | ○ 소비생활과 환경오염의 유기적 관계를 이해할 수 있다.<br>○ 환경문제를 해결할 수 있는 방법을 알고 실천할 수 있다. | [의사소통형/결과표현형]<br>1. 사례 발표하기<br>　-생활 속에서.....<br>　(나/우리 집/우리학교/우리동네 자랑)<br>　-인터넷 자료검색.....<br>2. 자료공유하기(온라인게시판)<br>3. 실천할 수 있는 방법 교환<br>4. 실천하기(환경일기 쓰기) | | ·온라인 의사소통 도구(동시/비동시)<br>·환경 일기장<br>·워드프로세스 문서<br>·프리젠테이션 기기<br>·교과관련 소프트웨어 |
| | | 〈기대효과〉<br>가정자원의 사용과 관련된 환경오염의 실태를 이해하고, 환경보전을 위한 가정자원의 절약과 활용방안에 대해 알 수 있다. | | | |
| 5 | -'아나바다운동' 실천 하여 경제대국에 앞장서자. | ○ GNP의 성장과 함께 대량으로 소비하는 생활은 자연자원의 무분별한 채취를 가져오며, 자연경관을 해치는 버려진 쓰레기들은 환경문제의 주요 원인이 된다는 점을 인식할 수 있다.<br>○ 소비생활과 환경문제와의 관련성을 알고 실천할 수 있다. | [자료제시형/의사소통형/결과표현형]<br>1. 교사의 자료제시<br>　-GNP성장과 소비생활수준, 바람직한 소비생활, 환경문제와의 관련성<br>2. 의사소통하기<br>　-실시간/비실시간<br>3. 실천하기(환경일기 쓰기)<br>4. 자료 공유하기(실천사례)<br>　-온라인 게시판/대화방<br>　-웹에 출판하여 공개 | | ·오프라인 멀티미디어 자료(CD-ROM,백과사전)<br>·오디오/비디오 테이프<br>·환경일기장<br>·온라인 의사소통도구 |
| | | 〈기대효과〉<br>환경보전을 위한 가정자원의 절약, 재활용, 나눠 쓰고 바꿔 쓰기 등에 대한 방안을 알고 실천할 수 있다. | | | |
| 6 | [평가·심화적용]<br>○ 발표물 제작하기<br>-환경일기/만화로 표현하기 등<br>○ 집중탐구발표하기<br>〈환경마크제도란?〉<br>- 환경마크제도<br>- 외국의 환경마크 제도<br>- 환경상품의 적합기준과 관련제품은? | ○ 환경마크 제도의 좋은 점을 알 수 있다.<br>○ 현재 우리나라에서 환경마크를 사용하고 있는 상품에는 어떤 것들이 있는가? | [의사소통형/결과생산형/결과표현형]<br>1. 모둠별 의사소통하기<br>2. 결과 생산하기<br>〈발표물 제작하기〉<br>　-환경일기 모음<br>　-애니메이션(만화)으로 표현하여 웹에 출판하기<br>〈환경마크제도에 대한 조사〉<br>　-프리젠테이션 소프트웨어<br>　-프리젠테이션 기기 사용<br>　-보고서 작성하여 발표하기 | | ·온라인 의사소통 도구<br>-동시성(채팅/메시지교환)<br>-비동시성(전자우편/게시판)<br>·웹문서<br>·웹저작 도구<br>·프리젠테이션 기기 |
| | | 〈기대효과〉<br>지역사회의 환경에 대한 이해를 바탕으로 환경문제의 해결방안을 모색하여 쾌적한 환경을 보전하기 위한 활동에 적극적으로 참여할 수 있게 한다. | | | |

| 영역 | 과학과 환경 | | | |
|---|---|---|---|---|
| 차시 | 학습주제 | 학습목표 | ICT 활동유형 및 방법 | 활용ICT 및 학습자료 |
| 1 | ▶얼음이 녹는다구? | ○ 지구에 도달하는 태양복사에너지의 양을 측정하여 봄으로써 지구온난화현상을 바르게 이해한다. | [실험을 통한 탐구, 자료제시, 결과표현, 의사소통]<br>1. 실험을 통한 탐구: 지구에 도달하는 태양복사에너지와 지구가 방출하는 지구복사에너지의 양을 측정하여 복사평형을 학습한다.<br>2. 자료제시: 지구 대기의 여러 물질들이 지구 복사에너지양을 감소시켜 지구의 온도를 높이고 있음을 멀티미디어자료를 통해 학습한다.<br>3. 결과표현 및 의사소통: 이 때 학생들은 애니메이션으로 제작된 지구온난화에 관한 동영상을 보고 학습지를 완성함으로써 지구온난화현상에 의해 발생하는 해수면의 상승이 얼마나 심각한 지경인지를 알게 된다. | 교사의 홈페이지, 멀티미디어 백과사전, 애니메이션동영상<br>(학생자료-광고문제작) |
| | | 〈기대효과〉<br>교사가 제시한 탐구자료를 활용하여 태양-지구환경에 대한 구체적 탐구활동을 통해 지구온난화현상의 원인을 파악하고 대책을 고찰함으로써 지구온난화현상에 대한 현상에 과학적으로 쉽게 접근할 수 있다. | | | |
| 2 | ▶지구의 허파,숲 | ○ 숲의 대기정화작용을 과학적 원리로 접근하여 이해한다. | [실험을 통한 탐구, 자료제시, 결과표현]<br>1. 실험을 통한 탐구: 밀림에 불이 났을 경우를 가상하여 삼각플라스크에 식물을 넣고 불을 질러 발생하는 이산화탄소의 발생을 확인한다.<br>2. 멀티미디어 학습자료제작 및 제시: 삼각플라스크에 물풀을 키워서 물풀의 광합성작용 시 발생하는 산소에 의해 대기가 정화됨을 안다.<br>(물풀에 의해 발생하는 산소를 관찰하는 데는 2일 이상의 시간이 걸리므로 학생들에게 실험과정을 동영상으로 찍은 뒤 제시한다.) | 실험자료<br>실험과정을 녹화한 동영상<br>프리젠테이션 |
| | | 〈기대효과〉<br>숲의 파괴현장을 실험실에서 축소하여 탐구함으로써 밀림의 파괴가 인류에 미치는 직,간접적 영향을 사실적으로 접근하여 안다. | | | |
| 3 | ▶인류가 생존할 수 있는 시간의 한계 | ○ 지구의 나이띠를 만들어보고 각 시대에 살다가 멸종한 표준화석들을 나이띠에 표시한다. | [자료제작 , 탐구, 결과표현, 자료제시]<br>1. 탐구를 통한 자료제작: 인류가 생존할 시간을 예상하여 표준화석화시켜 적는다.<br>2. 탐구결과표현: 인류가 다양한 환경적 요인에 의해 멸망할 시점을 예측한 뒤 이 나이띠 위에 인류를 표준화석화 시켜 그려 넣어본다.<br>3. 자료제시: 교사는 학생들이 인류의 미래를 조망할 수 있는 다양한 환경적 위험요소들을 멀티미디어자료로 제시한다. 학생들은 이 자료를 이용하여 인류의 생존 시간의 한계를 가늠해 볼 수 있다. | 프리젠테이션<br>실험자료<br>웹자료<br>의사소통을 위한 개인PC |
| | | 〈기대효과〉<br>지구의 탄생과 생명체의 출현역사를 사실적 조작형태를 도입하여 시간의 한계를 시각적으로 표현하며 인지한다. | | | |

| 영역 | 과학과 환경 | | | |
|---|---|---|---|---|
| 차시 | 학습주제 | 학습목표 | ICT 활동유형 및 방법 | 활용ICT 및 학습자료 |
| 4 | ▶중금속 중독의 종류 | ○ 중금속이 미치는 인체 중독현상들의 종류를 안다. | **[자료검색, 탐구, 의사소통, 결과표현]**<br>1. 자료검색: 중금속의 이해와 인체에 유해한 영향을 미치는 중금속의 종류를 인터넷을 이용하여 조사한다.<br>2. 탐구 및 의사소통: 우리 생활 주변에서 찾을 수 있는 중금속에 의한 토양오염, 수질오염, 대기오염의 예를 학습한다.<br>3. 결과표현: 자신이 중금속 중독인 환자라고 가정하고 가족과 친구, 혹은 이웃에게 편지를 쓴다. | 멀티미디어 백과사전<br><br>웹자료<br>개인용PC<br><br>프리젠테이션 |
| | | | 〈기대효과〉<br>중금속의 과학적 탐구를 거쳐 중금속중독의 위험성을 인지하고 환경오염의 피해를 웹 기반자료를 활용하여 조사한 후 자신에게 위험성을 이입하여 문제의 심각성을 깨닫게 할 수 있다. | |
| 5 | ▶자연의 정화장치 갯벌 | ○ 갯벌 속에 사는 여러 가지 생물들을 조사해보고 바다와 육지의 여러 가지 영양염들을 분해하는 과정을 조사한다. | **[자료제시, 탐구, 결과표현, 평가]**<br>1. 자료수집을 통한 탐구: 갯벌을 실제로 방문하여 1m의 투명실린더를 모래에 깊이 박아 갯벌을 이루고 있는 토양의 형태를 학습하고, 갯벌에서 발견되는 여러 생물들을 교사가 제시한 여러 가지 종류의 학습자료를 참조하여 조사한다.<br>2. 자료정리: 학생들이 자신이 수집한 자료를 정리하여 보고문을 작성한다.<br>3. 결과표현: 학생이 작성한 보고문을 교사의 홈페이지에 탑재하여 결과를 표현한다.<br>4. 탐구결과 제시 및 피드백: 교사는 학생들의 갯벌탐사장면을 담은 사진을 홈페이지에 게시함으로써 학생들의 결과를 보충해 줄 수 있다. | 실험자료<br><br>웹자료(현장체험학습)<br><br>교사의 홈페이지<br><br>디지털 카메라 |
| | | | 〈기대효과〉<br>갯벌탐사를 통해 생태계에 대한 감각적이고 사실적인 접근이 가능하며, 웹 기반의 결과표현과 교사의 피드백을 통해 즉각적인 학습보충이 이루어질 수 있다. | |
| 6 | ▶석회암동굴이 무너진다. | ○ 산성비의 영향으로 무너지는 석회암동굴에 대해 안다. | **[자료수집, 실험을 통한 탐구, 의사소통]**<br>1. 사전자료수집: 사전에 학생들에게 예고하여 강우가 있는 시간에 비를 모아서 냉장고 혹은 냉동실에 보관한다.<br>2. 실험을 통한 탐구: 수업시간에 산성도를 실험해본다. 각자 자신이 가져온 빗물의 산성도를 측정한 뒤 똑같은 농도의 염산, 혹은 황산수용액을 만들어 그 속에 달걀껍질을 넣어 변화를 관찰한다.<br>3. 탐구활동의 적용 및 토의: 이러한 산성비가 지속적으로 내렸을 경우 달걀의 껍데기와 비슷한 성분을 가진 석회암지대에서 일어날 일을 예상해본다.<br>4. 결과 정리 및 보충: 교사는 산성비의 피해현장을 프리젠테이션 해줌으로써 학생들의 이해를 돕는다. | 실험자료<br>빗물<br><br>프리젠테이션자료<br><br>리젠테이션자료, 웹자료 |
| | | | 〈기대효과〉우리가 살고 있는 환경에서의 오염실태를 실험실에서 직접 확인하고 이를 과학적 해결책을 찾아 접근함으로써 학생들의 환경의식을 구체화시킬 수 있으며 학습한 내용을 프리젠테이션하여 명료화시킨다. | |

| 영역 | 도시개발과 환경 | | | |
|---|---|---|---|---|
| 차시 | 학습주제 | 학습목표 | ICT 활동유형 및 방법 | 활용ICT 및 학습자료 |
| 1 | 중국의 공업화가 우리나라에 끼친 영향은? | 무분별한 산업화는 환경파괴의 주범임을 인식한다. | [모둠별 자료탐색형/자료제시형/결과표현형]<br>1. 우리나라 황사 현상에 대한 뉴스 동영상 시청하기-**황사 현상에 대한 심각성 인식**<br>2. 황사 현상의 원인 생각해보기<br>3. 황사 현상 및 원인에 대한 웹 탐색하기-웹탐색<br>4. 모둠별로 나누어 중국의 년도별 GDP, 공장 수, 노동자수, 도시화비율과 한국의 년도별 황사일수를 인터넷에서 검색하여 제시된 탐구형 학습 문제 풀이<br>5. 모둠별로 풀이한 자료 발표하기 | 인터넷/ 방송국 홈 페 이 지 VOD 서버<br><br>플래시를 이 용한 input형 탐구문제 제작<br><br>ppt자료 |
| | | | 〈기대효과〉<br>무분별한 공업화(개발)는 환경을 파괴하고 인간에게 심각한 피해를 줄 수 있음을 느낀다. | |
| 2 | 테네시 강의 개발은 미국의 경제에 어떤 영향을 미쳤는가? | 자연자원의 개발로 인한 경제적인 효과를 설명할 수 있다. | [모둠별 자료탐색형/자료제시형/결과표현형]<br>1. 세계 경제 공황과 뉴딜정책(테네시 강 개발 공사)에 대한 동영상 자료 시청 -**개발의 경제성 인식**<br>2. 모둠별로 나누어 테네시 강 개발 이전과 개발이후의 미국의 경제생활 변화 조사 (GNP, 실업률, 공장 부도율, 은행예금, GIS 비율 등)하여 발표<br>3. 모둠별로 수집된 자료 발표하기 | 비디오 자료<br><br>인터넷 검색<br><br>ppt자료 |
| | | | 〈기대효과〉<br>적절한 자연환경의 개발은 인간생활을 윤택하게 할 수도 있음을 느낀다. | |
| 3 | 개발인가? 보존인가? | 개발의 효용과 환경보호의 관계에 대하여 자신의 의견을 말할 수 있다. | [탐구형/온라인 토론형/결과표현형]<br>1. 부산강서, 경기시흥 '미니신도시'문제를 가지고 건교부와 환경부간의 논쟁 인터넷 신문에서 탐색하여 문제제시-**개발인가, 보존인가**<br>2. 모둠을 둘로 나누어<br> -한쪽은 미니 신도시 건설로 인하여 생기는 경제적 이익을 조사<br> -한쪽은 미니 신도시 건설로 인하여 생기는 환경영향 조사<br>3. 인터넷 채팅방을 통한 토론을 실시-토론 내용을 캡처하여 프리젠테이션으로 제시<br>4. 자신의 의견을 정리하여 과제게시판에 글 올리기 | 인터넷 신문 검색<br><br>홈페이지 채팅방<br><br>홈페이지 게시판 |
| | | | 〈기대효과〉<br>1,2차시의 개발과 보존의 가치갈등을 통해 지속 가능한 개발의 의미를 깨닫는다.<br>(개발과 보존의 가치의 조화) | |

| 영역 | 도시개발과 환경 | | | |
|---|---|---|---|---|
| 차시 | 학습주제 | 학습목표 | ICT 활동유형 및 방법 | 활용ICT 및 학습자료 |
| 4 | 자연 자원은 언제까지 쓸 수 있을까? | 자연자원 고갈의 심각성을 깨닫는다. | [자료제시형/ 탐구형/온라인토론형/결과표현형]<br>1. 로마클럽의 보고서를 프리젠테이션 자료로 제시-**자연자원의 한계에 대한 인식**<br>2. 우리나라의 자연자원의 한계를 인터넷에서 검색해보고 웹 학습지 작성<br>3. 자원을 낭비한 지구와 고장난 아폴로 13호의 연관성 생각해보고 토론하기<br>4. 부족한 자원의 대안 찾기-수행평가 과제방 게시판에 자료 제출하기 | 프리젠테이션 자료<br><br>인터넷검색, input형 탐구형 과제<br><br>홈페이지 채팅방 이용<br><br>홈페이지 게시판 활용 |
| | | 〈기대효과〉<br>자연자원은 무한하지 않고 한계가 있음을 실제적인 자료를 통해 느낀다.<br>(자연자원의 중요성을 인식) | | |
| 5 | 난개발지역을 살펴보고 바람직한 개발 방향 제시 | 지역간 개발의 문제점을 발견할 수 있다. | [자료제시형/모둠별 토론형/결과표현형]<br>1. 우리나라 1-4차 국토 개발 계획 현황을 프리젠테이션 자료로 제시한다.<br>2. 1-4차 국토 개발 계획의 의 변화 경향에 대하여 토론한다.<br>3. 모둠별로 잘못된 개발의 사례를 찾아 바람직한 방향 또는 대안을 제시하게 한다.<br>4. 모둠별로 컴퓨터를 이용하여 발표한다. | ppt자료<br><br>토론/ 홈페이지 채팅방<br><br>인터넷 검색, 포토폴리오 제작<br><br>포토폴리오 형식의 자료 발표 및 탑재 |
| | | 〈기대효과〉<br>균형 있는 국토 개발의 중요성과 방향을 느낄 수 있다.<br>(지역 간 갈등이 생기는 원인도 제공함을 인식) | | |
| 6 | 환경친화적인 미래도시 구상 | 환경 친화적인 도시의 모습을 말할 수 있다 | [모둠별 탐구형/결과생산형/결과표현형]<br>1. 눈을 감고 환경 친화적인 도시모습을 상상하게 한다.<br>2. 모둠별로 현재 세계의 여러 도시 중 가장 환경 친화적인 도시를 선정하고 지금 살고 있는 도시의 구조와 비교하여 차이점을 제시<br>3. 환경 친화적인 미래도시의 모습을 그림으로 표현한 후 전시하여 모둠별로 발표하기 | 생태 친화적인 음악 감상<br><br>인터넷 검색 포토앨범으로 제작 홈페이지 탑재 |
| | | 〈기대효과〉<br>1~5차시의 학습내용을 종합하여 환경 친화적인 도시의 모습을 그려보고 생각할 수 있다.<br>(생태계와 더불어 살아가는 미래의 모습에 대한 도시 설계) | | |

| 영역 | 국어·문학과 환경 교육 | | | |
|---|---|---|---|---|
| 차시 | 학습주제 | 학습목표 | ICT 활동유형 및 방법 | 활용ICT 및 학습자료 |
| 1 | [말하기]환경오염 실태에 대한 정보 탐색과 활용 | 상황, 목적, 전달 효과를 고려하되, 내용 조직의 일반적 원리를 활용해 말할 수 있다. -환경오염의 실태에 관한 다양한 정보를 찾고 이를 조직하여 말로 표현할 수 있다. | [모둠별 자료탐색형/의사소통형/교실 온-라인과 오프-라인 수업형 병행]<br>□ 방법<br>1. 모둠별 과제 분담하기<br>  (토양·대기·수질·지구 오염 등 영역별 오염 현상과 원인 찾기)<br>2. 인터넷 웹 검색을 통한 자료 검색하기<br>3. 모둠별로 정리한 자료를 웹(Web) 과제방에 탑재하기<br>4. 말하기 개요 자료 만들기<br>5. [오프-라인]정보조직하여 말하기<br>  (영역별 환경오염의 실태와 원인 찾아 말하기)<br>[수행평가] 환경신문 발행하기(워드프로세서, A4 2페이지 내외, 다단 편집, 신문 제호 달기) | 인터넷환경<br><br>ppt자료,<br><br>워드프로세서 |
| | | 〈기대효과〉 인터넷 매체를 통해 환경오염에 관한 다양한 정보를 찾아보고 상황과 목적에 맞게 정보를 조직하여 전달할 수 있는 능력을 신장시킬 수 있다. | | |
| 2 | [말하기+쓰기]환경오염과 과학의 역할에 대한 토론 | | [의사소통형, 온라인 토론형(모둠별 채팅수업 모델 혹은 비실시간 BBS 토론 모델)]<br>□ 방법(모둠별 채팅수업 모델 예시)<br>1. 채팅형 수업을 위해 모둠별 4~6인으로 조를 편성한다.<br>2. 인터넷채팅방에서 과제토론방을 만든다.<br>3. 주어진 토론 과제를 모둠별로 토론한다. (주제: 환경오염 문제와 과학의 역할과 한계)<br>4. 모둠별로 15분~20분 간 토론을 진행한 다음 모둠장은 토론 내용을 갈무리(Capture)한 다음 토론 게시물 결과 제출방에 탑재한다. | 인터넷 네트워크 |
| | | 〈기대효과〉 인터넷 매체를 활용한 전자 글쓰기 형태의 활동으로서 학습자들은 채팅 토론을 통해 자신의 생각을 자유롭고도 논리적으로 표현하는 능력을 기른다. | | |
| 3 | [읽기+쓰기]환경오염 대책에 대한 관점 비교하고 자신의 관점을 생성하기 | 필자의 관점과 자신의 관점을 비교하면서 읽고, 외적 준거에 따라 이를 평가할 수 있다. -환경오염 대책에 관한 필자의 생각에 대해 반대 의견을 생성할 수 있다. | [의사소통형, 자료 탐색형, 자료 생성형]<br>□ 방법<br>1. 인쇄 및 인터넷 매체 등을 활용해서 환경오염에 대한 대책(정책 포함)을 제시한 글을 찾아 읽는다.<br>2. 필자의 글을 읽고 외적 준거(신뢰성과 타당성 및 효용성)에 따라 이를 평가한다.<br>3. 〈과제학습장〉에 읽은 글의 신뢰성과 타당성 및 효용성을 평가하여 기록한다.<br>4. 필자의 관점과 자신의 관점과 비교하여 결론을 도출해 낸 다음, 〈과제학습장〉을 완성하고 이를 제출한다. | 인터넷 네트워크,<br><br>과제학습장 |
| | | 〈기대효과〉 읽기와 쓰기를 통합한 총체적 학습 모형으로서 타인의 글에 대한 평가 안목의 정립과 더불어 학습자 자신의 관점 설정에 도움을 줄 수 있다. | | |

| 영역 | 국어·문학과 환경 교육 | | | |
|---|---|---|---|---|
| 차시 | 학습주제 | 학습목표 | ICT 활동유형 및 방법 | 활용ICT 및 학습자료 |
| 4 | [문학] 문학 작품 속에 반영된 환경 친화적 태도 이해하고 감상하기 | 문학 작품 속에 반영된 시대적 삶의 방식과 태도를 고려하여 작품을 능동적으로 수용한다. -자연을 대하는 인간의 대응 방식이 시대별로 달랐음을 이해한다. | [자료 제시형/자료 탐색형(온라인)/정보 조직형]<br>1. 문학 작품 속에 반영된 상반된 자연관을 소개한다.<br>-자연친화형: 가사 -〈상춘곡〉, 〈면앙정가〉, 〈성산별곡〉, 시조 -송순의 시조 등<br>-자연개발 및 파괴형: 시 -〈성북동 비둘기〉, 〈새〉, 소설 -〈삼포가는 길〉, 〈난장이가 쏘아올린 작은 공〉, 수필 -〈신록예찬〉<br>2. 자연관을 고려하여 작품에 나타난 작가의 의도(주제)를 읽어낸다.<br>3. 감상 후 바람직한 삶의 대응 태도에 대해 토의한다.<br>[수행평가] 자연과 공존을 꾀하면서 지속 가능한 개발을 이야기하고 하고 있는 문학 작품을 찾아보기(A4 2매, 작품 개관 및 자연관 소개 내용 포함) | 인터넷, ppt |
| | | | 〈기대효과〉 문학 작품 속의 자연 환경과 인간의 자연관을 살펴봄으로써 환경 교육에서 정의적 태도 영역의 목표 달성을 기대할 수 있다. | |
| 5 | [문학] 자연을 노래한 시 패러디하기 | 자신의 생각을 문학적으로 표현할 수 있다. -자연을 노래한 시를 패러디(parody)할 수 있다. | [자료 탐색형, 의사 소통형, 자료 생성형]<br>□ 방법<br>1. 패러디의 원칙과 방법에 대해 설명해 준다.<br>2. 자연을 노래한 시 중 1편을 선정한다.<br>3. 원작의 의도를 읽어내고, 이어 자신의 생각과 느낌을 정리한다.<br>4. 원작에 대해 이를 패러디한다.<br>5. [온라인] 창작한 패러디 시를 게시판에 탑재하고 공유한다.<br>(공유과정을 통해 내면화를 촉진한다.) | 인터넷, ppt |
| | | | 〈기대효과〉 자신의 생각을 문학적으로 표현하는 활동을 통해 학습자로 하여금 환경 친화적인 태도를 형성하게 할 수 있다. | |
| 6 | [쓰기] 마인드맵을 이용하여 환경 보전에 관한 자신의 생각을 표현하기 | 자신만의 독창적인 표현 전략을 사용하여 생각을 자유롭게 표현할 수 있다. -환경 보전에 관한 자신의 생각을 자연스럽게 떠올려 보고 이를 조직화하여 표현할 수 있다. | [자료 생성형]<br>□ 방법<br>1. 백지를 준비하거나 마인드맵 프로그램을 준비한다.<br>2. 환경오염과 그 결과에 대해 생각나는 대로 핵심 단어와 이미지를 방사형으로 펼친다.<br>3. 선과 그림을 적절히 사용하여 표현하고자 하는 생각을 킵고 보태어 나간다.<br>4. 생각이 떠오르면 선을 계속 이어서 그려 나간다.<br>5. 생각을 마무리한다. | 종이 (혹은 마인드 맵 S/W) |
| | | | 〈기대효과〉 자유 연상을 통해 가정·사회·국가·지구 환경으로 범위를 확대시켜 나가면서 환경오염과 그 결과를 정리해 봄으로써, 환경적으로 건전하고 지속가능한 개발(ESSD)이 어떤 것인지에 대해 자신의 관점을 정립할 수 있다. | |

| 영역 | 윤리와 환경 | | | |
|---|---|---|---|---|
| 차시 | 학습주제 | 학습목표 | ICT 활동유형 및 방법 | 활용ICT 및 학습자료 |
| 1 | ·하나님이 천지를 창조한목적은무엇이었을까? | ·하나님의 진짜생각 파악하기<br>-생태적 위기 발생의 근본원인에 대한 가치론적 탐색<br>-인간 중심적 세계관과자연관의 조화 | [자료제시·설명형/의사소통형/결과생산형/결과표현형]의 조합적 수업모형 구현<br>1. 자료제시형: 교사는 자료제시-천지창조와 관련된 성경구절에 대해서 생태적 위기의 관점에서 해석한 다양한 학자들의 견해를 프리젠테이션을 통해 보여줌과 동시에 설명함.<br>2. 의사소통형: 그룹별로 자료된 제시를 두고 각자 가 하나님의 입장에서 생태적 위기와 관련하여 해석하기<br>3. 결과 생산형: 개인별 자기해석 발표와 모둠별 토의에 의하여 제안된 다양한 자료를 가공·정리하여 최종적 Contents를 제작함.<br>4. 결과 표현형: 〈온-라인〉홈페이지 게시판에 올리거나 교사와 각 모둠에게 E-mail로 발송함으로써 공유함. | 인터넷 네트워크, 프리젠테이션 자료, 기타 문자 텍스트 자료 |
| | | 〈기대효과〉<br>전문가와의 의견교류를 통해 서양인들의 인간 중심적 자연관과 생태적 위기의 상관관계에 대한 인지적 영역을 확대를 꾀할 수 있음. | | |
| 2 | ·서양인은 왜 자연의 아들·딸이기를 거부했는가? | 서양의 자연관과세계관이 생태적위기의 관련성<br>-모더니즘 생태적위기의 연관관계<br>-생태적 위기와 인간 중심주의 관계탐구 | [전문가교류형/정보만들기형/결과생산형/결과표현형]의 통합적 수업모형 구현<br>1. 전문가 교류형:원격화상을 활용하거나 직접 방문하여 전문가 집단과의 질의 토론을 함으로써 환경신문 제작을 위한 기초 Contents 수집<br>2. 정보분석 및 만들기형: 환경 전문가로부터 얻은 자료와 인터넷 및 서적 신문 등의 관련자료를 분석 토의하여 환경신문제작을 위한 기사를 작성함<br>3. 결과생산형: 텍스트 Contents와 이미지 Contents를 토대로 인터넷 환경신문을 제작함<br>4. 결과표현형: 환경신문을 교사 홈페이지에 탑재 함 | ·PC형 화상 카메라<br>·웹서버에 그룹용 계정 및 공간부여<br>·VOD 서버 계정 및 공간 부여<br>·스캐너 |
| | | 〈기대효과〉<br>전문가와의 의견교류를 통해 서양인들의 인간 중심적 자연관과 생태적 위기의 상관관계에 대한 인지적 영역을 확대를 꾀할 수 있음. | | |
| 3 | ·자연의 품으로 돌아갈 길은?<br>·하나님은 인간이 회개하면 용서하실까? | ·자연의 품으로 돌아갈 길은?<br>-서양의전통적 자연관조사하기<br>-우리조상들의 자연관조사하기 | [정보탐색형/협력연구형/결과생산형/결과표현형]<br>1. 정보탐색 및 정리형: 동서양의 민간신앙에 깃들어 있는 인간과 자연의 공생적 삶의 형태를 인터넷 웹사이트에서 찾아 정리하게 함.<br>2. 협력 연구 및 토의형: 동서양의 전통적인 인간과 자연의 공생적 삶의 형태가 현대의 생태적 위기 극복에 대해서 줄 수 있는 가치적 시사점을 여러 그룹간의 협력 연구 및 토의를 통하여 도출해냄<br>3. 결과 생산형: 각자가 토의된 내용을 기반으로 하여 각자 환경보고서를 작성함.<br>4. 결과 표현형: 각 모둠은 개인별 전통적 자연관보고서를 취합하여 인터넷 문집을 만든 후 웹 홈페이지에 탑재함. | 인터넷 웹사트, 민화 CD ROM |
| | | 〈기대효과〉동서양과 우리의 전통적 자연관에서 相生的 태도가 반영된 삶의 형태를 인터넷 검색을 통해 찾아보게 함으로써 현대 생태적 위기극복을 위한 가치론적 단초를 발견케 한다. | | |

| 영역 | 윤리와 환경 | | | | |
|---|---|---|---|---|---|
| 차시 | 학습주제 | 학습목표 | ICT 활동유형 및 방법 | | 활용ICT 및 학습자료 |
| 4 | ·공자와 노자 그리고 석가모니 가운데 최고의 생태주의 사상가는 누구일까? | ·자연과 인간의 친화적 가치 정립을 위한 동양사상적 접근 -유가의 공동체주의적 해석과 생태윤리 -도가 무위자연 사상의 생태윤리적 시사점 | [정보 탐색형/ 정보수집·분류 및 토의형/결과 생산형/결과 표현형]<br>1. 정보 탐색형: 인터넷과 고서적에서 유·불·도의 환경 가치가 구현된 기타 관련 자료를 탐색함<br>2. 정보 수집·분류 해석 및 토의: 관련 자료를 수집하여 항목별로 분류하고, 분류된 자료를 생태적 관점에서 토의하여 설명 자료를 준비함<br>3. 결과 생산형: 인터넷 검색과 텍스트 자료에서 캡처한 화상자료를 영역별로 나누어 설명과 해석을 붙임.<br>4. 결과 표현형: 생산된 결과를 儒·佛·道 별로 나누어 웹 포토 앨범 제작하여 홈페이지에 탑재함 | | ·인터넷 네트워크<br>·페인트샵<br>·포토샵<br>·동영상 캡처<br>·디지털 카메라<br>·스캐너 |
| | | 〈기대효과〉공자, 노자, 석가모니의 사상을 생태주의적 관점에서 재해석하여 웹 포토앨범을 제작하게 함으로서 동양의 3대 사상이 주체적인 환경 친화적 삶의 패러다임 모색에 시사할 수 있는 상징적 의미에 관심을 가지게 할 수 있다 | | | | |
| 5 | ·현대 생태윤리의 흐름과 사상가를 찾아서 | ·자연 중심적 윤리 -레오폴드의 대지의 윤리 ·생명중심적 윤리 ·환경 중심적 윤리 | [정보검색·분류/협력연구·토의형/결과생산형/결과표현형]<br>1. 정보검색·분류형: 인터넷 검색과 텍스트 자료탐색을 통하여 현대 생태윤리사상의 갈래와 대표적 사상가의 생애와 사상을 개략적으로 조사함.<br>2. 협력연구·토의형: 협력 연구와 토의를 통하여 수집된 Contents를 사상적 경향의 특징을 심층적으로 비교·분석하여 정리하기.<br>3. 결과 생산형: 현대 대표적 생태사상의 생애와 주요사상을 토대로 하여 결과생산<br>4. 결과 표현형: 자료가공을 통하여 얻은 최종 Contents를 이용하여 프리젠테이션 자료로 제작 및 발표하기. | | 인터넷 네트워크<br>파워포인트 |
| | | | 〈기대효과〉<br>자연친화적 삶과 환경보호에 요구되는 실천의지를 제고하기 위한 인지적 영역의 확대가 가능해진다. | | |
| 6 | ·가상공간에서 생태 친화적 공동체 건설하기 | ·자연친화적인 생태적 양식과 실천의지를 갖게 함. | [자료제시형/모둠토의형/결과생산형/결과표현형의 통합적 수업모형 활용]<br>1. 자료제시형: 교사는 자연 친화적 영상과 소리가 통합된 멀티미디어를 활용하여 만든 생태지향형 가상공동체를 보여줌<br>2. 그룹토의형: 각 그룹별로 어떤 형태의 생태지향적 가상공동체를 설계할 것인지 인터넷 자료 및 각종 자료를 활용 토의함.<br>3. 결과생산형: 문제해결 과정을 통해서 도출된 생태친화적 공동체의 형태를 그림판을 이용하여 그룹별로 간략하게 밑그림을 그려봄.<br>4. 결과표현형: 밑그림을 기반으로 Contents를 제작하여 홈페이지에 탑재함 | | ·윈도즈 미디어플레이어<br>·MS 그림판<br>·플래시5<br>·드림위버4<br>·나모5 |
| | | | 〈기대효과〉<br>비록 가상공간에서 이긴 하지만 미래 지향적인 생태 친화적 공동체의 설계·건설과 체험을 통해 자연과 인간의 조화적 공생관계에 대한 도덕적 감성을 활성화시킬 수 있음. | | |

· 저자 ·

이종흔    • 약 력 •

부산대학교 사범대학 윤리교육과 학사, 석사
부산대학교 대학원 국민윤리과 박사과정
SIMON FRASER UNIVERSITY, CANADA POST-DOCTORAL(2002-2003)

• 주요논저 •

「남북한 통합도덕과 교육론」
「왕양명 생명관의 생태윤리적 고찰」
「환경교육을 위한 교과간 통합적 접근」

이지연    • 약 력 •

이화여자대학교 사범대학 과학교육과(이학사)
서울대학교 대학원 교육학과(교육학석사)
미국 University of Wisconsin-Madison 대학원 원격교육전공(Ph.D.)

미국 위스컨신대학교 Instructional Specialist/Associate Information Processing Consultant
명지대학교 교육학습개발원 연구교수
현재 명지대학교 방목기초교육대학 조교수

## e-Learning 구축기반의
## 중등학교 생태친화적 환경윤리교육

| | |
|---|---|
| • 초판 인쇄 | 2006년 9월 30일 |
| • 초판 발행 | 2006년 9월 30일 |
| • 지 은 이 | 이종흔 · 이지연 |
| • 펴 낸 이 | 채종준 |
| • 펴 낸 곳 | 한국학술정보㈜ |
| | 경기도 파주시 교하읍 문발리 526-2 |
| | 파주출판문화정보산업단지 |
| | 전화 031) 908-3181(대표) · 팩스 031) 908-3189 |
| | 홈페이지 http://www.kstudy.com |
| | e-mail(출판사업부) publish@kstudy.com |
| • 등 록 | 제일산-115호(2000. 6. 19) |
| • 가 격 | 23,000원 |

ISBN   89-534-5776-9 93370 (Paper Book)
        89-534-5777-7 98370 (e-Book)